KB237681

방언의 미학

방언의 미학

우리말 풍경 돌아보기

이상규 지음

살림

머리말

지난 세기 동안 서방 제국의 식민지 정책으로 언어 다종성이 무너지거나 다양한 언어 변이형이 획일화되고 있지만 언어학자들은 이러한 문제를 뒤로 물리쳐 둔 채, 언어 내부의 구조 분석 쪽으로만 몰입해 왔다. 인류 문화와 역사의 증거이자 가치 있는 자산인 다양한 언어나 방언이 소멸되는 것은 인류의 지적 문명의 재앙이자 다가올 불행을 예고하는 신호라고 할 수 있다. 민족이나 부족의 언어를 조직적으로 멸시하고 짓밟는 언어 식민지화에 대한 일말의 문제점도 의식하지 않았던 언어학자들은 이제 지난 시대를 한 번쯤 되돌아보아야 한다. 모든 부족이나 민족의 언어나 방언은 나름대로 가치를 지니고 있고, 그들 삶의 지혜와 생존 전략뿐만 아니라 감정과 정서가 반영되어 있어, 그들이 언어와 관련해서 사회적 결속을 어떻게 하고 있는지를 보여주는 값진 인류 자산이다.

이 글은 피지배 민족이나 또는 부족의 언어 혹은 그들의 방언이 겪어야 했던 식민지 시대의 고통과 우여곡절을 되돌아보는 언어관과 문화관에 대한 일종의 반성문이라고도 할 수 있다. 어떤 언어나 방언이 사멸한다는 것은 인문사회학자들에게 있어 귀중한 지적 재산의 상실을 의미하며, 결국 그 언어가 나타내는 문화체계의 상실로 귀결되는 인류문화의 비극이라고 할 수 있다.

현재 통용되고 있는 한국어나 조선어도 한낱 일개 변방 언어로 전락하거나 소멸되지 않을까? 이들 언어로 구성되는 우리의 문화도 영어에 떠밀려 일개 변방 잡종 문화로 몰락하지 않을까 하는 문제를 심각하게 생각해야 할 시점이다. 어떤 공동체의 언어가 다른 공동체의 언어보다 우수하다는 것을 이론화하는 것은 곧이어 식민 언어지배의 시도를 정당화하는 데 가담하게 만든다. 조선조 오랜 시간 동안 한문과 한자가 우리의 말과 글을 억압해 왔고 또 일제 식민지 기간 동안에 일본어가 우리의 말과 글을 지배했으며, 그 이후 영어가 우리의 말과 글 속에 세포분열을 하듯 우리말과 글을 포식捕食하고 있다. 최근 영어마을을 곳곳에 설립하는 현상은 내면적 식민주의를 당연하게 생각하는 스스로의 열등한 정체성을 드러낸 모습이다. 현재 진행되고 있는 영어의 세계화 국면은 60년 전 일제가 자행했던 조선과 대만의 언어 식민지화나 서구 유럽의 여러 나라가 콩고, 알제리, 차드를 언어적으로 식민화했던 상황보다 훨씬 내면적으로 정교하고 폭압적으로 진행되고 있다.

필리핀에서 소수가 사용하는 영어가 타갈로그어를 비롯한 3개의 주요 원주민의 언어를 지배하고 있으며, 튀니지에서도 프랑스어가 아랍어, 몰타어, 이탈리아어를 지배하고 있다. 루이-장 칼베(2004)는 초 중심 언어인 영어에 종속된 프랑스어, 스페인어를 비롯한 주변언어들이 언제, 어떻게 잡아먹힐지 모른다고 경고하고 있다.

그와 마찬가지의 논리로 한 언어의 내부를 들여다보자. 근대 국가주의 이념과 결합하면서 국어가 초 중심 언어의 자리를 차지하고 변방의 언어인 방언은 주변 언어로 인식하게 되었다. 주변 언어인 방언은 국어를 견고하게 하고 국어의 위엄을 갖출 수 있도록 역사성을 뒷받침해 주는데도 불구하고 방언을 타자화하여 희극화의 대상으로 또는 열등화의 대상으로 치부하고 있다. 어쩌면 국어와 방언의 차이는 언어 영역의 문제가 아니라 정치 영역에 속하는 것일지 모른다.

언어학자들이 모호하게 혹은 그릇 규정했던 '방언'을 식민지배자들은 '알아들을 수 없는 모호한 말'로 그 가치를 폄하하고 훼손시켜 왔다. 표준어는 잘 분화되고 규범화된 형태이고 '방언'은 가치가 떨어지는 다양한 하위 변이형을 가진 것으로 잘못 이해해 왔다. 민족적 특성을 드러내는 규범어로서의 '표준어'는 정치·문화 영역에서 우위를 점유하여 동일한 위상을 가졌던 방언을 포식하면서 발전했다. 언어와 언어가 지배 종속관계로 변환되는 언어 식민주의화 현상과 더불어 개별 언어 내부에서도 국어와 방언, 또는 표준어와 방언, 중심 언어와 주변 언어가 상호 지배 또는 포식의 관계로 변화했지만 대부분 언어학자들은 팔장 끼고 관망만 해왔다. 언어 식민주의화와 언어 포식은 결국 언어나 방언의 다양성을 깨트리는 주범이라고 할 수 있다.

국어와 방언이라는 용어를 정확하게 정의 내리기도 힘이 들지만 그 용어가 언어의 식민화와 언어 포식을 정당화하는 수단으로 사용된다면 국어와 방언이라는 이분법적인 명칭을 버려야 한다. '방언'은 억압을 받은 하나의 언어이며, '국어'는 정치적으로 성공한 하나의 방언일 뿐이다. 국어와 방언의 관계와 마찬가지로 표준어와 방언의 관계 역시 마찬가지이다. 언어학이 공인되지 않은 제국주의를 수호하는 수단으로 탈없이 그 들러리를 해낼 수는 없다. 벨기에 가수 쥘 보카른느 Jules Beaucarne는 "만일 루이 14세가 나뮈르Namur에서 거주하였다면 프랑스 전역에서 나뮈르의 발론어가 표준어로 되었을 것이다. 그러나 프랑스 왕국의 언어인 시엥 방언이 파리의 표준어로 발전하였다. 프랑스어, 그것은 성공을 거둔 으뜸가는 지위를 인정받은 하나의 방언이다."라고 말했다. 그 말은 '방언'의 피지배적 학대 현상을 잘 드러내 주는 말이다.

지난날 우리는 삶의 편의주의를 위해 모든 것을 표준화함으로써 편리함이라는 것을 손에 쥐었지만 다른 한편으로 비표준의 것들은 인간들의 관심 밖으로 밀려나 소멸의 운명을 맞이해야만 했다. 이 표준화라는 함정 때문에 지구에 존재하는 생물들의 종의 다양성이나 인류 문화의 다원성이 무너지는 불균형이 증폭될 수밖에 없었다. 그리고 자본이 지배하는 중심부는 거대하게 발전하였지만 변두리는 차츰 생명력을 잃고 퇴락하는 운명의 길을 걷게 된 것이다.

이제 거시적 관점에서 미시적 관점으로, 표준화에서 다원화의 관점으로, 자본 중심에서 변두리로 우리의 눈길을 되돌려야 한다. 지난 세기 수수방관하여 잃어버린 인간 삶의 유산을 다시 복원하고 이를 불러 모아 새로운 생명력을 불어넣어야 한다. 죽어 가는 강을 살려내고 사라진 새와 물고기가 다시 되돌아오도록 노력해야 하듯이, 소수의 언어인 변두리 방언의 미학이 우리의 일상 속에 소생할 수 있도록 해야 한다.

　식민지 시대에 일제와 함께 민족 언어학자들 다수가 합의하여 만든 '표준어'는 한동안 우리의 근대화를 위한 여명의 이정표 역할을 해왔다. 나라 안의 다양한 방언을 포식했음에도 불구하고 권위와 신비로 감싼 표준어의 절대 권위에 어떤 누구의 비판도 허락하지 않는 학단의 종속적 도제주의를 개혁해야 한다. 이데올로기와 정치적 긴장 관계로 버텨온 남의 '표준어'가 북의 '문화어'를 표준어의 사생아 또는 인위적으로 왜곡한 표준어의 변종쯤으로 인식하거나 또는 그 반대로 표준어는 외세의 언어에 찌들고 오염되었기 때문에 주체적인 민족어의 수치로 받아들이는, 남과 북의 차이나는 이 언어관의 긴장을 어떻게 풀어낼 수 있을 것인가? 이러한 남북간의 언어 이질화를 오히려 공통 민족 언어의 풍부화로 해석할 수 있는 가능성은 없는가? 남북의 언어를 하나로 담아 낼 수 있는 방안은 과연 없겠는가? 그러한 측면에서 방언의 풍부한 미학을 통합적 개념으로 서술해야 한다.

　속도와 편리함에 익숙해지는 사이에 생물의 다양성뿐만 아니라 우리의 문화와 언어 자산이 훼손될 위험성은 점차 커지고 있다. 인류 미래의 운명이 걸린 생태계, 문화, 언어의 다양성을 존중하고 절멸 위기에 있는 그들의 생명력을 유지하고 복원하기 위해 함께 행동한다면 21세기는 진정한 보상이 있을 것이다. 유엔환경개발회의에서도 1992년 '생물다양성 협약'이 체결되고 2001년 세계문화다양성 선언을 채택하여 언어와 문화의 다양성을 지키기 위해 노력하고 있다. 왜 생태주의자들은 종의 다양성을 옹호하고 있는가? 진화라고 하는 발전과 변화는 오로지 종의 다양성의 기반 위에서만이 가능하듯이 언어의 변화도 언어의 다양함으로 창조해 내는 과정이라고 할 수 있다. 언어의 대표 단수만 옹호하는 일은 언어의 다양성 자체를 무너뜨리는, 곧 진화에 역행하는 일이다.

방언은 변두리 사람들이 아끼고 사랑해 왔으며 아직 온기가 남아 있다는 점에서 가치가 있다. 근대화의 이정표였던 표준어의 지평을 더 넓히면서 방언을 새로운 각도에서 재해석하려는 노력을 언어 규범을 멸시하는 행위로 여겨서는 곤란하다. 내팽개쳐진 언어 문화 유산에 대한 안타까움, 이제 사라져 버리면 다시는 재현하지 못할 현실 앞에서 언어와 방언의 소중함을 호소하기 위해 이 책을 쓰게 되었다. 따라서 이 책은 거창한 학문적 담론이 아닌 담담한 일상의 느낌을 담아낸 목소리이며, 언어와 문화에 대한 나 자신의 반성문임을 전제해 둔다. 앞으로 격렬한 논쟁의 담론으로 이어질 수 있는 소지가 많다 하더라도 한 개인적 사유의 성과라는 점을 존중해 주기 바란다.

끝으로 이 책이 나올 수 있도록 배려해 준 살림출판사 대표 심만수 형과 알뜰살뜰하게 편집해 준 박주현 님, 그리고 교열을 해준 김문오 박사에게도 감사를 드린다.

2007년 들꽃 핀 방화동에서

이상규

지금 세계사는
고단한 역사의 능선에서
밤을 맞고 있으나
우리는 신성한 우리의 모국어로
이 밤을 환하게 밝힐 것이다.
아아, 한국어
그 순결한 언어로
내 아름다운 조국 대한민국을
또 노래하리라.

−오세영의 「노래하리라」에서

1 내팽개쳤던 금쪽같은 방언

 문학 작품에 비친 언어의 주술

 표준국어대사전, 무엇이 문제인가

 식민 국어에서 세계 언어로

내팽개쳤던
금쪽같은 방언

언어 식민주의

특히 지난 세기에 아시아와 아프리카, 남미지역의 많은 국가와 민족·부족들이 서구 유럽의 열강으로부터 그들이 살아왔던 거주지와 문화체계, 언어를 약탈당했다. 독립 말리에서는 소수가 사용하는 공식 언어인 프랑스어가 10여 개의 아프리카 원주민 언어를 지배하고 있으며, 튀니지에서는 프랑스어가 아랍어, 몰타어, 이탈리아어를 지배하고 있다. 식민 지배자의 언어는 피지배자의 언어를 잡아먹는 언어 포식(glottophagie)의 자리를 차지한다. 이러한 관점을 가진 사람을 아프리카 토착민들은 자기들을 위한 투쟁의 기수로 생각하겠지만 지배자의 나라에서는 불평불만이 많은 또는 급진 좌파의 성향이 있는 부류로 내몰려고 할 것이다.

필리핀의 국민작가인 프란시스코 시오닐 호세는 그의 장편 소설

『에르미따』의 서문에서 미국 작가 제임스 펠로즈의 말을 인용하여 오늘날의 필리핀의 불행은 '손상된 문화' 때문이라고 밝히고 있다. 필리핀의 '손상된 문화'의 속성을 호세는 이렇게 표현하고 있다.

"한 젊은 작가가 제게 타갈로그, 일로카노, 비사야 말로 글을 쓰는 작가들과 한 무리로 평가받는 것에 대해 모욕감을 느끼지 않느냐고 물었습니다. 영어로 글을 쓰며 예술가인 체하는 작가들, 그 중의 일부는 대학에 몸담고 해외의 최신 문학의 흐름에 영향을 받았는데, 제가 그들 중에 속한 사람이었다면 그러했을 거라고 대답했습니다."

스페인에서 일본, 미국으로 이어진 오랜 식민지, 필리핀의 언어 혼란이 바로 그들의 문화의 손상을 일으킨 주범이라는 말이다. 언어의 다양성이 조금이라도 줄어들면 우리가 끌어와 쓸 수 있는 지적 기반도 함께 낮아지기 때문에 인류의 적응력은 현저히 감소된다. 원주민의 언어는 지구에서 한 번 없어지면 대체가 불가능한 천연자원과도 같은 것이다. 우리 주변의 다양한 언어와 방언이 두려우리만큼 빠른 속도로 소멸해가고 있는데도 그 누구도 위기를 느끼지 못하고 있으며, 특히 언어학자들이 이러한 상황을 총체적으로 이해하려고 하지 않는 데 문제의 심각성이 있다.

50여 년 전 아프리카의 콩고, 알제리, 차드가 처했던 식민 상황과 세계화의 물결로 밀려드는 영어의 언어적 억압과는 다르다. 대규모의 중심 언어인 아랍어, 중국어, 프랑스어, 에스파냐어, 말레이시아어, 포르투갈어 등이 오늘에 와서는 영어의 지배를 받거나 지배당하는 과정에 놓여 있다. 지난 세기에 비해 21세기는 언어적 억압을 받는 사람이 기하급수적으로 증가했다. 물론 그 지배 방식에는 큰 차이가 있다. 제국주의가 일상적으로 휘두르는 가장 큰 무기가 문화 폭탄이다. 특히 언어 제국주의는 언어의 침탈뿐만 아니라 호명의 수단인 이름, 그들의 역사나 문화유산, 그들의 결속력, 그들의 지적 능력과 자신에게 가진 믿음마저도 무력화시킨다. 각양각색인 아프리카 부족들은 피할 수 없는 분열적 상황에 몰려 있다. 식민주체의 언어인 유럽 제국의 언어야말로 분열 위기에 있는 아프리카를 구원하고 그들을 결속시키는 능력 있는 언어라고 비춰지도록 만들어 놓은 문화적 덫과 새로 그어진 국경선이라는 늪에 그들은 빠져 버린 것이다.

이와 같은 논리로 한 나라의 내부의 사정을 들여다보자. 한 나라 안에서도 일부의 어떤 공동체가 다른 공동체보다 훨씬 우월하다는 것을 이론화하는 데 성공함으로써 식민지배의 시도를 정당화했다. 프랑스 시엥이 루이 14세의 고향이라는 이유만으로 그 방언이 프랑스의 중심 언어가 되자 중앙 집권화된 왕국의 중심 언어인 시엥 방언 이외는 모두 '방언'의 속성으로 규정되었다. 만일 루이 14세가 나뮈르에 거주하였다면 프랑스 전역에 나뮈르의 발론어가 프랑스 국어가 되었을 것이다. 우연하게도 프랑스 시엥 방언이 성공을 거둔 프랑스 방언 가운데 으뜸가는 언어가 되었다.

언어의 식민 관계는 국가와 국가, 국가와 민족, 또는 부족과의 관계에서도 나타나지만 한 언어권 내부에서도 정치적 보호를 받는 공용어나 표준어와 방언과의 관계에서도 나타난다. 이러한 모습이야말로 언어 전쟁이라는 이름을 붙여도 손색이 없는 것이다. 우리나라의 경우, 근대화의 환영으로 경성京城을 중심으로 하는 표준어가 성립되고 다른 모든 방언은 경성 표준어에 비해 열등한 것으로 방언과 방언 사이에 포식이 시작된 것이다. 돌이켜 보면 언어 전쟁은 참으로 야만적임에도 불구하고 언어학자들은 유유자적 목가적으로 관망만 하고 있을 따름이다. 심지어 그들은 표준어는 잘 분화되고 규범화된 세련된 형태이지만 방언은 가치가 떨어진 상당수 복잡한 변이형들의 덩어리라고 판단한다. 따라서 국가의 정체성을 나타내는 국어는 일반적으로 문화적인 우위를 확보하여 지난날 동일한 위상에 있었던 방언들을 희생시키거나 포식하면서 발전해 간다. 바로 언어 생태의 교란과 혼란이 여기에서 시작된 것이다. 마치 알사스어와 프랑스어는 두 개의 언어였는데 알사스어는 '방언'이 되고, 그것을 사용하는 자는 '사투리 사용자'로 낙인이 찍히는 것과 같다. 같은 이치로 시엥 방언은 '국어'가 되고 곧 그것을 사용하는 자는 '표준어 화자'가 되는 것이다.

조선조 500여 년을 한자와 한문 사용자가 기득권을 행사했듯이 광복 후 미군정 치하에서부터 조용하게 우리도 모르는 사이 영어 능력이 우리 사회에서 성공의 보물 열쇠가 되었다. 20세기를 건너면서 영어 공용화의 바람이 거세게 불어와 지방 정부 곳곳에서는 영어 마을을 건립하고 있다. 그들은 자본주의의 물량 공세를 통해 눈에 보이지 않는 그들의 언어와 문화의 우월성을 실감나게 해 주고 있다. 과거 어느 시대에도 어느 한 나라가 단독으로 전 세계를 지키는 '세계 경찰'의 역할을 맡았던 적은 없었다. 햄버거와 코카콜라로 상징되는 단일 문명의 위협, 인류의 코앞에 다가선 이 엄청난 위기를 어떻게 극복할 것인가? 19세기 서구 유럽의 산업화에 이어 20세기의 확대된 시장 경제와 세계화 체제는 철저하게 다양성을 파괴하는 방향으로 달려가고 있다. 어떤 발전이든 그 발전은 다양성이 전제되어야 하며, 오직 다양성이 보장될 때만이 진보적 발전이 가능하다. 그런데 우리는 끊임없이 우리 문화와 언어를 단일화하고 통일시켜 나가려 함으로써 지속적인 발전을 스스로 가로막고 있다. 그러면서도 정작 우리 자신이 그런 상황에 처해 있다는 사실조차 깨닫지 못하는 우를 범하고 있다. 언어는 한 민족의 독립성과 자주성을 확립하는 선결조건이다. 빌려온 언어에 어떻게 우리 고유한 삶과 경험의 무게를 온전히 잘 실어낼 수 있을까?

국어와 표준어 그리고 방언

국어는 규범적인 언어와 비규범적인 언어 그리고 용인하여 사용하고 있는 들어온 말 모두를 포함한다. 국어라는 측면에서는 국어와 방언 사이에 어떠한 차이도 있을 수 없다. 국어와 방언은 모두 동일한 어휘, 문법, 그리고 음운체계를 가진다. 그러나 국어와 방언은 '지위획득'에서 차이가 있다. 국어가 규범적인 언어인 표준어와 일치한다는 편견은 방언이 마치 국어가 아닌 것으로 이해될 수 있다. 엄밀한 의미에서 우리나라 '국어'는 '국가어'이다. 표준어의 국가어인 '한국어'와 문화어의 국가어인 '조선어'를 합치면 민족 단위의 하나의 '국어'가 될 수 있다. 동일한 민족어가 남과 북으로 분단되어 있기 때문에 두 '국가어'를 합쳐야만 하나의 '국어'라는 개념으로 통합될 수 있다.

국어가 방언에 미치는 언어 폭력과 포식에 대해서는 전혀 신경쓰지 않는 일부 학자들은 국어는 국어를 구성하고 있는 방언들의 총합이라고 규정하면서 국어는 개별 방언들이 갖는 공통적 특질로 구성된다는 대단히 목가적인 설명만 되풀이하고 있다. 방언학자들은 방언 관계를 진지하게 역사적으로 읽어내려고 하기 보다 오히려 언어 식민화와 언어 포식을 정당화하는 이데올로기에 봉사하는 일종의 지적 테러리즘에 가담하고 있다.

지난 세기는 제국의 정치, 자본 중심의 경제 기획이 중심 도시로부터 파장을 일으키는 문화에서 산출된 '비즈니스 문명'의 시대였다. 특히 문화 소통 방식의 본질인 언어 생태계도 마찬가지로 다종의 언어가 절멸되거나 급속히 파괴된 시기였다. 우리나라 안에서도 상황은 마찬가지이다. 수천 년 동안 개인과 개인이 쌓아 올린 일종의 언어 기념비인 방언이 표준어라는 힘있는 언어로부터 지배당하게 됨으로써 급속한 소멸의 길을 걷게 되었다. 변두리 언어의 소멸은 변두리 사람들이 과거로부터 줄곧 살아오던 땅에서 강제로 추방을 당하게 되는 것과 동일한 꼴이다.

더 나아가 한반도에는 모국어를 관리하는 정부가 두 개 있다는 현실은 우리 모국어를 항시 반쪽만 사용하도록 강요하는 동시에 이를 통한 이데올로기의 대립과 갈등을 다시 폭력의 수준으로 우리에게 노정시키고 있다. 김형수(2006)는 "남과 북에서 서로 대결 의지를 높여 온 위정자들이 반공 정책과 반자유주의 정책을 강제한 결과 억압에 의한 언어의 자살 현상도 극심했다"[1]라고 평가하고 있다.

중심에 자리한 표준어와 문화어 그리고 변방에 자리한 죽어가는 방언들. 지금 우리는 무엇을 해야 하는가? 죽어가는 강물, 멸종으로 치닫는 어류와 조류, 사라져 가는 나무와 들풀처럼 변두리의 방언도 함께 저 세상으로 보내야 할 것인가. 소수 언어인 방언의 미학을 되살려 내는 방법을 고민해야 한다. 자본주의 '비즈니스 문명'의 유통 질서 세계를 거꾸로 되돌리는 노력을 기울여 버려진 것, 변두리의 것, 소외된 것들에 대해 이름을 불러주고 관심을 갖는 일이 필요한 시점이다.

언어 소통의 어려움을 줄이기 위해 우리나라처럼 정치·경제의 중심지인 수도 지역의 말을 규범으로 삼는 표준어(Standard Language) 정책을 사용하는 나라도 있고, 일본처럼 방송에서 통용되는 언어를 기준으로 하여 일상 대중이 두루 사용하는 말을 규범으로 삼는 공통어(Common Language) 정책을 사용하는 나라도 있다. 영어와 같은

---

1) 김형수, 「변두리가 중심을 구원할 것이다 - 한국 문학이 아시아 연대를 꿈꾸는 이유」, 『ASIA』, VOl 1, NO.3, 2006, pp.16-17.

다국적 언어는 엄격한 규범을 규정하기 힘들기 때문에 상층 사회에서 소통되는 수용 발화(Received Pronunciation) 정책이라는 다소 느슨한 언어 정책을 채택하는 예도 있다. 표준어 정책이나 수용발화(RP) 언어 정책은 사회계층적인 면에서 주로 상층 사회의 언어를 전형으로 삼는 것이 일반적인 경향이지만, 중국의 보통화普通話나 북한의 문화어文化語는 중간층, 곧 일반 서민들의 언어를 전형으로 삼아 대조를 보인다. 자국의 언어나 문자가 없는 나라나 비록 자국어가 있어도 식민지 지배를 받는 경우 다른 나라 또는 지배 국가의 언어를 빌려서 공적으로 소통할 수 있도록 하는 공용어(Official Language) 정책을 운용하는 나라도 있다.

1948년 공통어 정책으로 전환하기 전에 동경東京 중심의 표준어 제도를 채택하였던 일본의 어문 정책을 본보기로 하여 우리나라에서도 1933년부터 서울 중심의 표준어 정책을 실시하게 되었다. 우리나라 표준어는 오늘날 서울 지역에서 소통되는 교양인 계층에서 두루 사용하는 말을 기준으로 삼고 있다. 70여 년 동안 표준어 정책이 순조롭게 정착된 결과, 특수한 지역을 제외하고는 현재 의사소통이 단절되거나 어려운 지역은 거의 없다. 나라 안 어느 지역에 가더라도 의사소통의 장애를 일으킬 정도의 어려움이 없는 만큼 서울 중심의 표준어가 우리나라 대중들의 일상 언어로 확대되어 제 자리를 잡았다고 할 수 있다. 단 북쪽 지역은 분단과 더불어 체제의 차이로 인해 언어 격차가 생기고 있으나 전문용어를 제외한다면 방언 차이로 이해해도 될 수준이다.

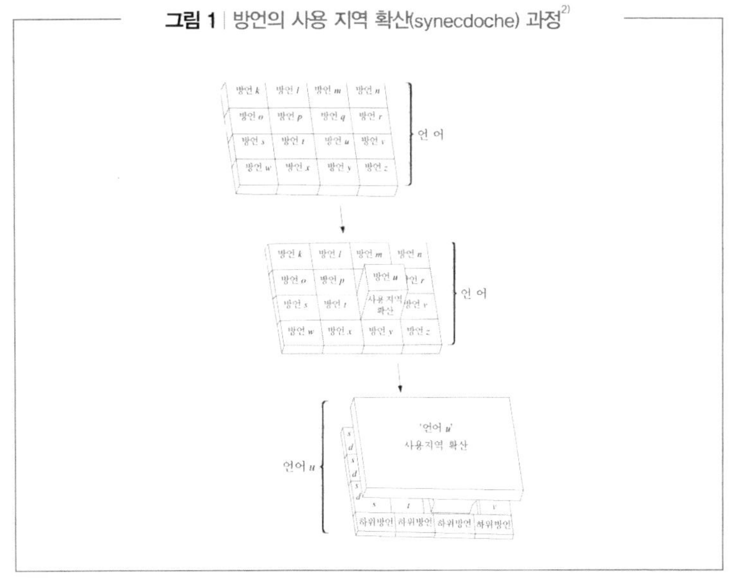

〈그림 1〉에서처럼 방언 k에서 z로 이루어진 어떤 언어가 그 언어를 구성하고 있는 여러 방언 중의 하나인 방언 u가 두루 통용되어 여러 다른 방언 지역에서도 서로 소통될 수 있다고 가정할 수 있다. 그러한 경우 방언 u는 방언 k지역에서 방언 z지역까지 모든 지역에서 상호 소통(Mutual intelligibility)이 가능한 공통어共通語로 확산되었다고 할 수 있다. 이와 같이 특정 방언이 사용 지역 확산(synecdoche)을 통해 한 개별 언어를 대표하게 된다. 이러한 원리와 과정에 의해서 19세기

2) John Earl Joseph(1982 : 487) 참조.

초반 서울을 중심으로 정한 표준어가 최근에 와서는 전국 어디에서나 공통으로 소통될 수 있는 상황이 되었다.

일본에서는 1948년 동경 중심의 표준어 정책에서 의사소통에 어려움이 없는 다수가 사용하는, 동경 말씨를 기본으로 하는 공통어 정책으로 전환하였다. 이는 특정 지역의 언어만을 중심으로 사고하던 방식에서 의사소통에 큰 장애가 없는 범위 내에서는 다양한 지역 방언을 선별하여 사용함으로써 더욱더 다양하고 폭넓은 언어 정책을 취하려는 선택이었다. 그러나 우리나라에서는 1933년 이래 70여 년간 계속해서 표준어를 서울말로 고정함으로써 서울 지역어 이외의 다양한 지역의 언어 문화 자산을 깡그리 잃어버릴 만큼 각 지역의 방언을 소홀하게 다루어 왔다. 따라서 지금이야말로 표준어 중심 정책에서 공통어 정책으로의 변화, 즉 좀 더 포용적인 어문 정책으로의 변화를 신중하게 검토해 볼 시점이라고 판단한다.

개별 국가의 언어는 규범을 기준으로 규범어와 비규범어로 구분된다. 표준어는 〈도표 1〉처럼 지역성과 계층성을 기준으로 하여 크게 지역 방언과 계급 방언(사회 방언)으로 구분된다. 또 표준어는 언어 규범과 밀접한 관계를 맺고 있는 바 인위적으로 만든 규범을 엄격하게 준수한다. 따라서 대부분의 사람들은 '표준어＝국어'라고 인식하고 있다. 한편 일상어나 대중말은 규범을 준수하되 표준어만큼 엄격하지는 않은데 이처럼 언중이 의사소통의 장애를 일으키지 않는 일상어와 대중말은 비표준어인 사투리나 변방어, 지역어와 구분되어야 한다. 앙드레 마르티네André Martinet는 방언 1은 "단일어 사용 화자들

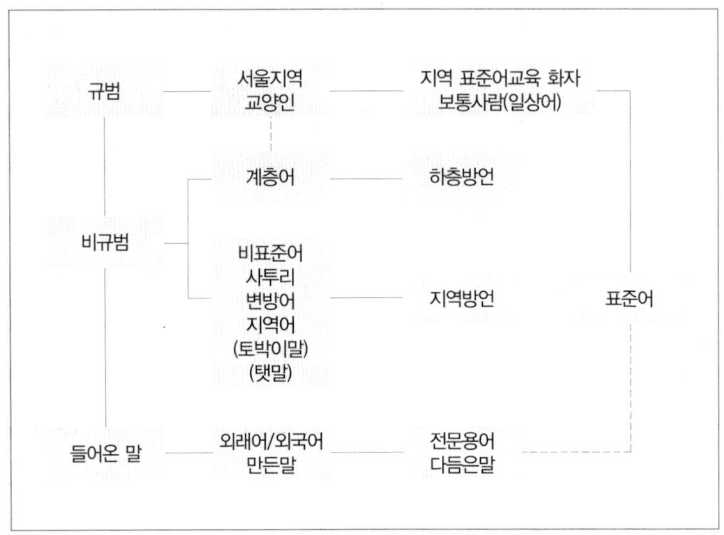

도표 1 | 표준어와 방언의 관계

이 구두 의사소통 과정에 사용하는 언어 형태들"로 언어의 지역적 형태라는 의미로, 방언 2는 "2개 언어 병용자들이 공동체의 일부 구성원들과 의사소통을 할 때, 일상어(Vernacular)로 사용하는 언어 형태들"로 정의한다. 이 방언 2는 일상어와 유사한 개념이며, 대체로 표준어 교육을 받은 사람들이 사용하는 말을 뜻한다.

표준어에 대응되는 전체적인 개념으로서의 방언을 가리키는 용어들이 매우 다양하다. 계층 방언 가운데 서울 지역의 교양인층의 언어는 표준어이지만 나머지는 모두 비표준어이다. 표준어에 대립되는 비표준어는 계층 방언인 은어, 컴퓨터에서 소통되는 소위 외계어 등의 사회 계층어와 지역 방언인 사투리, 변방어, 지역어 등의 무리로 구분된다. 여기서 표준어란 한글 맞춤법이나 표준어 규정에 따라 정해 놓은 매우 엄격하고 한정된 범위의 인위적인 언어이다. 거기에 비해서 일부 사회 계층 방언이나 지역 방언은 규범에서 벗어난다는 측면에서 표준어와 대응된다. 물론 표준어 범주에 '교양인'의 말을 계층적 기준으로 설정하고 있으나 이것은 있으나마나한 규정일 뿐이다. 각 지역의 일상어 가운데 지역적 특색이 있는 말을 표준어에 대응되는 방언方言이라고 생각하는 경향도 있다. 방언은 지방의 말이고 표준어는 그 바탕이 서울말인 까닭에 지방과 중앙의 대립적인 의미로 해석하기 쉽다. 방언을 사투리라는 이름으로 폄하하여 일상어의 주류에서 배제해 왔다. 표준어에 대응되는 말은 비표준어이다. '사투리', '지방말', '지역어', '방언', '탯말' 등은 모두 '표준어'에 대응되는 개념으로 비규범어이기 때문에 가치 평가상 '질이 낮다', '나쁘다', '그르다'라는 평가를 받는 경우가 많다. 그러나 '비표준어는 나쁘다'는 판단에는 그 어떤 합당한 기준도, 이유도 찾아보기 힘들다.

다음으로는 표준어에서 준수되는 대부분의 규범을 지키되 특정 지역의 어휘, 음운, 억양 등을 반영하는 지역적인 소통 말씨, 곧 고등교육을 받은 사람들이 소통하는 규범어(중류 계층에서 두루 소통되는 규범어)를 '일상어(또는 대중말)'라고 할 수 있다. 대체로 '사투리'는 학교에서 규범 언어를 배우지 못한 지역 사람들의 말이라면 일상어는 학교 규범 언어를 배웠고 서울 토박이 말씨와는 약간의 차이를 보이지만 의사소통에 장애가 없는 말을 뜻한다. 물론 고등교육을 받았다고 하더라도 개인차에 따라 일상어가 아닌 사투리를 고수하는 사람들도 있다.

일상어는 표준어에서 조금 일탈되지만 상호의사 소통에 어려움이 없는, 표준어보다 좀 더 포괄적인 말이라고 할 수 있다. 사투리는 민속 조사나 구어 조사를 채록한 자료를 제외하면 글말이 거의 존재하지 않지만 일상어 사용 화자들은 글말과 입말이 약간의 차이를 보여 준다. 표준어 사용 화자는 비교적 글말과 입말이 일치하는 점에서 사투리와 일상어 화자와는 차이가 있다. 규범을 기준으로 했을 때, 규범 준수의 정도성에 따라 "표준어 〉 일상어 〉 사투리"와 같이 계열적 관계로 이해할 수 있다. 입말에서는 친구나 가족 간의 자연스러운 발화 환경이나 그렇지 않으면 학교 강단이나 대중 연설회냐와 같이 환경에 따라 개인적인 차이를 보이기 때문에 표준어와 일상어, 그리고 사투리의 경계선을 엄격하게 구분하기란 힘들다. 일상어의 개념은 대중말의 개념과 통하는데, 김수업은 '사투리'와 '대중말'을 다음과 같이 규정하고 있다.

"'사투리'는 대중말('대중'은 '눈대중이 매섭다' 하는 대중, 곧 '가늠'을 뜻하는 토박이말)에 맞선다. 우리가 쓰는 말에는 사투리와 대중말이 싸잡혀 있다. 대중말은 대한민국이라는 나라에서 온 국민이 막힘없이 주고받도록 규정에 맞추어 마련해 놓은 말이고, 그 규정에서 벗어나는 우리말은 모두 사투리다. 그것에는 어느 고장에서만 쓰는 사투리도 있고, 어떤 사람이나 모둠에서만 쓰는 사투리도 있다."

토박이말은 '들온말(외래어)'에 대응되는 용어이다. 한자어나 외국어나 외래어가 아닌 순수한 우리말이라는 의미다. 토박이말이야말로 순수한 우리 민족의 언어적 혈통을 이어온 알짜요 노른자위다. 표준어나 일상어 그리고 사투리 모두에 '토박이말'이 섞여 있다. 그러나 최근 이 토박이말이 자꾸만 줄어서 걱정이다. 고대 이후 중국 한자어 조어형이 줄곧 우리말 어휘의 본바닥을 형성하다가 일제 시기에 일본어 그리고 최근에는 인도유럽어 계통의 외래어와 인터넷 외계어가 우리 토박이말을 밀어내고 있다.

표준어에 대응되는 여러 가지 언어 변이형들을 통틀어서 방언이라고 불러도 좋을 듯하다. 특히 이들이 표준어에 비해서 나쁘거나 천박하다는 생각은 잘못된 것이라는 점을 강조해 두고자 한다. 텅 비어가는 토박이말 창고의 어휘를 더욱 늘려가기 위해서는 사투리나 일상어에 남아 있는 많은 토박이말 어휘를 새로 발굴하여 보충해 줄 필요가 있다. 지금까지 내버려 두었던 '사투리'와 '토박이말'의 어휘를 금쪽처럼 귀하게 여겨서 보존할 필요가 있다. 최근에 '탯말'이라는 용어를 '모어(어머니로부터 전수받은 말씨)'의 의미로 사용하려는 움직임도 있다. 본고에서 사용하는 '방언'이라는 개념은 위와 같은 관점에서 '사투리'와 '일상어' 그리고 '토박이말'[3]이라는 개념을 껴안은 포괄적인 개념으로 이해하면 좋을 것이다.

---

3) '토박이말'이라는 용어도 사용자가 토박이인가 사용하는 말 자체가 토박이의 것인가에 따라 의미는 달라질 수 있다.

　서울말은 표준어이고 그 밖의 말은 방언이라고 하다니 무슨 근거
에서 이러한 생각이 굳어지게 되었을까?

　사람은 살면서 얻은 삶의 다양한 방식이나 지식을 언어를 통해 효
율적으로 전수한다. 사람은 언어로 의사와 감정을 소통하며, 전달하
는 능력을 지녔다는 이유로 사회적 영장물이라는 영예를 얻었다. 사
람의 언어능력은 곧 사람됨의 징표다. 언어마다 서로 다른 어휘·문
법 체계와 표현 방식을 가졌다는 사실은 서로 다른 문화 체계를 가지
고 있음을 의미한다. 이러한 점에서 언어란 그 사회의 고유한 문화
전통의 유산이라고 할 수 있다. 우리는 이러한 사실을 상식적이라고
생각하고 있지만 막상 우리가 사용하고 있는 일상의 언어가 고유한
전통적인 문화유산이라고 한다면 고개를 갸우뚱할 것이다.

　대다수의 사람들이 매일 사용하는 일상적인 지역의 말씨를 방언이
라고 할 수 있다. 따라서 방언은 다수 사람의 일상생활이 구체적이고
종합적으로 투영된 사료史料라고도 할 수 있다. 한민족 공동체의 고
유한 언어는 과거를 향해 바라보면 '방언'이 되고, 미래를 향해 바라
보면 '국어'가 되는 것이다. 근대국가에 들어서 인위적으로 만들어서
사용한 표준어는 일반 보통 사람들보다 더 상위층에 있는 유식한 사
람들의 위엄을 보이기 위해 또는 공적인 용도를 위해 만든 일종의 인
위적, 가공적인 언어라면, 방언은 민중들의 꾸밈없는 삶의 모습과 그
들의 꿈과 욕망의 흔적이 묻어 있는 언어이다. 다시 말하자면 방언은
국민 생활의 구체적인 내용을 껴안고 있는 중요한 문화유산인 것이
다. 표준어를 국어라고 생각하면서 방언은 국어의 바깥에 있거나 국

어가 아닌 것처럼 생각하는 경우가 많다. 국어는 여러 가지 방언이 모여 형성된다. 표준어는 그 방언 가운데 어느 한 가지를 선택하여 규범 언어로 정한 임의적인 국어이다.

국립국어원이 2005년 12월에 현대리서치를 통해 조사한 『어문 규범 영향 평가 결과 보고서』에서 '방언'에 대한 국민의 인식 조사 결과를 정리하면 아래 〈도표 2〉와 같다. 방언이 '향토 문화의 중요한 유산'이라는 데 94.3%가 동의하였고, '국어의 역사를 밝히는 데 중요한 단서를 제공'하며(95.2%), '문학 작품의 사실성을 살리는 요소'(96.2%)라는 등 긍정적 평가가 압도적이었다. 특히 방언이 '언어 통일에 장애'가 되지 않는다는 견해가 81.5%를 차지하며, '지역 감정을 유발'하는 요인이 될 수 없다는 견해가 83.6%를 차지하였다.

특히 방언이 향토 문화의 중요한 유산이라는 점에 대해서 응답자의 94.3%가 지지를 한 이유가 무엇일까? 생물의 다양성이 종의 다원성을 잉태한다. 단일 재배나 개량으로 종을 단일화할 경우 멸종으로 쉽

	동의한다	생각이 없다	동의하지 않는다	무응답
향토 문화의 중요한 유산	94.3	2.9	2.1	0.6
국어의 역사를 밝히는 데 중요한 단서를 제공	95.2	2.1	1.9	0.8
문학 작품의 사실성 살리는 요소	96.2	1.3	1.7	0.8
언어 통일에 장애	12.0	5.5	81.5	1.1
지역 감정을 유발	7.6	7.8	83.6	1.1

도표 2 | 방언에 대한 국민의 인식 태도

게 이어지듯이 언어도 표준화하거나 지나치게 단순화시킬 경우 언어는 절멸의 위기로 빠져들 수밖에 없다. 그런 점에서 많은 사람들이 아직 방언에 대한 애착을 보이고 있고, 방언에 대한 경멸적인 태도를 보이는 사람이 많지 않다는 것은 매우 다행스러운 일이다.

방언에 대한 경멸은 방언을 타자의 언어로 간주하는 사람에게만 나타나는 현상이 아니다. 그것은 때로 이데올로기의 압력에 굴복한 방언 사용화자 자신들에게 나타나기도 한다. 5공화국 시절, 방송 드라마에서 부엌일을 하는 사람은 '충청' 방언 화자들이, 조폭이나 깡패는 '전라' 방언 화자들이 주류를 이루던 때가 있었다. 언어가 인권 폭력의 주체로 이데올로기에 봉사하는 일종의 지적 테러에 가담할 수 있다는 사실을 보여준 웃지 못 할 사례라고 할 수 있다.

언어적 죄의식

어린아이를 키워주는 시골 어머니에게 시골 방언을 배운다는 이유로 아이들과 어머니를 분리시키기를 주장하는 사람은 분명히 시골에서 서울로 오면 서울말에 주눅이 들어 마치 자신이 언어적 죄를 저지르는 착각에 빠질 수 있다. 학교에서 어린아이가 교육 받을 때 사용하는 필기 언어와 집에 돌아와서 말하는 언어가 유리된 경우가 있다. 자신의 언어가 감수성 예민한 어린 마음에 낮은 사회적 위치, 모멸감, 어리석음과 같은 가치와 연결되어 있다고 느낄 때를 상상해 보

자. 방언을 사용하는 자는 과연 열등한 사람일까?

최근 전국 곳곳에 영어마을이 들어서고 있다. 신식민주의 지배 언어인 영어에 종속되기를 바라는 추종자들은 스스로 마음의 식민지적 거처를 마련한 셈이다. 지배계층으로 진입하기 위한 필수적인 교육 제도의 덫이 그들 앞에 놓여 있다. 발자크Balzac의 『올빼미당Les Chouans』에서 브르타뉴 방언에 대한 경멸은 인종 차별적 죄의식을 반영한 산물임을 보여주고 있다. 마르세유 출신 시인 빅토르 즐뤼Victor Gelu는 1840년 자신의 작품 모음집에서 프랑스어는 대륙에서 유일하게 고귀한 언어로 간주하고 오크 방언[4]은 마르세유 하층 구역의 언어라고 밝히고 있다.

그런가 하면 언어를 포식하는 중앙집권주의에 맞서 자기들의 억압받는 언어들을 옹호하는 사례도 많이 있다. 브르타뉴 출신의 사회주의자인 에밀 마송Émile Masson은 브르타뉴어가 방언이 아니라 하나의 진정한 국어라고 단언하고 자유주의 프로퍼갠더는 어느 곳에서든지 그 지역의 방언으로 이루어져야 한다고 주장하고 있다. 표준어는 옳고 방언은 잘못된 언어라는 그릇된 대립적 가치 인식의 전통은 서구에서나 우리나라 현실이나 비슷하다. 언어학자들이 '학문'이라는 페인트로 단장한 이 관념적인 이 전통은 쉽게 깨어지지 않을 것 같다.

방언이 갖는 역사적 특성을 강조하거나 혹은 방언이 무형 문화재

---

4) 오크어(Lenga d'òc) 또는 옥시타니아어((L')Occitan)는 프랑스의 루아르 강 남부 (6개 레지옹과 23개 데파르트망)에서 사용된다. 이탈리아의 알프스지역 계곡, 즉 발레다오스타 주와 칼라브리아 주의 소규모 공동체, 그리고 에스파냐의 아란 계곡(Val d'Aran)에서도 사용된다.

라고 평가하여 그 가치를 존중하려는 노력은 언어적인 죄의식에서 벗어나고자 하는 변명 가운데 하나다. 우리는 여기서 방언을 왜 전통적인 문화유산인 무형 문화재라고 할 수 있는지 좀 더 구체적으로 살펴보자. 우리나라의 각종 국어사전에 실린 낱말 가운데 표준어 사정 기준에서 벗어나 서울 지역에서 사용하지 않는 낱말이지만 운 좋게도 표준어로 채택된 경우가 있다. '우렁쉥이(멍게)', '선두리(물방개)', '버마재비(사마귀)' 등의 낱말이다. '버마재비'는 주로 경상도와 전라도를 중심으로 한 남부 지역에 분포된 방언이다. 그런데 그것이 서울을 중심으로 분포된 '사마귀'와 나란히 표준어의 자리에 등극한 영예를 안은 것이다. 그러나 이런 영예의 새삼스러움과는 달리 '버마재비'에 얽힌 추억을 갖지 않은 이는 아마 드물 것이다. 황대권 씨가 쓴 『야생초 편지』에서는 '버마재비'를 커다란 수레를 두 팔로 막고 서서 가지 못하게 할 만큼 겁이 없는 모습을 비유하여 '당랑거철螳螂車轍'이라 이름하고 있다. 사냥술이 뛰어난 버마재비는 상대방이 겁에 질려 혼미한 상태에 있을 때, 전광석화처럼 상대를 잡아먹는 음흉하기 짝이 없는 놈이다. 교미가 끝난 후에는 암놈한테 순순히 잡아먹히는 종족 보존의 철저함도 갖고 있는 곤충이다. 어린 시절에는 버마재비를 들판에서나 교실에서도 쉽게 만날 수 있었다. 항상 부동의 자세로 몇 시간이고 꼼짝하지 않고 긴 앞다리를 치켜든 채 무섭게 생긴 두 눈을 굴리던 버마재비에 대한 체험적 추억이 있는 사람들도 많을 것이다. 그런데 버마재비에 대한 가장 결정적인 공포는 바로 그놈의 오줌이 눈에 들어가게 되면 소경이 된다는 점이다. 그러나 '버마재비'가 늘 그렇게 부정적인 이미지로만 우리에게 남아 있는 것은 아니다. 손등에 돋아 오른 '사마귀'를 그놈의 날카로운 이빨로 뜯어먹게 하면 사마귀가 없어진다는 이야기도 있었다. 이 '버마재비'라는 낱말에는 '버무땅개비, 범이땅깨, 연까씨, 오줌싸개, 각재비, 사마귀' 등과 같이 다양한 방언형이 있다. 마침 손등에 돋아 오른 질병의 하나인 '사마귀'라는 낱말과 동음이의어의 경쟁 관계를 유지하게 됨에 따라 남부 지역 방언인 '버마재비'가 '사마귀'라는 낱말을 제치고 당당하게 표준어로 선택된 것이다. 그러나 '버마재비'는 표준어가 아니고 '사마귀'만 표준어인 것으로 알고 있는 사람들이 아직 많이 있는 것 같다.

　표준어에 없는 '과메기', '아구찜', '홍탁'과 같은 지방의 음식 이름은 전국으로 확산되었지만 아직 방언의 신세를 못 면하고 있는 예들이다. '과메기', '과미기'라는 말은 관목貫目 청어를 줄여서 '관목이'라 부르다가 변화된 말이다. 과메기는 경북 포항의 특산물인데 겨울이 되면 전국적으로 팔려나간다. 지방 특산물이 전국상품으로 출세한 '과메기'는 아직 표준어로 승격되지 못하고 방언으로 처리되고 있다. 『표준국어대사전』에 '과메기'의 뜻풀이를 "**과메기** 명 방 꽁치를 차게 말린 것(경북)."으로 하여 뜻풀이의 오류를 범하고 있다. 과메기는 원래 청어(방언형 : 등어, 비웃, 구구대, 고섭, 푸주치, 눈검쟁이, 갈청어, 울산치, 과목숙구기)를 얼리면서 말린 것이다. 일찍이 가난한 선비를 살찌게 해 주는 청어는 '비유어肥儒魚'라는 별명을 얻기도 했다. 그런데 이 청어가 일제 시대를 거치면서 거의 잡히지 않게 되자 청어 대신 꽁치로 과메기를 만들게 되었는데 이것이 사람들에게 인기를 얻자 전국적인 상품으로 발전되었다. 그러니까 과메기의 뜻풀이에서 재료로 '꽁치'만 예를 든 것은 분명한 오류이다. 과메기는 추운 날씨에 얼었다 녹았다를 반복하면서 내장의 즙이 고기 살에 고루 스며들어야 제 맛이 난다. 과메기 덕장에서 찬 겨울바람에 얼려서 말린 것을 일등 상품으로 치듯이 차게 말린 것이 아니라 얼리면서 말린 것이기 때문에 뜻풀이의 정확성이 떨어진다.

이처럼 대상물이 서울에 없고 지역에만 있다는 이유만으로 그 낱말을 '방언'으로 처리하여 표준어 근처에 얼씬도 하지 못하게 하는 일이 어찌 있을 수 있는 일인가? 어쩌면 방언인데도 표준어로 채택된 영광을 지닌 낱말이 있는가 하면 당연하게 표준어로 채택되어야 할 역사적 정당성이나 합리성이 있는데도 불구하고 서울 사람들의 말이 아니라는 이유 때문에 표준어에서 밀려나는 불행을 겪어야 하는 낱말도 있으니, 이 또한 인생살이의 모습과도 가히 다를 바가 없다는 생각이 든다.

어디 그뿐인가. 오늘날은 거의 사용하지 않지만, 짚으로 둥글고 울이 깊게 결어서 만든 '멱둥구미'라는 용기가 있다. 멱둥구미는 볍씨를 퍼 담아 두고 콩깍지나 채소 등을 담아 옮기는 데도 유용하게 사용했던 도구이다. 그런데 이 용기의 이름은 지역마다 다르다. 한국정신문화연구원에서 간행한 『한국방언자료집』에 의하면 '둥구미, 둥구마리, 둥구마기, 메꾸리, 메꼬리, 며거리, 미꺼리, 먹따리, 먹때기, 먹서리, 멕다리, 송대기, 송태이, 봉생이, 봉태기, 봉오애기, 뚜구마리,

둥구매기, 둥구마리, 믹서리' 등의 '먹둥구미'의 방언형이 있다. 예전에 사용하던 각종 용기가 플라스틱이나 금속 용기의 발달로 차츰 사라져 가듯 그것을 가리키는 이름도 우리의 기억 속에서 가물가물해져 가고 있다. 대상물이 없어지면 우리 선조들이 살아가던 삶의 흔적이 사라지는 동시에 말도 함께 없어진다. 먹둥구미의 방언형의 이러한 차이는 곧 지역적으로 우리 선조들의 삶의 흔적이 다양했던 결과라 할 수 있지 않을까? 언어의 다양성이 사라지는 수많은 공통된 근거 중 가장 핵심은 바로 생태공간의 파괴이다. 세상의 변화와 함께 언어의 절멸 속도 또한 이처럼 빠르게 진행된 적은 결코 없었다.

세상이 참으로 많이 변했다. 농촌 들녘에서 가을걷이를 할 무렵이 되면 온 들판이 소란스러웠다. 탈곡기(와롱기 또는 족답기)의 와롱와롱거리는 소리와 함께 먼지바람을 일으키는 들판에서 어른들은 타작하노라면 아이들은 참(들밥, 새참)을 나르느라 진땀을 흘리던 시골의 풍경이 이제는 그리워진다. 발로 딛는 탈곡기는 조금만 호흡이 맞지 않아도 그 기계 돌아가는 소리가 신이 나지 않고 풀이 죽은 소리가 난다. 멀리서 소리만 들어도 일꾼의 호흡이 맞는지 맞지 않는지를 알 수 있었다. 타작으로 날리는 나락 홰기(새꽤기)의 티끌과 땀이 범벅되어도 한 해 농사를 결산하는 기쁨으로 탁배기(막걸리)를 벌컥벌컥 마시며, 신명 잡히게 일하던 어르신들이 거의 돌아가신 고향 들녘은 한산하기 이를 데 없다.

더 이른 시절에는 '탯돌, 잘개돌(개상돌)'이라는 큰 돌에 나락단(볏단)을 새끼줄로 묶어 그 돌에 내려쳐서 벼 낟알을 털어 내는 탈곡 방식이 있었다. 요사이도 콩 타작이나 깨 타작은 이와 유사한 방식을 이용하고 있다. 그때 나락(벼)을 묶는 줄을 '탯줄' 또는 '잘개줄(탯줄)'이라고 하고 그러한 탈곡 방법을 '잘개타작(개상질, 태질)'이라 불렀다. 대나무를 빗살처럼 엮어 벼를 그 사이사이에 끼워 넣어 당겨 내면서 하는 타작을 '호리깨, 집께, 홀깨타작'이라고 불렀다. 불과 10여 년 전만 해도 이러한 고전적인 농경 방식을 얼마든지 구경할 수 있었다. 이제는 자동 기계 탈곡은 물론 들판에서 타작과 도정 과정을 트랙터로 한꺼번에 하는 시대에 와 있지만 우리 시골은 더 황량하고 쓸쓸하게만 보이는 이유가 무엇일까. 서울 부근의 농촌이나 저 멀리 진도의 농촌 풍경이나 다른 것이 아무것도 없는 똑같은 풍경일 뿐이다. 시간의 소멸과 함께 지난 시절 농촌의 공간 풍경도 소멸하고 있다.

언어의 사회적 계급

　표준어는 서울 곧 우리나라에서 가장 발전한 도회지의 말이고, 광주 방언은 서울에서 멀리 떨어진 변방의 말이다. 서울말과 광주말의 차이처럼 영어와 토크피진어는 '도시 언어'이지만 콘월어와 타이압어는 각각 영어와 토크피진어에 대응되는 '변방의 언어'이다. 도회지의 언어는 개발도상국의 경제적·사회적 지배 계층인 엘리트층의 언어와 관계 있는데 특히 우리나라는 모든 중심이 서울에 있기 때문에 도회지의 언어 중심이 서울이 된 것이다. 반면에 변방의 언어는 경제적으로 뒤처진 지역으로 경제적·사회적으로 보다 제한된 지역에서 사용된다.

광주나 부산 사람들 가운데 금융, 항공, 전산 등의 경제적 영역의 활동을 원한다면 그들은 의사 표현을 위해 '변방의 언어' 대신 '도회지 언어' 곧 서울말을 선호할 것이며, 나아가서 국제적인 경제 활동이나 법률적 문제 해결을 위해서는 다시 '영어'나 '프랑스어' 등의 국제적 소통어를 선택할 것이다. 이런 의미에서 광주말이나 부산말은 서울말에 비해 주변어이고 또 서울말은 영어에 비하면 주변어가 될 수밖에 없다. 다시 말하자면 서울말은 도회/주변이라는 상대적 구분으로 정의될 성질의 것이 아니다. 도회적인 '서울말'이 상황에 따라서는 주변적일 수 있다. 케냐와 탄자니아의 많은 학교에서는 스와힐리어로 학습하고 있으며 많은 사람들은 스와힐리어를 배우고자 원한다. 이 스와힐리어는 마사이 유목민이 사용하는 마어에 비해 도회적인 언어이다. 그러나 대학 수준의 교육을 받기 위해서는 대다수의 인쇄물이 영어로 되어 있기 때문에 영어로 학습을 해야 한다. 이러한 측면에서 스와힐리어는 영어에 비해 주변적인 언어일 수밖에 없다.

결국 도회적 언어와 주변적 언어라는 사회 계급적 구분은 언어 그 자체의 속성에 의해 구분되는 것이 아니라 그 언어를 사용하는 사람들의 경제적·사회적 지위 차이를 반영한 것이다. 산업화를 통해 축적한 부를 기반으로 아프리카, 오스트리아, 아시아, 아메리카 대륙을 식민지화한 유럽이 세계의 중심 자리에 들어섰다. 21세기에는 세계화라는 미명 아래 세계의 중심에서 군림하고 있는 미국이 다른 모든 나라들을 주변화하고 있다. 이와 같은 국가별 관계의 패러다임이 한 나라의 내부의 패러다임과 일치하고 있다. 언어의 사회 계급화, 곧 계층적 위계가 생겨나는 이 불평등성이 어디에서 생겨나는가? 표준어와 방언의 불평등성, 한국어와 영어의 위계적 불평등성의 문제는 단지 어제 오늘의 문제가 아니다.

15세기 이후 유럽 여러 나라들이 아프리카를 비롯한 여러 나라와 부족들을 식민지화하면서 그들 언어를 포식하는 과정에서 이미 도시(중심)와 주변의 구분이 존재하게 되었다. 도시어는 중심지와 엘리트 계층의 언어이다. 도시어의 부상은 화자의 경제적 역할에 따라 그 대상이 달라지게 되었다. 엘리트 집단이 농민, 상인, 노예, 하인들을 효율적으로 통제하기 위해서는 지방 수령과 같은 중간 집단이 필요했다. 이 중간 집단은 엘리트 집단이 사용하는 말과 농민, 상인, 노예, 하인들이 사용하는 말을 모두 포함하는 이중언어를 구사하였다. 주변 사람들은 계층간의 이동이 극히 제한되었으며 이들은 제국 밑으로 들어가든 제국으로 통합되든 일상적 의사소통에는 아무 장애를 받지 않았던 것이다.

오늘날의 상황은 크게 달라졌다. 도시어는 세계의 거의 모든 지역에서 제국주의적인 언어로 변모하여 엄청나게 빠른 속도로 변두리어를 밀어내며 전진하고 있다. 그런데 그 도시어는 또 다시 다른 변종을 만들어내고 있어 언어의 포식 문제는 경제적 주도권 문제와 밀착되어 어디로 튈지 모르는 공이라고도 할 수 있다. 곧 영어가 세계적인 도시어가 되리라 예상했지만 이미 영어의 변종이 세계 도처에 퍼

져나가고 있으며 피진어나 크레올어와 같은 영어와 현지어의 혼종이 독버섯처럼 번져가고 있다. 인터넷 시대에 영어가 독주하리라는 예상이 이미 빗나가고 있다는 증거는 이런 것 외에도 이베리아반도에서 많은 독립민족의 언어가 되살아나고 영국 영어의 본토에도 스코틀랜드 게일어가 되살아날 기미를 보이는 것에서 찾을 수 있다. 다니엘 네틀(2003 : 222)은 도시 언어의 포식 문제를 "스물 세 시간 동안 일어날 기미도 보이지 않다가 마지막 20분 동안에 그처럼 혁명적이고 불균등한 충격이 발생해서 현재 전 세계의 언어로 퍼져 나가는 충격파를 일으킨" 것으로 말하고 있다.

유럽에서 산업 혁명이 끝날 무렵 생산성이 엄청나게 증가하였다. 잉여 생산물을 많은 사람들이 공유하면서 생활 지위가 급격하게 향상되고 평균 수명도 길어지게 되었다. 도시를 중심으로 인구가 밀집되면서 경제적 분화와 심화를 유발하게 되었다. 해외 식민지 개척의 성공은 도회지인 유럽의 금고를 살찌우면서 변두리는 경제적 종속화를 가속화하였다. 이러한 경제 운용이 언어에 어떤 영향을 미쳤는가?

번영의 경제, 신기술, 수익성 높은 생산 활동으로 얻어진 재화는 다시 변두리를 지배하기 위한 무기 생산, 엘리트들이 피지배 계층을 세뇌할 수 있는 장치로 작용하였다. 이로 인해 도시 언어에서 주변어가 떠밀려 나가지 않으려는 '떠미는' 힘과 생산 기술 체계를 습득하기 위해 도시 언어를 스스로 받아들이려는 '끌어당기는' 힘이 동시에 작용되고 있다. "말(馬)도 서울에서 태어나야 한다."는 말과 "세계로 진출하기 위해서는 조기에 영어를 배워야 한다."는 '끌어당기는' 힘이 방언을 버리게 하고 모국어도 버리게 하는 엄청난 힘으로 작용하고 있는 것이다. 지난 세기에는 이 '떠미는' 힘이 강했기 때문에 교묘한 식민지 술책과 군사적 지배 책략이 필요했지만 금세기에는 '끌어당기는' 힘, 곧 자유로운 선택의 힘이 더 강하도록 교묘한 문화정책의 계략으로 엘리트층이 민중을 설득하고 있다.

나라 안에서는 정치·경제의 중심인 서울을 중심으로 변두리 방언 화자들이 서울말로 휩쓸려들면서 변방의 방언과 경제가 무너지고 있다. 이런 과정이 우리 스스로 원한 자유로운 선택이라는 점에서 문제의 심각성은 더 크다.

방언과 민속

영남 지방에는 일제의 강압으로 맥이 끊겼던 '꽹말타기(호미씻이놀이)'라는 우리 고유 민속놀이가 있다. 세 벌 논매기 작업을 마칠 무렵이면 힘든 벼농사 일은 끝이 난다. 가을걷이 때까지 힘든 논매기의 노동이 끝나기 때문에 두레패의 호미를 씻는 날이라고 해서 '호미씻이' 또는 호미를 씻어 걸어 놓는다고 해서 '호미걸이' 날이라고도 하는데 '호미씻이하다'는 지역에 따라 '꼼비기묵는다', '서리치술뭉는다' 등으로 다양하게 불리기도 한다. 이날이 되면 '농자천하지대본農者天下之大本'이라 쓰인 큰 깃발을 논 가장자리에 세워두고 버드나무나 칡넝쿨, 솔가지 등을 장식한 소에 길마를 지워 그 위에 상좌농부(상머슴)가 앉아 '딩각(오동나무로 만든 나팔)'을 불며 지주인 부잣집에 모여들어 두레 풍물굿을 벌인다. 이와 비슷한 예로 두레의 일종인 황두 작업을 할 때 황두꾼들은 새벽에 박주라꾼이 신호용 나팔인 '박주라'를 불면 빠른 시간 안에 일정한 장소에 모여 계수檣首의 점검을 받고 작업장으로 나갔다. 이 '박주라'라는 나팔과 '딩각'의 용도가 비슷하다. 박주라는 가둑나무로 두 뼘쯤 되며 그 끝은 나팔 모양으로 퍼지게 만든 악기이다.(주강현, 2006 : 137)

꽹말타기 놀이의 전통은 삼한 시대부터 내려오던 우리 고유의 풍속이다. 경상남북도 일대에서 전승되어 오다가 일제 시기에는 사람들을 불러 모아 항일 운동의 수단으로 활용될 것을 우려한 일제가 이 놀이를 금지시키면서 그 전통과 맥이 끊겨 버리게 됐다. 이 놀이는 일종의 두레놀이인데 다른 지방에서는 '징, 장구, 북, 꽹과리'로 구성되는 사물놀이를 즐겼지만 영남 일부 지방에서는 사물에서 '딩각'이라는 나팔을 추가하여 오물놀이로 즐겼다고 한다. 최근 송광매기념관 권병탁 이사장은 수년 전부터 각종 문헌을 뒤져 자료를 수집하고, 지역의 70세 이상 노인들을 대상으로 설문 조사 등을 통해 꽹말타기를 복원하였다. '꽹말타기'는 대구 달성, 경북 청도, 고령을 비롯하여 경남 합천, 산청, 창녕 등지에 퍼져 있다. 재현된 꽹말타기는 상좌농부의 딩각 신호에 맞춰 꽹과리와 징, 장구, 북의 사물이 뒤따르며 즐기는 농무農舞이다.

호미씻이 놀이였던 꽹말타기의 소멸과 함께 오물놀이의 주요 악기였던 '딩각'도 자취를 감추면서 그 이름 역시 우리 기억에서 사라지

사진 1 | '딩각'의 연주 모습 (사진 제공 : 매일신문 2006년 03월 27일)

게 되었다. 『표준국어대사전』이나 각종 민속사전에서도 찾아볼 수 없을 뿐만 아니라 심지어 민속학자나 국악 전문가들도 딩각이라는 민속 악기를 알지 못하는 상황에 이르게 되었다. 이처럼 사회의 변화와 함께 사람들이 사용하던 각종 일상 용구나 악기의 이름이 희미하게 지워져 가고 있다. 그래서 지난 시절의 풍경이 더욱 애틋하게 그리워지는 것이리라.

'딩각'은 놀랍게도 〈그림 2〉처럼 울산 반구대 암각화에 나타난다. 이것은 철기시대로 거슬러 올라 원시농경시대부터 수렵이나 농경 또는 어업의 협동을 위해 두레패를 모을 때 보내는 신호로 불었던 악기로 추정된다. '딩각'이라는 방언은 이처럼 심연의 역사를 거슬러 원시시대의 우리 모습과 맞닿아 있다. 남성의 성기(농경 풍요를 상징)를 자랑스럽게 돌출시키고 그 남근보다 몇 배나 더 긴 딩각이라는 악기를 불면서 무슨 생각을 하고 있을까? 더불어 살아가는 인간 공동체 삶의 꿈은 예나 지금이나 결코 유효기간이 있는 것이 아니다.

옛날부터 안동 지방의 안동포는 유명했다. 그러나 베 짜는 일은 오늘날에는 일반 사람들의 기억에서조차 희미해져 다만 추억의 흔적으로 남아 있을 따름이다. 이상규(2000)의 『경북방언사전』에 베틀과 관련된 방언의 편린들이 조사·보존되어 있으니 잠시 살펴보도록 하자.

그림 2 | 경남 울산 반구대 암각화의 일부

눌룰대 명 눌림대. 잉아 뒤에 있어 벳날을 누르는 막대. ⇒ 비틀. 눌룰대(안동)

도투마리 명 천이나 베를 짤 때 날을 감아 베틀 앞다리 너머의 채머리에 얹어 두는 틀. (예) 짜는 거는 그 뒤에 해도 그때까지 매기는 다 매가 도투마리 감아 놓지. 짜기는 가읡에 짜지, 삼은 어에든동 여름에 다 매 놓지(안동)

바디 명 베틀의 부품 이름. 대오리를 참빗처럼 촘촘하게 얽어 살 틈으로 날을 꿰어 베의 날을 고르게 함. (예) 한 구녕에 두 오리식. 그것도 새가 지어서 드가지. 한 오리는 잉아올, 한 오리는 사올이 되니더. 냉재 잉아에 걸 때 잉아올은 잉애에 드가고 사올은 안 드가잖니껴(안동)

비개미·비게미 명 비경이. 베틀에 딸린 기구의 이름. 잉아의 뒤와 사침대 앞 사이에 날실을 걸치도록 가는 나무 오리 세 개를 얼레 비슷하게 벌려 만든 기구. ⇒ 비틀. 비게미(안동). 비개미(의성)

비테 명 부티. 베틀의 말코 양쪽 끝에 끈을 매어 허리에 두르는 넓은 띠. ⇒ 비틀. 비테(안동)

비틀연치 명 베짱이. 비틀연치(의성)

이른 봄 들판에 목화씨를 뿌리고, 삼밭에 대마씨를 뿌려 이들을 거두어 한 올 한 올 실로 만들고 또 이것으로 베틀에서 베를 짜고 또 고운 쪽빛이나 감색 물을 들여 옷을 짓는 모든 과정이 바로 우리 선조들이 살아왔던 삶의 방식과 흔적이다. '눌룰대', '도투마리', '비개미·비게미', '비테', '비틀연치'와 같은 이런 지역 방언은 언어학적으로 그렇게 유용한 것이 아니기 때문에 중요하지 않은 것인가? 사람들이 살아온 삶의 방식이 세월 따라 변화하면서 그들이 사용하던 각종 일상 용구들도 변화하게 되는 것은 당연지사다. 그러면서 이전에 사용하던 용구들의 이름도 우리 기억 속에서 희미해져 가고 있다. 그러다 보니 요즘은 '엄마 아빠 어렸을 적엔……' 따위의 인형전과 같은 추억을 파는 전시회나 민속박물관에 박제되어 녹슬고 먼지 묻은 전시물의 이름표 속에서 만날 수 있을 따름이다.

방언은 자연지리적 환경과도 밀접한 관계가 있다. 우리말은 백두대간을 중심으로 동과 서로 나눠지는데 동부 지역은 대체로 소리의 높낮이가 남아 있는 악센트 구조를 가지고 있다. 곧 '말(馬)'〔높은 소리〕과 '말(斗)'〔낮고 짧은 소리〕 그리고 '말(言)'〔낮고 긴 소리〕이 소리의 높낮이나 소리의 길이에 따라 의미 차이를 보여준다. 백두대간의 서쪽에서는 높낮이는 구분되지 않지만 소리의 길이에 따라 의미가 구분되는 특징을 가지고 있다. 그리고 어휘적으로는 남북을 가로지르는 모습으로 어원적인 분포를 보이며 남북 간의 차이를 보여 주기도 한다. 남북 간의 어휘 차이는 고대 신라-가야와 백제, 고구려 지역의 방언 차이의 잔영이라고 볼 수 있다.

방언은 지역 사회·문화와도 밀접한 관련을 맺는다. 예를 들면 '김치'를 '짠지'라고 하는 방언권 혹은 '식혜'를 '단술'이라 하는 방언권의 음식 문화는 다른 방언권의 문화와 구별될 수 있는 특징을 가진다. 최근에 최영준 교수는 우리나라의 '짚가리' 형태의 지리적 분포를 기호형, 호남형, 중부내륙형, 동부 산지형, 남부 고원형, 영남 내

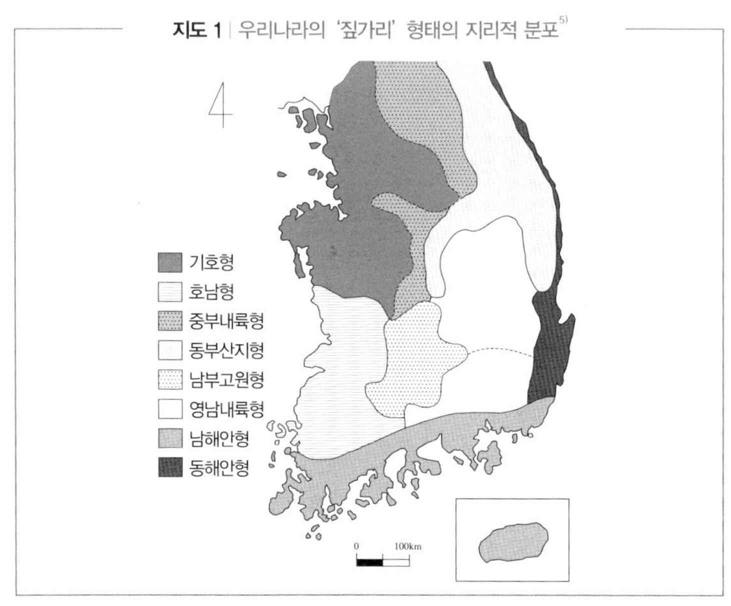

류형, 남해안형, 동해안형으로 구분하고 있는데 이것은 방언권과 너무나 흡사하다. 문화지리학적인 관점에서 문화권과 방언권이 어떤 연관을 갖는지 탐색해 보는 것도 결국 한국어의 방언 분화와 문화 양상의 분화를 이해하는 데 도움을 줄 수 있을 뿐만 아니라 그 역으로 방언 분포의 이해를 통해 전통문화의 분화 양식을 이해하는 데도 도움을 줄 수 있을 것이다. 누누이 얘기하지만 땅 속에서 발굴해 내는 유형문화재만 중요한 것이 아니다. 얼마 전까지 일상어로 사용하던

5) 최영준, 『한국의 짚가리』, 한길사, 2000, p.132.

방언을 잊지 않도록 보존하는 일도 중요한 것이다. 방언은 무형문화 재적 가치를 지니고 있기 때문이다.

　방언에는 문헌 기록에도 남아 있지 않은 옛 조상들의 말씨의 흔적이 남아 있는 경우가 많다. 방언은 수백 년 전의 문헌에 나타난 어형보다 더 오래된 형태를 보여 주어서 비교언어학적 연구 혹은 내적 재구를 위해 매우 유용한 증거를 제공해 주기도 한다. 경상 방언의 '어불다', '자불다' 등은 15세기 문헌에 나타난 '어블다 〉 어울다', '자볼다 〉 즈올다'보다 더 오래된 화석형을 아직도 유지하고 있는 예이다. 또 한편 형태론적 층위에 방언의 화석형이 남아 있는 경우도 많다. 예를 들면 '숯(炭)'의 방언형이 경상 방언에서는 '수껑'로 충청 방언에서는 '숫'으로 실현된다. 경상 방언형 '수껑'은 '슧+-엉(접사)'(이상규, 1991 : 622)으로 구성된 파생어이다. '수껑'의 기저형이 '슧'이며 이는 15세기 국어에서 '수싀, 수싁, 수슬'과 대응된다. 경기 방언에서는 어말 '싀'에서 'ㄱ'이 탈락하여 어말파찰음화를 겪었고, 충청 방언에서는 어말 '싀'에서 'ㄱ'만 탈락하였으며, 경상 방언에서는 중세어형이 파생어 환경에서 화석으로 남아 있다. 전라 방언에서 '쌨-(多)'은 기원적으로 '쌓(積)-+-이-+-어#잇(在)-'이 융합하여 형성된 어형으로 형태 화석형이라고 할 수 있다(이승재, 1992 : 64). 이처럼 문헌 자료에서 확인되지 않는 방언 화석형을 이용하여 한국어의 역사적 연구를 보완해 줄 수 있다. 곧 방언을 통하여 우리는 세종대왕 시대, 그보다 더 오래된 고대의 생생한 말씨와 만날 수 있다. 그러니까 방언은 옛날 우리 선조들의 언어의 흔적이 기록으로 남아 있는 하드디스크와 같은 것이다.

　세월의 흐름 속에서 희미해져 가는 우리 선조들의 삶의 흔적이라 할 수 있는 방언도 이젠 급속하게 사라져가고 있다. 이 땅에 기차가 달리고 하늘에는 비행기가 나는 시대, 그보다 훨씬 빠른 인터넷을 통해 이 지구는 크리스털처럼 투명하게 음성과 영상, 그리고 정보를 소통하는 시대에 들어섰다. 그래서 지난 시절이 더욱 그리워지는 것이다. 지난 시절의 언어 속에는 그 당대의 삶의 방식과 모습, 그리고 사유와 철학이 남아 있다. 꼭 땅 속에서 금속이나 돌로 만든 부처가 나와야지 문화재인가? 우리 선조들의 일상적 삶의 애환이 서려 있는 말씨인 방언 역시 훌륭한 무형문화재이다. 방언을 통해 우리는 과거와 만날 수 있으며, 또 과거를 되돌아볼 수 있다. 소멸된 시간과 공간을 재구축할 수 있는 훌륭한 재료가 바로 방언이다.

　방언은 사람들의 살아온 자취, 흔적, 잔해와 세월의 흐름에 따라 이루어낸 위엄이 새겨져 있는 오래된 역사의 주름이다. 따라서 방언은 오랜 역사를 가지고 있어 그 언어의 뿌리(기원의 역사)를 확실하게 증명해 주는 '말(言)'인 것이다.

방언의 종다양성種多樣性

　우리나라의 전통 산업은 농업이라 할 수 있다. 전 국토에서 산악이 80%를 차지하고 있기 때문에 전반적으로 논농사보다 밭농사가 더

발달하였다. 서남 지역에는 논농사가, 동남 지역이나 북부 지역에서는 밭농사가 발달하였을 뿐만 아니라 기후 환경의 차이도 있기 때문에 농사와 관련된 어휘에서도 지역적인 차별성을 보인다. 농경 생활과 관련된 방언이 많이 남아 있지만 이를 체계적으로 조사한 적이 없어 현재 급격한 소멸의 위기를 맞고 있다. 특히 농경과 관련된 낱말의 어휘망은 '문화적 종다양성'(주강현, 2006)을 고려하여 체계적인 정밀한 조사가 필요하다. 논의 종류만 해도 대략 '수답, 고래실논, 샘논, 천수답, 고답, 건답, 하늘바래기, 하늘받이, 봉천지기, 한답, 구렁배미, 깊은논, 두렁논, 수렁논, 엇답' 같은 명칭을 확인할 수 있다. 주강현(2006)은 논의 명칭 구분을 하면서 물에 따른 논의 구분, 모양새에 따른 논의 구분, 기타 구분의 근거를 제시하고 있다.

　논의 명칭을 구체적으로 살피면 다음과 같다. 첫째, 물에 따라 '천수답(고답, 건답, 하늘바래기, 하늘받이, 봉천지기, 한답), 수답(고래실논, 샘논), 수렁논(둠벙배미, 구렁배미, 진논, 깊은논), 엇답'으로 구분한다. 둘째, 모양새에 따라 '멍에논, 삿갓논, 두멍논, 둥근뎅이, 장대논, 갓모배미, 장대배미, 긴논, 진논, 진배미, 실거리, 메물논, 장구배미, 반달배미, 보십배미, 뱀꼬랑지논, 갈치논' 따위로 구분한다. 셋째, 그밖에 '개간답, 간석답, 엇답, 넓은배미, 들논' 등으로 구분한다. 실제 충남 서산시 음암면 고양동에서 표본 사례를 조사한 결과를 제시하면 아래와 같다.

가락부리: 사슴머리의 *ㄲ트머리* 밑으로 있던 밭.

구렛들: 도당천이 흘러내리는 쪽의 깊은 논.

군모루들: 흔히 그전부터 논메고 두레할 때는 주로 이 끄트머리에 기를 세워 두고 쉬는 장소다. 성암 저수지가 예전에는 군모루벌판이었다. 용대기 꽂고 농악도 다 모여 놓고 논 메고 점심 먹고 쉬던 장소다.

대추나무배미: 대추나무가 있었다고 지은 이름.

덕수자리: '사람이름+자리'. 권씨가 살더라도 예전부터 짓던 논이니까 알기 쉬우라고 덕수자리라 불렀다. 언드리 밑.

동산배미: 산처럼 높은 곳에 있다고 동산배미라 부름. 진걸 위.

마당배미: 새잔걸 옆.

미끄리배미: 미꾸라지처럼 생긴 논.

박첨지자리: 박첨지가 부쳐 먹던 논. 가락부리 밑의 논.

보시배미: 보습처럼 생긴 논. 덕수자리 위.

사슴머리: 수렁치기 위 옆으로 탑곡리 3구에 있음. 생긴 모양이 사슴머리 같이 생겼다고 그런 이름이 붙여졌다.

새잔걸: 논 이름인데 배미로 3배미 잔거리로 쪽 있다고 붙여짐. 동산배미 밑. 새장거리미

수렁치기: 논에 수렁이 많다. 수렁치기 논에는 상답이다. 지하수가 막 솟구친다.

수박지(水薄地): 물이 아주 핍박한 땅. 물의 근원이 아주 없다고, 물이 없는 마른 땅이라는 뜻. 아주 없는 사람만 살던 곳.

언드리배미: "여기서 부르기를 언드리라고 했는데, '언드리배미'라는 이름은 농조에서 보 이름 지을 적에 그렇게 '~더라.'라고 했다. 논이 5마

지기도 넘는다.

연꽃배미: 연꽃처럼 생긴 논.

장밭들: 넓은 들인데 옛날에는 높은 지대라서 물 대기가 어려웠다. 지금은 저수지에서 물이 내려와서 좋은 논이 되었다. 옛날 좋은 논은 다 성암저수지 속으로 들어가 버리고 안 좋던 장밭들이나 남았는데 이제는 그곳에도 물이 내려와서 좋은 논이 되었다.

장화배미: 장화처럼 생긴 논.

진걸: 땅이 질어서 진걸이라 했음.

한배미: 소중리에 있었다. 소중리 끄트머리 서낭 있는 너머로 한배미들.

회귀자리: 9마지기＋5마지기＝14마지기. 물이 사방천지로 샘에서도 솟구치고 물이 아주 좋아서 좋은데, 물이 많은 날에는 물이 너무 좋아서 벼가 썩어버리니까 주인이 '회～'하면서 뒤로 나자빠진다고 해서 붙여진 이름. 물이 너무 좋아서 논이 소용없고, 장밭들처럼 물이 너무 없어도 소용없는 곳도 있다.

이와 같은 민중의 목소리는 표준어가 아닌 현장에서 사용하는 방언이니까 다 내다 버려야 할 것인가? 쓸쓸히 가물가물 사라져 가는 민중의 목소리. 체계적인 설명을 위해 도움이 되지 않는 군더더기니까, 또 서울 사람들이 모르는 말이니까, 마냥 거들떠볼 필요가 없는 것일까? 민속 생활 어휘의 종의 다양성을 조사 분석하고 또 어디까지 문화 기록으로 남길 것인가라는 문제에 대해 시소러스thesaurus나 어휘 낱말망을 활용하여 더 깊이 있는 연구가 필요하다.

또 다른 예를 살펴보자. 옛적에는 집집마다 디딜방아로 곡식을 찧거나 각종 음식 재료를 빻는 데 손쉽게 활용하였다. 방아를 찧으면서 시어머니와 며느리, 올케 시누이가 오순도순 이야기하면서 정을 나누기도 하였다. 춘궁기에 풋보리를 찧는 일은 끼니를 이어가는 수단이기도 했지만 가족 공동체 간의 정을 나누거나 가족끼리 협동할 수 있는 통로이기도 하였다. 보리방아를 찧으려면 '아시찧기(초벌찧기)', '옆찧기', '쓿기', '넝구기(넘기기)'라는 네 과정을 거친다. 그러나 이런 말은 이제는 찾아 볼 수 없는 말로 우리 기억 속에서만 더듬을 수밖에 없다. 그만큼 그리운 고향의 옛이야기와 추억일 뿐이다. 강원도 도계읍, 정선, 영월, 횡성, 원주 지역에서 '디딜방아'의 부분 명칭의 방언 차이는 〈도표 3〉과 같다. '괴밀대', '볼씨', '쌀개', '몸채', '다리', '공이', '확'에 대한 명칭이 지역마다 차이를 보인다. 이미 '디딜방아'는 민속박물관이나 민속촌이 아니면 볼 수 없다. 민중들의 삶의 애환과 손길이 따사롭게 묻어 있던 디딜방아는 그 이름조차도 지워져 가고 있다. 그러니 그 부분적인 명칭이야 어련하랴?

조성기(2006 : 82)는 '오두막집'을 마루가 없는 3칸 형 이하 홑집으로 규정하고 있다. 야후Yahoo에서는 오두막집을 '비바람이나 막을 수 있게 간단하게 꾸린 집'으로 규정하고 있다. '오두막집'은 지역적인 구조 차이뿐만 아니라 용도상의 차이를 보여주며 또 역사적인 문화 전통에 따라 이름이 더욱더 분화된다는 점을 간과해서는 안 된다. 노비는 집안에 함께 기거하는 '솔거노비'와 멀리 다른 곳에서 사는 '외거노비'로 구분된다. 솔거노비도 다시 집안에 함께 사는 노비와 주인

표준말	도계읍	정선 여량	영월 상동	횡성 안흥	원주 귀래
괴밀대	굉금대	굉금대	버팅개	굉김대	괴일대
볼씨	살개돌	살개돌	받침돌	받침돌	*
쌀개	살개	살개	살개	살개	살개
몸채	몸채	몸채	몸채	몸채	몸채
다리	가랭이	다리	다리	가랭이	다리
공이	공이	공이	공이	공이	공이
확	호박	호박	호박	확	확

도표 3 | '디딜방아'의 부분 명칭의 방언 차이[6]

집 담바깥이나 중문이 있는 안쪽 곳간과 함께 이어진 행랑채에 기거하는 노비로 구분된다.(정연식, 2001 : 18-19)

상전 집에서 인접해 있는 곳에 지은 별채의 오두막집이 있다. 이런 집은 대개 방 한 칸이 전부이고 주인이 부르면 언제라도 달려올 수 있도록 주인집을 바라보게 지었다. 〈사진 2〉와 같이 경주 양동마을에 가면 무첨당, 양졸당, 향단 종가집 입구에 초가집으로 지은 단칸집이 있다. 경주시 강동면 양동리에 거주하는 송국주(가양주) 제조 기능 보유자인 이지휴는 이런 집을 경주 방언으로는 '가랍집', '가람집'이라고 부른다고 한다. 이런 집을 일컬어 '가랍집', '하릿집', '하롯집', '호지집', '마가리', '마가리집'이라 부르듯이 방언 분화형이 매우 다양한데 이들 방언형은 『표준국어대사전』은 물론이고 어디에도 실려

6) 『한국의 농경문화 1』, 국립민속박물관, 2000, p.11. 참조.

있지 않다. 소위 '가랍집'이라는 집은 "노비가 사는 오막살이"로 뜻 풀이를 할 수 있겠지만 그 집의 사용 용도에 따라 의미가 조금 다르다. 백석의 「나와 나타샤와 흰 당나귀」라는 작품에 '오막살이'의 방 언형인 '마가리'라는 시어가 실려 있다.

가난한 내가

아름다운 나타샤를 사랑해서

오늘밤은 푹푹 눈이 나린다……

나타샤와 나는 눈이 푹푹 쌓이는 밤 흰 당나귀를 타고

산골로 가자 출출이 우는 깊은 산골로 가 마가리에 살자……

눈은 푹푹 나리고……

어데서 흰 당나귀도 오늘밤이 좋아서

응앙응앙 울을 것이다

―백석, 「나와 나타샤와 흰 당나귀」

시인 백석은 어느 누구에게도 침해받지 않는 사랑의 공동체인 '마가리(오막살이)'에서 사랑하는 나타샤와 함께 살기를 기원하는 애틋하고 애절한 마음을 노래하고 있다. 표준어 규정 제23항에 '마바리집'을 '마방집'의 잘못 또는 방언형으로 처리하는 오류를 범하고 있다. '마바리'는 '마가리'의 'ㅂ/ㄱ' 교체형으로 '오막살이'라는 의미를 가지고 있다. 그런데 '마바리집'을 '말이 자는 집'으로 이해하여 '마방馬房집'의 방언형으로 규정하는 잘못을 저질렀다. 대갓집인 큰 기와집 입구에 살림집으로 만들어진 초가집은 그 대갓집에 몸살이를 하는 하인들이 사는 집이지만, 일시적으로 멀리서 찾아온 귀한 손님을 모시고 온 하인들이 하루 잠시 머물 수 있도록 만든 집은 홑집으로 부엌이 딸리지 않은 집이다. 이렇게 생긴 단칸 홑집은 "하인이 사는 오막살이"가 아니라 "하인이 잠시 대기하도록 만든 집, 또는 임시로 거처하기 위해 만든 집"이라고 풀이해야 옳은 것이다. 단 하루 머물다가 가는 집이랄까, 요사이 같으면 기사가 따라와서 대기하면서 잘 수 있는 집인 셈이다. 경북 안동 지방에 가면 부엌이 가운데에 있고 양옆에 온돌방과 외양간이 딸린 집을 가리키는 '도투말이집'이라는 것이 있는데 대부분의 국어대사전에는 등재되어 있지 않다. 이처럼 '오두막집'의 다양한 변종을 고려하지 않은 뜻풀이를 어찌 옳다고 할 수 있을까? 황석영 씨의 『폐허, 그리고 맨드라미』라는 작품에 보면 윗집 옛 상전의 그늘 밑에 사는 '홋집'의 소작인의 비애를 그리고 있는데 그 '홋집'은 '호지집'으로도 명명된다. 세월 따라 또 지역에 따라 그 용도와 이름이 바뀔 수 있으니 그 뜻풀이를 정확하게 하는 일 역시 만만치 않은 작업이다.

　의복과 관련된 방언도 지역적으로 매우 다양하다. 안동 지역에서는 '창살고쟁이'라는 여성들의 옷이 있다. 한여름 조금이라도 더 시원하도록 허리단에 창살처럼 천을 파내어 만든 고의이다. 북조선에서는 '어깨마루', '어북', '긴고름', '짧은고름', '소매전동', '소매끝', '옆선', '치마기슭단', '아래깃', '아래깃끝', '깃줄앞', '깃마루뒤갓', '조끼' 등 의복과 관련된 다양한 방언 어휘가 있다. '버선'의 경우도 '목, 뒤꿈치, 바닥, 버선코, 수눅' 등의 부분 명칭이 지역에 따라 다양하게 분화되어 있다.

　동식물의 지역적인 종의 다양성에 따른 명칭 분화와 그에 대응되는 방언형은 매우 복잡하다. 경상북도의 '경북 민물고기 전시관'(www.fish.go.kr)에서는 전국에 분포한 민물고기들의 지역적인 방언형을 수집하여 온라인 상에서 정보를 제공해 주고 있다. 예를 들면 '퉁가리'라는 민물고기 이름의 지역적 분화형을 도별로 구분하여 소개하고 있다. 경기 지역에서는 '소가리, 쏘가리, 탱가리, 탱거리, 텡가리, 텡거리, 텡과리, 텡사, 통과, 통배기, 퉁가리, 퉁바리, 퉁가리'

로, 충청북도 지역에서는 '쏘가리, 퉁바구, 퉁바귀, 퉁바리, 퉁사'로, 강원 지역에서는 '탱바리, 탱수, 텅과리, 텡가리, 텡바귀, 텡바리, 텽가리, 텽과리, 텽바구, 텽바리, 퉁바리, 퉁소, 퉹수, 팅가기, 팅바리, 퉁바리, 팅바리, 누름바우, 뚱바구, 싸가, 쐬기, 탱가리, 텅바우, 텡바구, 텡수, 퉁가리, 퉁바구, 퉁바귀, 퉁바기, 퉁바우, 퉁바위, 퉁바이, 퉁수, 팅바리, 틈바구, 틍바구, 틍바귀, 틍바우, 틍바위, 틍쇠, 틍수, 티바리, 팅바구' 등 매우 다양한 이름으로 분화되어 있다. 물론 이런 다양한 낱말의 방언형 체계를 전면적으로 표준어에 수렴하여 사용하도록 하는 일은 거의 불가능하다. 그러나 이러한 지역적 종의 다양성을 체계적으로 조사하고 어디까지 공통어로 채택할 것인지 논의하는 일은 필요하다.

무수한 생물들이 강제로 죽음에 내몰리고 있듯이 많은 언어나 방언도 눈에 보이지 않는 엄청난 '폭력'에 시달리고 있다. 한 언어나 방언을 사용하고 있는 사람들의 공간이 변화하거나 또는 강제 이주에 따라 그들에게 익숙하지 않은 언어를 사용하도록 강요당하고 있는 것이다. 소멸해 가는 방언을 보존하기 위해 언어학자들이 서둘러 나서지 않는다면, 얼마 가지 않아 그 방언들 역시 수많은 식물이나 동물과 똑같은 사멸 위기에 처할 것이다. 문제는 이 지구상에 다양하게 존재하던 생물의 종과 인간 문화 곧 언어가 함께 급속도로 소멸해가고 있는 이 극한 상황을 어떻게 설명하고 이해해야 하는가? 어쩌면 국어학자나 언어학자들이 이렇게 다양한 언어의 변종에 대해 알고 있는 사실이 너무도 적다는 점을 인정해야 할 것이다. 그리고 급속도로 언어의 다양성이 파괴되고 있는 점에 대해 사람들이 이해하는 정도가 본질에서 너무나 멀리 떨어져 있는 것이 아닌가 반성해 보아야 할 것이다.

생태학에서도 단일 재배는 조만간 부득이 멸종으로 이어질 수밖에 없다고 예고하고 있다. 그런데도 불구하고 인간은 자연의 다양성을 파괴하고 식량의 원천이 되는 생물의 종을 표준화하거나 생산량이 많은 쪽으로만 육종하는데 혈안이 되어 있다. 기술적으로 고도의 무장을 하고 있는 인간들은 엄청난 종족의 사멸과 그 언어의 소멸을 아무렇지도 않게 바라만 보고 있다. 북미 대륙에서 백인들에 의해 저질러진 인디언의 절멸이나 아프리카의 많은 부족들의 추방과 죽음은 과연 무엇을 의미하는가?

수많은 종족과 언어도 자연계의 숱한 유기체들이 겪는 운명과 마찬가지로 소멸의 위기에 처해 있다. 종족과 언어가 소멸하는 결정적인 이유는 바로 그들이 살고 있는 생태 공간의 파괴에서 비롯된다. 웨일스의 격언 "언어가 없는 민족은 심장이 없는 민족이다.(Cenedl heb iaith, cenedl heb galon)"를 새삼 되뇌어 본다.

방언과 음식 문화

민초와 양반의 음식 문화는 매우 큰 차이를 보인다. 요사이도 돈 많은 사람들은 그들만이 출입할 수 있는 멤버십 클럽을 구성하여 가진 자와 가지지 못한 자를 차별화하고 구분하고 싶어하는 것처럼 옛날도 마찬가지였던 모양이다. 특히 잔칫날 음식은 반상班常의 차이를 크게 보여 준다. 경상북도 상주 공검면 지역의 민촌에서는 잔칫날이 되면 국수와 '콩나물히찝'이라는 음식을 해 먹는다고 한다. 반가班家에서는 큰상을 차리는데 온갖 기름진 음식을 만들어 올리지만 상주 지역 일대의 민초들은 콩나물을 삶아 콩가루에다 버무려서 만든 잔치 음식인 '콩나물히찝'이라는 음식을 만들어 손님을 접대한다고 한다. 이 '콩나물히찝'은 콩나물처럼 쑥쑥 잘 자라라는 다산多産의 농경제의 의식이 남아 있는 민초들의 음식이다. 고대의 풍요 의식과 주술의 끈이 맞닿아 있는 이 하나의 낱말이 얼마나 중요한 것일까? 어쩌면 '콩나물히찝'이라는 그들만의 방언이 방언학자에 의해 조사되지 않는다면 영원히 사라질 수 있다는 말이다. 모든 문화와 언어는 일회성을 띠고 일단 그것이 소멸되면 어떤 것으로도 보상받을 수 없다.

무청을 말린 시래기로 끓인 '시래기국', 무채로 끓인 '무국', 애호박으로 전을 부친 '애동호박 찌짐(애호박 지짐이)', 잘 익은 호박에 콩이나 팥을 넣어 삶은 '호박범벅', 밥에 호박을 썰어 넣은 '호박밥', 쌀가루와 호박채를 시루에 찐 '호박떡' 등 농가의 일상 음식들 모두 우리에게 추억의 입맛을 돋게 한다. 산나물로는 '취나물', '개나물', '개양추', '참추', 들나물로는 '나새이(냉이)', '고들빼기', '까시게사레이', '달래이(달래)', '비름', '질깅이(질경이)', '말방나물(민들레)', '참뚜깔' 등이 있는데, 이들 나물에다 '담북장'과 '딩기장(등겨로 만든장)'을 곁들이면 봄철 잃어버린 입맛을 살려 주는 다시없이 좋은 음식이 아닐 수 없다. 그뿐 아니다. 밀기울로 만든 '밀개떡', 보리등겨 가루로 만든 '딩기장'과 같은 민촌 음식은 요즈음과 같은 참살이(웰빙) 시대에는 오히려 있는 사람들이 즐겨 찾는 건강 음식이 되었으니 음식 문화에도 상전벽해桑田碧海가 있는가 보다.

우리나라의 음식 조리 문화가 어느 정도 발달되었는지 '썰다'라는 낱말의 분화 양상을 보면 알 수 있다. 영어로는 'cut'에 대응되는 '썰다'라는 낱말이 음식 조리 방법으로는 41가지로 구분된다.

썰다: 물건을 칼로 밀거나 당기거나 눌러서 잘게 베다.

1) 가르다: 쪼개다

2) 골패쪽 썰기: 무, 감자 등을 납작하고 골패짝처럼 써는 일.

3) 국화꽃 썰기: 무나 당근 등 원통형 재료를 약 2.5cm 두께 통썰기를 해서 바닥을 조금 남기고 가로, 세로로 칼집을 넣고 에어서 소금물에 담가 나긋나긋해지면 꽃모양으로 펼친다.

4) 깍뚝 썰기: 무, 오이 등을 가로, 세로로 반듯반듯하게 써는 일. 대략 직육면체 모양이 된다. 깍두기 담글 때 쓰인다.

5) 깎다: 칼이나 대패로 얇게 베거나 밀어내다. 예) 사과를 깎다. 연필을 깎다.

6) 깎아 썰기: 무나 우엉 등을 연필 깎듯이 돌려가며 얇게 써는 일. 무 등의 굵은 것은 몇 가닥 길이로 칼집을 넣어 놓고 썬다.

7) 꽃모양 썰기: 무, 당근, 감자 등을 틀을 이용하거나 하여 꽃모양으로 써는 일.

8) 노리다: 칼로 가로로 길게 베다.

9) 눌러 썰기: 칼을 재료 위에 대어서 직각으로 양손을 이용하여 눌러서 써는 일. 큰 호박이나 무, 배추를 자를 때나 파, 마늘을 다질 때 쓰는 방법이다.

10) 다지다: 파, 마늘, 고추 등을 칼로 여러 번 쳐서 잘게 만든다. 양념을 만드는 데 쓴다.

11) 당겨 썰기: 칼을 재료에 비스듬히 대어 몸쪽으로 잡아 당기듯 써는 일. 오징어나 납작한 부피가 적은 재료를 썰 때 쓰이는 방법이다.

12) 당초무늬 썰기: 날오징어나 문어포의 다리를 당초모양으로 써는 방법의 하나. 날오징어를 세로로 1cm 정도로 썰어 그 조각에 두께의 반 정도 깊이로 가로로 에어 써는 일. 끓는 물에 넣고 데치면 당초무늬로 벌어진 고운 모양을 낸다. 또 문어포로 조화를 만들 때 문어다리를 가로로 에어 썰어 휘어서 모양을 낸다.

13) 도려내다: 칼로 돌려서 베어내다.

14) 돌려 깎아 썰기: 무, 당근 등의 재료를 적당한 길이의 원통형으로 잘라 돌려 가며 두루마리를 풀 듯 얄팍하게 긴 띠모양으로 써는 일. 길게 채를 썰 때 이용한다.

15) 뜨다: ①고기를 얇고 넓게 베어내다. ②죽은 짐승을 해체하다. 예) 각을 뜨다.

16) 마구 썰기: 오이나 당근 등 둥글고 긴 재료를 돌려가며 아무렇게나 어슷썰기 하는 일.

17) 막대 썰기: 무, 오이 등의 재료를 원하는 길이로 자른 다음 알맞은

굵기의 막대로 써는 일.

18) 모로 썰기: 상당한 부피가 있는 것을 큼직큼직하게 두부모처럼 써는 일.

19) 밀어 썰기: 칼을 재료에 비스듬히 대어 칼끝을 앞으로 미는 듯이 써는 일. 오이, 호박, 김밥, 순대 등을 토막내거나 채를 썰 때 쓰이는 방법이다.

20) 반달 썰기: 무, 감자, 고구마 등을 세로로 가운데를 기르고 다시 가로로 썰어 반달모양으로 써는 일. 통썰기를 한 것을 다시 썰어 반달같이 써는 일. 찜, 비빔밥 등에 쓰인다.

21) 비늘 썰기: 무, 오이 등의 재료를 표면에 돌려 가며 비스듬히 칼집을 넣어 에어 써는 일.

22) 빗모양 썰기: 감자, 양파 둥근 재료를 절반으로 잘라 얼레빗꼴로 써는 일.

23) 새기다: 말린 문어발 등의 재료를 칼 따위 연장으로 당초무늬나 꽃모양을 만들어내다.

24) 색종이 썰기: 잘린 부분이나 정사각형을 한 재료로 얇게 써는 일.

25) 솔방울 썰기: 오징어를 모양 내어 써는 방법의 하나. 오징어의 안쪽을 빗금으로 에어 썰고 다시 엇갈리게 에이는 일. 끓는 물에 넣고 데치면 예쁜 솔방을 모양으로 만들어진다.

26) 숭덩숭덩 썰기: 무 같은 것을 거칠게 토막지게 써는 일.

27) 십자 썰기: 둥근 재료를 통썰기를 십자로 써는 일. 반달썰기를 한 번 더 써는 일. 감자, 고구마 등을 세로 십자가로 썰고 다시 가로 써는

일. 감자조림, 찌개 등에 쓰인다. 은행잎 썰기.

28) 썰어 꼬기: 반죽한 것을 얇게 밀거나 뜬 것을 5×3cm로 잘라 중앙에 칼집을 세 군데 넣어서 한 단을 접어 넣어 돌린다. 구약조림, 매작과 쓰인다.

29) 얄팍 썰기: 무, 감자, 오이, 두부 등을 얄팍하게 써는 일.

30) 어긋나게 썰기: 원통형의 재료에 평행한 칼집을 중앙에서 넣어 양면에 비스듬히 반반씩 칼집을 넣어 좌우로 분리한다.

31) 어슷 썰기: 긴 토막을 한쪽으로 비스듬하게 써는 일.

32) 에이다: 에다. 가볍게 칼집을 내어 베다. 어이다(朝語)

33) 오리다: 칼이나 가위로 어떤 모양으로 베다.

34) 우비다: 날카로운 끝으로 구멍이나 틈속을 도려내듯 긁어내다.

35) 자르다: 끊어내다. 동강내다.

36) 저미다: 칼로 얄팍하게 베어서 여러 개의 조각을 내다. 얇게 깎아내다.

37) 조붓 썰기: 잘린 부분이 장방형을 한 재료를 얇게 써는 일.

38) 쥘 부채 썰기: 재료의 끝 부분만 남기고 얇게 칼집을 넣어 쥘 부채처럼 편다.

39) 채 썰기: 얇게 썬 것을 다시 실같이 가늘게 썬다.

40) 토막 썰기: 좀 크게 덩어리로 베어내는 일.

41) 통 썰기: 무, 당근, 고구마 같은 원주형 비슷한 야채를 가로 놓고 평행하게 내려 써는 일. 둥글게 만들어 여러 가지 튀김, 지짐 등에 쓰인다. 통째썰기

제 아무리 음식문화가 발달되었다고 하는 중국의 주방장이라도 우리나라 주방장의 칼솜씨를 어떻게 따라올 수 있겠는가?

우리나라에서 민중 음식 문화가 가장 발달된 지역이 전북이다. 그뿐만 아니라 전북은 음식이 다채롭고 풍요로운 고장이다. 특히 한정식집에 가면 상다리가 휘어지도록 다양한 음식이 나올 뿐만 아니라 아무런 불평없이 '멀국'을 끝까지 제공해주는 인심 넉넉한 고장이다. 전북대학교 이태영 교수는 전라도 음식집에 들르면 제일 먼저 반기는 인사말에서부터 전북 입말의 맛깔을 느낄 수 있다고 한다.

"어이서 외깃소? 머슬 먹을라고 여그까장 왔다요?"
"비빔빱을 먹을라는디 맹그는 법을 조깨 일러 주실랑가요?"
"비빔빱을 맹글라면 우선 밥을 '고실고실허게'(고슬고슬하게) 히가꼬 밥으다 콩너물 쌂은 것 넣고, 솔찬히 매옴헌, 찹쌀로 맹근 꼬창을 넣고 꼬순내 나는 찬지름(참기름)을 느서 볶아요. 꼬창은 우리 집이서 담은 걸 쓰는디, 꼬창을 쓰덜 안 허고 맨드는 비빔빱도 있었지만, 지금은 꼬창을 꼭 씁니다. 찬지름도 조선꽤(깨)를 사다가 집이서 짜가꼬 쓰야 맛이 있어요." (이태영, 2005 : 148)

'꼬순내' 나는 '찬지름'은 토종 '조선꽤'(참깨)로 기름을 짜야만 제대로 맛이 나며 소고기를 육회로 할 때와 비빔밥을 만들 때는 반드시 '찬지름(참기름)'을 넣는다. 그래야 전라도 비빔밥이 제맛을 내게 된다. 밥을 비벼 먹을 때는 꼭 '찬지름'하고 '깨소곰(깨소금)'을 듬뿍 넣

어서 비벼 먹는다. 깨 중에는 검은깨도 있는데 이것을 전북에서는
'시금자깨(흑임자黑荏子)'라고 한다.

　우리나라 한류 상품 가운데 하나인 김치는 웰빙 음식이라고 세계
모든 나라 사람들이 찬사를 아끼지 않는 음식이다. 김치를 남부 방
언에서는 '짠지' 또는 '짐치'라고도 하고, 또 '지'라고도 말한다. '짐
치'는 '김치'의 한자어 '침치沈菜'에서 온 말이고, '지'라는 말은 고유
어 '디히'에서 온 고어古語이다. '지'의 종류로는 '짠지', '오이지',
'무시지', '무김치', '고들빼기지' 등 다양하다. '배추'나 '열무'로 김
치를 처음 담글 때, 금방 담근 김치를 경상도에서는 '생지래기', '생
재래기'라고 하고 전라도에서는 '쌩지'라고 말한다. 아마 임시로 먹
기 위해 배추를 양념에 무친 것 곧 날로 절인 김치라는 의미로 영남
에서는 '생저리' 또는 '생지래기'라고 하는데 호남 지역에서는 '생
지'를 된소리로 발음하여 '쌩지'라고 한다. 호남 지역에서는 '짓국'
이라는 반찬이 있다. 이 말은 이 지방에서는 '김치의 국물'이라는 뜻
도 있고, '열무에다가 물을 많이 넣어 삼삼하게 담근 김치'를 말하기
도 한다. 후자를 이 지방에서는 '싱건지'라고 한다. '싱건지'는 '싱
건 김치'를 말하는데 '싱겁다'라는 말에서 유래된 것 같다. '짓국' 또
는 '싱건지'를 '물김치'라고 말하는 분들이 있는데, 이 '물김치'라는
말은 서울말에는 없었고 요즘 새로 생긴 말이다. 호남 지역에서는
김치를 담는 배추와 무를 통틀어 '짓거리'라고 부른다고 한다.(이태
영, 2005 : 148) 특히 전북 지역에 가면 음식과 더불어 주는 '멀국'을
표준어 사정 원칙 제4절에서는 '국물'의 방언형으로 즉 '멀국'을 '국

물'과 의미가 동일한 것으로 처리하여 '국물'을 표준어로 채택하고 '멀국'을 버릴 것으로 규정하고 있다. 『표준국어대사전』에서도 '멀국' 또는 '말국'은 '국물'의 방언형으로 여기고 '국물'만 표준어로 인정하고 '멀국'은 버릴 것으로 규정하고 있다. 과연 '국물'과 '멀국'이 같은 의미인가? 지역 방언의 의미 영역에 대한 충분한 검토가 없이 '멀국'을 '국물'의 방언으로 내친 것은 분명히 잘못한 결과이다.

봄나물인 '냉이'를 영남에서는 '나생이', '나싱이'라고 하고 호남에서는 '나숭개'라 부른다. '냉이'의 방언 분포 지도는 〈지도 2〉와 같다. 또 '달래'를 영남에서는 '달랭이'라고 하고 호남에서는 '달룽개'라고 하고, '씀바귀'를 영남에서는 '심바구', '신나물'이라고 하는데 비해 호남에서는 '싸랑부리, 싸난부리'라고 말한다.

평안도 음식에서 실례를 들어보면 다음과 같다. '닭죽', '느릅쟁이국수', '올챙이묵', '칼제비국수', '찰강냉이떡', '참나물국', '뱅어남비탕', '도미탕', '내복탕', '어북쟁반', '순안불고기', '뱅어지짐', '가지순대', '갈게절임튀기', '참게장졸임', '준치회' 등의 색다른 방언을 찾아볼 수 있다.

인도네시아의 서뉴기니아에 있는 이리안자야의 아이포Eipo족은 채소를 가꾸며 농경생활을 하고 있는데 특히 수백 종의 식물 이름을 기억하는 사람들이 많다고 한다. 정약전이 『자산어보玆山漁譜』에 숱한 고기 이름과 그들의 모양과 생태를 기술하여 남긴 것처럼 인간이 자연의 대상에 대한 애정을 그들의 세분화된 언어를 통해 확인할 수 있는 것이 아닐까? 언어의 다양성이 사라진다는 것은 우리가 살고

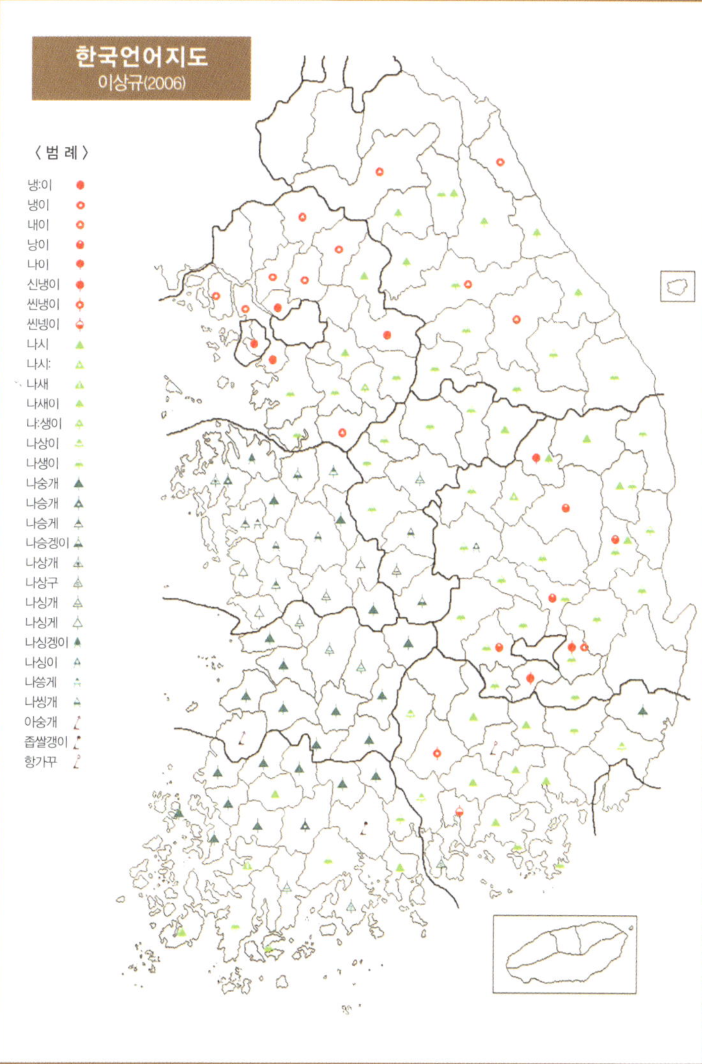

지도 2 | '냉이'의 방언 분포 지도

있는 자연환경 여건이 악화되고 있다는 적신호임이 분명하다.

프란츠 M. 부케티츠(2005 : 181)는 "오늘날 지구상에 사용되고 있는 모든 언어는 '최소한 똑같은 능력을 지닌 언어들이다. 그러므로 만약 어떤 언어든지 일단 사멸되면 그와 더불어 가치있는 문화 유산도 영원히 사라지고 말 것이며, 어떤 언어든지 일단 사멸하게 되면 이는 대단한 정보의 손실을 의미한다."라고 말하고 있다. 그렇다. 다양한 언어의 변종과 변이형들은 표준화를 위해서 마치 걸림돌처럼 생각하기 쉽지만 한 치만 더 깊게 생각해보면 이것이야말로 언어의 역사성이나 문화적 배경의 정보이고 남아 있는 중요한 언어의 화석이다.

세시 풍속과 놀이의 방언

우리 민족은 일찍부터 세시와 관련한 놀이 풍속이 매우 발달하였다. 경상북도 상주 공성면 지역의 세시 풍속에 대해 살펴보자. 정월 보름이면 '마당놀이'가 시작된다. 북과 장구, 꽹과리 등 풍물을 앞세우고 '관대영감(포수)', '새대기(색시)'가 등장하여 풍물을 치며 집집마다 돌아다닌다. 이와 함께 '다쭐놀이'라는 이 지방 특유의 놀이가 있는데 낫 끝에 짚을 걸어서 낫자루를 돌려가며 새끼를 꼬는 것을 '다쭐 드린다'고 한다. 그리고 농한기인 정월에 '다쭐놀이'로 꼰 '다쭐'을 태우는 놀이를 하면서 한 해의 풍년을 기원한다.

지역마다 세시 놀이도 무척이나 다양하다. 정월이면 '연날리기'와 '핑디(팽이)돌리기', '맛떼이(자치기)', '햇불싸움(횃불싸움)', '지불놀이(쥐불놀이)'를 하고 밤이 되면 아이들은 다리를 서로 엇갈리게 끼워서 "이거리 저거리 각거리 천두만두 두만두 짝빠리 양반 동김치 싸리묵"이라는 동요를 부르며 놀이를 즐긴다. 여자 아이들은 '반두깨미(소꿉놀이)', '공개놀이(공기놀이)'를 즐긴다. 민족 시인 이상화의 「방문거절」이라는 시에서 "방두새 살자는 영예여! 너거든 오지 말아라."에서 '방두새(방두께)'가 『표준국어대사전』에도 실려 있지 않은 경상도 방언이기 때문에 다른 지방 사람들은 물론이고 시 평론가들도 이 낱말의 뜻이 무엇인지 모르는 사람이 많다. '소꿉놀이'에 대한 경상도 방언은 '반두깨미' 외에도 아주 다양하다. 지역에 따라 '방두께비, 방두깨미, 방드깨미, 빵드깨미, 방드깽이, 방더깽이, 방두깽이, 방뜨깽이, 빵또깽이, 방즈깽이, 방주깽이, 빵주깽이, 빵깽이, 동두깨비, 동도깨비, 동대깨비, 동디깨비, 동더깨미, 동지깨미, 동더까래, 세간살이' 등이 사용된다.[7]

경북 상주 공성면에서는 구릉마(용안)와 큰마(평천) 간에 횃불싸움으로 마을 간의 친선을 도모하기도 한다. 특히 횃불싸움은 정월달 마을 간에 펼쳐지는 격렬한 놀이인데 원시 부족 간의 싸움에서 유래된 민속전통이다. 정월 보름날 소 앞에 '부스럼밥'을 차려서 풍년을 점치는데, 소가 부스럼밥으로 차린 밥을 먹으면 풍년이 오고 나물을 먹

7) 『한국방언자료집 Ⅶ(경상북도편)』, 한국정신문화연구원, 1989, p.133.

으면 흉년이 온다고 한다. 2월에는 용두할미가 내려오는 '이월밥'을 해 먹으면서 가족의 건강을 기원한다. 5월에는 '앙네 태이는 날'이 있는데 이날은 아이들이나 일꾼에게 용돈을 주고 놀게 해 준다. 6월 유두날에는 '밀개떡'을 네모지게 만들어 '재럽(겨릅 : 껍질을 벗긴 삼 대)'에 끼워서 논둑 곳곳에 꽂아 두고 풍년을 기원하는 이 지역만의 독특한 민속 풍속도 있다. 동지가 되면 팥죽을 끓여 먹고 '성주짝거 리[-짝꺼리]' 앞에 가서 내년의 풍년을 기원하고 집안의 건강을 기원 하는 고사를 지낸다. '짝거리'는 짚으로 얽어서 만든 '뒤주'를 이르는 이곳 방언형이다.

　지난 시절 아이들의 놀이는 자연과 더불어 자연을 대상으로 자연 과 함께했다. 여름이 되면 '밀써리', '수박서리', '이(참외)서리', '콩서 리'로 물가에 둘러앉아 옹기종기 놀았던 어린 시절의 기억이 새록새 록하다. 경북 상주 공성면 마을의 돌던지기(비석치기) 놀이는 놀이 종 류와 방법이 매우 다양하다. '임술놀이(돌 던져 맞치기)', '똥치기(뒷걸 음질로 돌 맞치기)', '발등치기(발등으로 던져 돌 맞치기)', '애기놓기(다 리 사이에 돌을 끼워 맞치기)', '애기업기(등 위에 돌을 얹어 맞치기)', '애 기젖믹이기(가슴 위에 돌을 얹어 맞치기)', '물이기(물동이를 이듯이 머리 위에 돌을 얹어 맞치기)', '빈자놀이(손 위에 돌을 얹어 맞치기)', '물지기 (어깨 위에 돌을 얹어 맞치기)'와 같이 매우 다양한 놀이뿐만 아니라 그 방언형이 아직 고스란히 남아 있다. '마부리치기(구슬치기)', '땅따먹 기', '말타기', '장기치기(짚을 둥글게 말아 막대로 치면서 노는 놀이)', '고무줄놀이', '수건돌리기', '낫꼽기(낫꽂기)', '때기치기(딱지치기)',

‘그림자놀이’, ‘꼰디기놀이’ 등 이루 헤아릴 수 없을 만큼 다양한 아이들의 공동체 놀이가 이제는 컴퓨터 게임으로 바뀌어 혼자 밤을 지새는 문명 놀이로 바뀐 지 오래다.

어린 시절 시골에서 자란 사람들은 가슴이 아릴 정도로 그리운 어머니의 말씨(‘모태어’라는 용어를 사용하기도 한다.)의 기억을 아련하게 떠올릴 수 있을 것이다. 일상어로 쓰던 안동 방언인 ‘알찌근하다(아쉬워서 마음이 안됐다)’, ‘간조증난다(마음이 급해서 짜증이 난다)’, ‘암사받다(하는 일이 치밀하고 완벽하다)’, ‘엉성시럽다(매우 싫다, 불쾌하다)’, ‘얼분시럽다(나이에 비해 아는 척하며 내뛰어서 어른스럽다)’와 같은 말 속에는 우리 어머니들의 일생을 지배했던 정서가 화석처럼 박혀 있다. 그 따스하고 풍성하고 정겨운 느낌에 눈물이 난다. 오늘도 혀에 뱅뱅 도는 말들을 떠올리며 사전을 뒤져 보지만 아무런 소용이 없다. 표준어 아닌 말이 사전에 실렸을 리가 없다. ‘어매’(어머니)’와 ‘아지매(아주머니)’와 ‘할매(할머니)’가 쓰던 말을, 그 냄새와 빛깔과 감촉을 잃어서는 나는 내가 아니다. 아까운 방언, 더 이상 잃어버릴 수는 없다.

“니 배는 똥배 내 손은 약손”이라는 주문을 운율에 실어서 아픈 배를 쓰다듬어 주시던, 어린 시절 어머니의 노랫가락의 추억을 김정대 교수(2006 : 183)는 다음과 같이 회상하고 있다.

“묵구 집아 무웠다. 술:술 : 내리가라. 내 손은 약소이고 니 배는 똥 배고 물 배고 자래 배고 엉꾸 배고 씨동 배고, 묵구 집아 무웠다.

술ᵢ:술ᵢ : 내³리가³라."

(먹고 싶어 먹었다. 술술 내려가라. 내 손은 약손이고 네 배는 똥배고 물배고
거위배(횟배)고 엉꾸배고 똥배고, 먹고 싶어 먹었다. 술술 내려가라.) 〔ᵢ은 낮
은 소리, ³은 높은 소리〕

음식을 닥치는 대로 먹다가 얹혀 체한 아이의 아픈 배를 어머니나
할머니가 주술적인 약손으로 쓸어내리시며 구수한 방언의 가락으로
노래해 주시던 추억을 갖지 않은 이는 없으리라.

모든 언어는 나름대로 스스로의 가치를 가진 인류의 자산이다. 그
언어는 해당 민족이나 부족들의 삶의 지혜와 생존의 체험이 반영되
어 있다. 전답이 많은 평야지역인 호남 지역과 산악이 많아 경작지가
부족한 영남 지역에서 살아온 사람들의 의사소통의 체계가 각각 어
떻게 발전되었는지 또 그들의 소통 방언을 통해 어떻게 사회적 결합
을 이루며 살아왔는지 보여준다.

생태적으로나 문화적인 단일화로 융합되면 그 어떤 진보나 발전을
허용하지 않는다. 조지 오웰George Orwell의 『1984년Nineteen Eighty-four』
에서는 ‘당’이 모든 사람들의 생각을 동일하게 만들기 위해 철저하게
단일한 언어로 통일시키고 또 낱말의 수를 줄인다. 표현의 다양성을
파괴하고 본질적인 존재의 표현 양식을 통제할 때 국민들에게 더 이
상 어떤 발전 가능성을 기대하기는 힘들다. 잊혀져가는 세시 풍속과
놀이의 재현을 통해 창의적인 전통성을 회복하려는 노력이 필요한
시점이다.

방언과 언어 인권

표준어는 한 나라를 대표하는 교육용 언어로서 지역 일상어가 일부만 포함되어 있으며, 순화어와 외래어 등 인공적으로 다듬은 말인 동시에 대체로 글말의 성격이 강하다. 반면 방언과 같은 일상어는 일상 대화에서 통용되는 입말의 성격이 강하며, 어린이부터 노인에 이르기까지 사용자층에 따라 매우 다양한 사용 양상을 보인다. 지역 일상어인 방언은 지역 사회, 문화와도 밀접한 관련을 맺는다. 문화 지리학적인 관점에서 문화권과 방언권 간에 어떤 연관을 갖는지 탐색해 보는 것은 한국어의 방언 분화를 이해하는 데 도움을 받을 수 있을 뿐만 아니라 그 역으로 우리나라 방언 분포의 이해를 통해 전통문화의 분화 양식을 이해하는 데도 도움을 줄 수 있을 것이다. 현재의 방언을 통해 우리는 과거와 만날 수 있으며, 또 과거를 되돌아 볼 수 있다. 방언은 우리 선조들의 일상 삶의 현장을 재구할 수 있는 실마리도 마련해 준다.

그런데 지방에서 교육을 받는 대부분의 학생들은 학교와 집 사이의 이중적인 언어 사용 환경에서 고민할 수밖에 없었다. 지방에서 교육을 받은 대부분의 사람들은 집이나 지역 사회에서 부모, 친척 또는 가까운 이웃 사람들을 만나면 모태 언어인 방언을 사용한다. 그래야 정겹고 다양한 심리를 표현하고 받아들일 수 있기 때문이다. 표준어로는 자신의 느낌과 의사를 온전하고 생생하게 전달할 수 없는 경우가 허다하다. 이처럼 방언은 단순한 의사소통의 기능만 하는 것이 아니라 정감 있는 삶을 살 수 있도록 해 주며, 심리적 안정감도 가져다 준다. 조태린은 변방 기층 언어인 방언 문제를 언어적 인권(linguistic human right) 문제로 보아야 한다는 주장을 제기한 바 있다.[8] 방언을 표준어의 들러리나 박물관의 전시물처럼 바라보는 한계를 극복하기 위해서는 모든 말을 그 지위와 무관하게 그리고 '인간의 기본권으로서의 모어 사용 권리'라는 차원에서 논의될 필요가 있다는 것이다.

방언 차이의 유형

방언은 어휘적인 차이만 있는 것이 아니라 지역적으로 문법적 차이를 보이기도 한다. 경상북도 방언은 의문형 종결 어미의 사용 양상에 따라 대개 3가지 말씨로 하위 구분을 한다. 첫째, 안동을 중심으로 한 경북 동북부 지역에서는 '하니껴체'를 쓴다. 예를 들어 '아제요, 어디 가니껴?(=아저씨, 어디 가십니까?)'라고 한다. 둘째, 경주를 중심으로 한 경북 동남부 지역에서는 '하능교체'를 쓴다. 예를 들어 이 지역에서는 '아제, 어디 가능교?(=아저씨, 어디 가십니까?)'라고 한다. 셋째, 상주, 김천을 중심으로 한 서북부 지역에서는 '해여체'를 쓴다. 예를 들어 이 지역에서는 '아제, 어디 가여?(=아저씨, 어디 가

---

8) 조태린(2004:86)은 변방 기층 언어인 방언 문제를 언어적 인권(linguistic human right)이라는 관점에서 살피고 있다.

십니까?)'라고 한다. 아마 경상북도 바깥의 외지 사람들은 이러한 미세한 차이를 구분하지 못하겠지만 경상북도에 살고 있는 토박이들은 이와 같은 인사말 한 마디만 들어도 그 사람이 안동 사람인지, 경주 사람인지, 김천 사람인지 쉽게 구분한다.

전북 방언에서는 종결 어미에서도 특징이 나타나는데, '가간디?, 알간디?'에서와 '가도만, 오노만, 간다도만'에서처럼 '-간디/가디/가니'와 '-도만, -노만' 등이 많이 쓰인다. 특수 조사로 '-한질라(까지), -맹이로(처럼)'가 쓰인다. 전북 사람들은 '먹어 봉게, 웃응게, 옹게'와 같이 표준어의 연결 어미인 '-니까'를 '-응게'로 발음하고, '웃어 쌈서, 감서, 봄서'와 같이 표준어의 '-으면서'를 '-음서'로 발음한다. 또한 '가는디, 사는디, 말허는디'와 같이 표준어의 '-는데'를 '-는디'로 발음하고, '웃으먼, 보먼, 가먼'과 같이 '-으면'을 '-으먼'으로 발음하는 특징을 보인다.

문법상의 특징 외에 음운적인 특징도 있다. '으'와 '어', 'ㅅ'과 'ㅆ'이 구분되지 않아 서울로 전학을 간 경상도 출신 아이가 '음악'을 '엄악'으로 발음하거나 '쌀'을 '살'로 발음하여 웃음거리가 되었다는 이야기는 이미 잘 알려진 이야기이다. 경상북도 사람들은 이처럼 '으'와 '어', '에'와 '애'를 잘 구분하지 못하며, '외'와 '위'를 이중 모음으로 발음한다. '외'와 '위'를 단모음으로 발음하지 못하는 현상은 전국적으로 보편적인 현상이기는 하지만 경상북도 방언에서는 특히 더 심하며, '외', '위'의 발음이 타 지역보다 더 다양하게 나타난다. 가령 '외'는 단모음 '외'[ö]가 아니라 이중 모음인 '왜/웨/위'로 발음하거나 아예 ‘이’로 발음하고(예: ‘된장〔댄장, 뒌장, 된장, 딘장〕’, ‘외삼촌〔왜삼촌, 웨삼촌, 위삼촌, 이삼촌〕’), ‘위’〔ü〕는 이중 모음인 ‘위’〔wi〕로 발음하거나 아예 ‘우’나 ‘이’로 발음한다(예: ‘쥐〔지〕’, ‘귀신〔구신, 기신〕’). 그리고 ‘와’, ‘워’도 역시 단모음으로 낸다(예: ‘과자〔까자〕’, ‘천원〔처넌〕’, ‘뭐라고〔머라꼬〕’). 그런데 ‘워’의 경우에는 ‘오:’로 축약되는 일도 있다(예: ‘권투〔곤:투〕’, ‘눠라〔노:라〕’, ‘둬라〔도:라〕’, ‘줘라〔조:라〕’).

남부 방언에서는 표준어에 규정된 음소보다 더 단출한 음소로도 의사소통에 아무런 장애를 받지 않는다. 그 대신 다른 방언에 없는 ‘말(馬)’〔높은 소리로 발음〕과 ‘말(言):〔낮고 긴 소리로 발음〕’이 다르며, ‘우리(돼지우리)’〔‘고저’로 발음〕와 ‘우리(we)〔‘저고’로 발음〕가 다르다. 성조, 곧 소리의 높낮이와 장음을 가지고 있어 다른 지역 방언과는 구분된다.

우리말의 품격을 유지하는 데 방언이 무슨 방해를 하는가? 방언이 있어 어쩌면 더 풍족한 언어생활을 할 수 있음에도 불구하고 임의적인 언어인 표준어 중심의 사유에 빠져 그동안 방언을 너무 소홀하게 다루어 왔다. 방언 가운데 그 지방의 문화적 전통과 밀접한 관계가 있는 낱말들은 사라지면 영원히 다시 찾을 수 없다는 점에서 매우 소중한 문화유산이라고 할 수 있다. 우리 민족의 언어에 녹아 있는 지역적 다양성을 인정하지 않는다는 것은 곧 우리 스스로 존재의 다양성을 인정하지 않는 것이나 다를 바가 없는 일이다.

방언의 분화 요인

    방언 낱말은 매우 다양한 원인에 따라서 분화가 이루어진다. 언어 외적인 요인으로는 시간, 공간, 사회·문화적인 요인 등으로 나눌 수 있으며, 언어 내적인 요인으로는 음운·형태론적인 요인, 어원적 요인, 그리고 어법적 분화 차이에 의한 요인 등으로 크게 구분된다.

    '부추/솔~졸/정구지', '벼/나락', '옥수수/강냉이', '잠자리/철갱이'의 예와 같이 어원적인 요인에 의해 차이를 보여 주거나 또는 '뜸북새/무닭/뜸닭', '엿질금/질금'과 같이 접사의 통합이나 낱말의 합성에 의한 단어 형성상의 요인으로 차이를 보이는 예들이 있다. 이와 같이 어원에 의한 분화 또는 단어 형성이나 형태론적 요인에 의한 분화 요인이 일반적으로 낱말의 지리적 분화를 일으키는 가장 중요한 요인이 된다. 그뿐만 아니라 '엿질굼/엿질검/엿길금'과 같은 음운론적 요인에 의해 분화를 일으키기도 한다. 특히 음운론적인 요인에 따른 분화 양상은 음운 현상의 지역적 확산 과정을 파악하는 데 주요한 자료로 활용되기도 하지만 단순한 음운 교체나 탈락 현상은 개인어(Idiolect) 차이에 지나지 않을 만큼 중요도가 떨어지는 자료도 많아서 음운론적 요인에 의한 분화는 해석할 때 유의해야 한다. 마지막으로 사회·문화적 요인에 의한 방언 분화는 단순한 낱말 분화 요인이 된다는 측면 이외에도 지역 간의 문화 교류 관계를 추적해 보는 데 매우 중요한 의미를 갖기도 한다.

분화요인	계열별 분화형
어원적 분화	엿기름, 질금, 엿질금, 엿지름 골
형태론적 분화	엿질금/엿지름 질금
음운론적 분화	엿질금/엿질굼, 엿질검 엿길금 엿지름, 엿지럼 엿기름, 엣기름, 잇기름 질금, 질굼, 질검, 절검 길굼

도표 4 | '엿기름' 계열의 방언 분화 양상

어원적 요인

음운(사)의 차이나 접사나 단어의 통합에 의한 형태론적인 요인과 어원적인 차이에 의해 방언 차이를 보이는 경우가 일반적이다. '상추', '상치'와 '불구', '부루'형과 같은 분화형 중에서 어원 차이에 의한 분화인 '상추'와 '불구'는 음운 교체의 결과인 '상추'나 '상치' 간의 차이보다 중요한 분화 원인이 되기도 한다.

예를 들어 '엿기름'의 방언형의 분화 양상에 대해 살펴보자. 어원적 차이에 의해 두 가지 계열로 구분되는데 먼저 1) '엿기름, 엿질금, 엿지름, 질검-' 계열과 2) '골-' 계열로 구분된다. 이러한 어원 차이는 형태론적 차이나 음운론적 차이에 의한 분화보다 단조롭지만 방언 분화에 결정적인 요인이 된다.

음운·형태론적 요인

또한 '엿기름'은 파생이나 합성에 의해 새로운 낱말이 생성되는 형태론적인 차이에 의해 '엿질금, 질검' 계열로 구분된다. '엿＋질금'과 같은 합성어와 '질금'과의 차이는 아마 '질금'이 더 고형이며, '질금'의 앞에 '엿'이 합성되었을 가능성이 매우 높다. 또한 음운론적 요인에 의한 방언 분화는 '질금'형에서 어중 'ㄱ'의 탈락 유무에 따라 '엿질금'형과 '엿지름'계, '질금'계와 구개음화형인 '길금'계 등으로 구분된다. '엿질금'형 가운데 '엿질굼', '엿질금', '엿질검'형은 모음 교체에 의한 방언 분화형인데 이는 '질금'계의 '질굼', '질금', '질검'형과 마찬가지로 어말모음 '우', '으', '어' 가운데 어느 것이 가장 고형인가가 문제가 될 것이다. 그런데 '엿지름'계의 모음교체형은 '엿지름', '엿지럼' 뿐이고 *'엿지룸'형이 존재하지 않지만 '질금'계에서는 '질굼', '질금', '질검'형이 존재하는 것으로 미루어 보아 어중 'ㄱ'의 탈락현상과 어말 모음 '우', '으', '어' 변이형의 존재는 무관함을 알 수 있다.

'어레미'형의 분화는 음운론적 또는 형태론적 요인이 매우 주요한 요인으로 작용한다. 곧 '얽-이-ㅁ-ㅣ'의 조어 과정에서 어중 'ㄱ'이 탈락되었는지 유무에 따라 '얼게미' 계열과 '어레미' 계열로 구분되며 '-앙이'와 결합한 파생어 '얼랭이'형으로 분화된다.

의미적 요인

의미적 요인에 의해 방언이 분화되기도 한다. 친족 명칭은 지칭

(term of adress)과 호칭(term of reference)으로 구분된다. 부계율父系律의 원칙을 따르고 있는 우리나라 친족 명칭은 직계와 방계, 부계와 모계 그리고 신분에 따른 차등성이 있어 매우 다양한 모습을 보여 준다. 부계 형제의 호칭이 어떤 체계성을 가지고 방언 분화가 이루어지는지 살펴보고자 한다. ‘백부伯父—중부仲父—아버지의 셋째형—아버지—숙부叔父—삼촌三寸’의 호칭에 대한 방언 분화 양상에 대해 살펴보자. 아버지가 아버지의 형제 가운데 몇 번째이냐에 따라서 호칭이 달라지기도 하며, 삼촌인 경우 결혼 유무에 따라서도 호칭이 달라지기도 한다. ‘나’의 아버지가 아버지 형제 가운데 넷째라는 가정을 하고 ‘백부伯父—중부仲父—아버지의 셋째형—아버지—숙부叔父—삼촌三寸’의 호칭이 방언형에 따라 어떻게 분화되는가 살펴보고자 한다.

‘백부伯父’에 대한 호칭은 ‘큰아버지’형과 ‘큰아부지’형 그리고 ‘큰큰아버지’형, ‘맏아배’형과 ‘큰아배’형, 그리고 한자어인 ‘백부’형으로 구분된다. ‘큰아버지’형과 ‘큰아부지’형의 방언 분포는 경상남북도 및 전라남북도를 경계로 하는 남북 분화를 보여 준다. ‘맏아배’형은 경북 안동, 영양, 봉화, 의성 지역에서 실현되고 있다. ‘백부’형은 경남 지역과 전남 지역에서 실현된다. 특히 ‘큰큰아부지’형은 전남 완도, 광양, 고흥, 광주 광산 지역에서 실현되어 ‘맏아배’형과 ‘백부’형은 방언섬을 형성하고 있다. 백부에 대한 호칭 분화의 기준은 먼저 ‘아버지’에 대한 신구형(new-old form)에 따라 ‘아배’형과 ‘아버지’형으로 구분되며, 다시 ‘아버지’형은 모음교체에 의한 ‘아부지'형으로, 그리고 접미사 '-님'이 결합하는 파생형 등의 분포를 보이고 있다.

'숙부叔父'에 대한 호칭은 '삼촌三寸' 계열과 '아재' 계, '작은아버지' 계로 구분된다. 한자어 '삼촌' 계는 모음교체에 의해 '삼춘'으로 실현된다. '아재' 계열은 주로 경북 북부 지역과 강원도 남부 지역에서 실현된다. 특히 숙부叔父에 대해 '아재'라고 부르는 지역에서 그 의미 영역이 차이를 보여 주고 있는 점이 매우 특이하다. 곧 강원도 영월, 삼척, 정선 지역에서 '아재'는 제2음절에 고조高調(악센트)가 실려 있으며, 경북 봉화, 영풍, 안동 지역에서는 제1음절에 높은 소리마루가 있는 '아재'와 제2음절에 높은 소리마루가 있는 '아재'는 전혀 다른 의미이다.

제1음절 고조 **아**재 : 기혼의 숙부, 기혼의 종숙부, 기혼의 재종숙부
제2음절 고조 **아재** : 미혼의 삼촌, 미혼의 종숙부, 미혼의 재종숙부
〔 : 높은 소리마루〕

그 외의 지역은 전부 '작은아배', '작은아버지', '작은아부지' 등으로 실현된다. 결혼하지 않은 '삼촌'에 대한 호칭은 '숙부'에 대한 방언형과 동일하지만 그 분포지역은 확연하게 다르다. '삼촌'의 방언 분포 양상은 '삼촌' 지역과 '아재' 지역으로 2대별 된다.

사회·문화적 요인

‘호미씻이’에 대한 방언형이 경상도에서는 비교적 다양하게 분화되어 있지만 전라도에서는 경상도만큼 분화되어 있지 않다. 조선조 후기, 경상도 지역에서는 반촌班村 사람과 민촌民村 사람이 별로 멀지 않은 마을에서 공동의 생활을 영위했으나 전라도 지역에서는 민, 반촌락이 엄격하게 분리된 마을(예, 전북 고창 지역)에서 생활을 했다. 이 때문에 공동체 놀이의 명칭이 경상도에서는 다양하게 분화되었으나 전라도에서는 다양하게 분화되지 않았다. 민, 반촌의 연대 의식이 아마도 전라도 지역보다 경상도 지역이 더욱 강했던 결과의 산물이라 짐작된다.

‘호미씻이’ 놀이는 농번기를 지나 이제 호미를 사용하지 않아도 되니 물에 씻어서 걸어 놓는, 농한기로 가는 전환기에 벌어지는 행사라는 의미이다. 경상도에서 이를 ‘호무거리’, ‘심우거리’라 부르는 근원은 어디에 있는 것일까? 지난날 아이들이 서당書堂에서 한 권의 책을 다 공부하고 나면 부모님들이 술도 빚고 떡과 음식을 장만하여 서당의 훈장 어른에게 대접을 융숭히 하는데 이를 ‘책거리’라고 부른다. 물론 요사이는 찾아볼 수 없는 일이지만 이때 ‘책＋걸이’라는 말의 의미는 책을 공부하는 일을 모두 마쳤다는 뜻인데 ‘마치다’라는 의미를 가진 ‘걸이’와 ‘호미’와 합쳐져 생긴 말이 ‘호무＋걸이’이고 ‘심다’의 방언형인 ‘심우다’의 어간과 합쳐서 생긴 말이 ‘심우＋걸이’이다. 다시 말하면 ‘호미로 논매기를 마치다’ 또는 ‘김을 매는 일을 마치다’라는 뜻으로 이젠 풍요한 가을 수확을 기다리는 푸근한 심정으로 요사이 말로 하자면 노사勞使가 화합하는 한마당 잔치를 바로 '호무거리, 심우거리'라 부른다. 일찍부터 이러한 '호무거리'와 같은 우리 민족의 전통적인 미덕美德을 터득한 사주가 경영하는 회사는 아마도 노동쟁의로 인한 갈등과 어려움을 겪지 않을 것이다. 그래서 삶의 역사는 늘 우리 곁에서 무한의 의미를 주는 것이다.

지역의 문화적 특징을 잘 반영하고 있는 또 다른 예는 음식 문화와 관련된 낱말이다. 기호 지방에서는 조기를 매우 귀하게 여겨 제사 음식으로 꼭 챙기며 호남 지역에서는 홍어를 귀한 제사 음식으로 여긴다. 그러나 경상북도 중에서도 안동 지방에서 최상의 제사 음식으로 꼽는 것은 문어文魚이다. 남해에서 생산되는 문어 80%가 안동 장터에서 소비된다는 말이 있다. 그런데 경주, 영천 지방에서는 상어고기를 편으로 떠서 꼬치로 만든 산적을 '돔배기'라고 한다. 그리고 이 '돔배기' 없이는 제사를 지내지 못한다고 할 만큼 중요한 음식으로 친다. 필자가 쓴 「영천 돔배기」라는 시 한 편을 살펴보자.

싱싱하던 상어가

장터에서 돔박고기로 다시 태어나면

영천 사람들은 돔배기라고 한다

산적구이나 탕국으로 만들어

제사상에 올리는 명물

영천 사람들은

돔배기 없이는 제사를 못지네제

눈부시게 싹은 홍어 맛처럼

돔배기가 꿈꾸던 그립고 아리한 맛

톡 쏘아대는 독기어린 꿈틀거림

입안에서 죽었다 다시 살아나는

돔배기

좋아하는 영천 사람들

가난하던 시절 독간 소금 단지에서

펄펄 날뛰던 바다의 꿈을

사쿠느라 세리하게 표백된

가난하던 시절의 꿈 맛

바다에서 펄펄 날던 놈

세월 가는지 모르고

어쩌다 아부지 밥상에라도 오르면

짭짤하고 세리한 냄새만 맡아도

보리밥 한 그릇은 그만이제

—이상규, 「영천 돔배기」

　잔치 음식으로는 소고기육회, 생치(생꿩고기)를 중시한다. 또 반가의 고급 음식으로는 북어를 두드려서 마치 솜과 같이 가늘고 부드러운 가루로 만들어 조미한 '피움' 등 헤아릴 수 없을 만큼 토속 음식의 이름은 다양하다. 식혜食醯도 재료나 만드는 방식의 차이가 있다. 안동 지방에서는 식혜에다가 무, 배, 생강, 마늘, 밤 등의 다양한 재료를 채 썰어 넣고, 고춧가루도 넣어 얼큰하고 달고 시원하게 만들어 먹는다. 경주 지역에서는 멥쌀로 만든 것은 '단술'이라고 하고 찹쌀로 만든 것은 '점주'라고 하여 안동 지방의 식혜와는 큰 차이를 보인다. 이처럼 지역의 자연 환경과 관련하여 민속적 전통 차이가음식 문화의 차이로 이어지며 여기에 따라 대응되는 음식 관련 낱말도 차이를 보여 주기도 한다.

방언의 분화 양상

낱말 분화는 개신에 의해 이루어지기 때문에 공간적 확산(speatial diffusion) 양상은 언어의 통시적 변화와 밀접한 관계를 갖는다. 어떤 언어 변화가 점진적으로 일어난다고 가정을 하면 개신이 일어난 곳에서 가까운 곳일수록 영향을 많이 받고 먼 곳일수록 영향을 적게 받게 된다. 따라서 언어의 통시적 변화의 과정은 언어지리학적으로 반영될 수 있다.

한국정신문화연구원이 발간한 자료를 토대로 100여 개의 낱말을 언어지도로 작성하여 방언 낱말 분포 유형을 13개 유형으로 구분해 보았다. 이러한 과정에서 '남북 사선형'의 등어선이 가장 두껍게 지나간다는 사실과 남북 역사선형의 유형도 매우 중요한 등어선 다발을 형성하고 있다는 사실을 확인할 수 있다.[9] 동서 분화형이 남북 분화형보다 숫자는 적으나 더 오래된 방언 분화 양식이다. 우리나라 방언 분화는 동서 분화형이 1차적인 방언 분화 양식이고 남북 분화형이 그 이후의 2차 분화 양식이라고 할 수 있다. 특히 'ㅿ'이나 'ㅸ'의 방언 반사형이 고대 신라 지역 곧 동남 방언에 많이 나타난다는 종래의 견해와는 달리 'ㅿ'의 방언 반사형은 남북 역사선형의 유형에 포함되는 서남방언에, 'ㅸ'의 방언 반사형은 남북 사선형에 속하는 곧 동남 방언에 많이 잔존해 있음을 확인할 수 있다.[10] 남한 방언의 방언 낱말 분포 양상을 유형별로 살펴보면 다음과 같다.

동서 분리형

동서 분리형은 등어선이 거의 수직에 가깝게 백두대간을 따라 동서를 중심으로 분화된다. 강원 영서, 충북 일부, 경북, 경남으로 연결되는 등어선이다. '짧다/짜르다', '넓다/너르다', '가볍다/개갑다', '뚫다/뚧다', '진달래/참꽃', '덩굴/넝쿨', '바위/방구', '우박/누리(유리)', '상수리/굴밤' 계의 낱말의 등어선이 여기에 속한다. '외양간/마구간'의 분포를 보이는 〈지도 3〉은 동서 분리형의 전형적인 양상

---

9) 이상규, 「남한 방언 어휘의 지리적 분화 양상」, 『어문론총』 32, 경북어문학회, 2001.

10) 중세어의 'ㅸ' 과 'ㅿ' 이 동남방언에 [b], [s]로 대응된다는 종래의 견해는 다소 수정되어야 할 것으로 보인다. 곧 'ㅸ' 은 동남방언에 'ㅿ' 은 서남방언에서 각각 [b], [s]로 대응된다. 이와 같은 사실은 『계림유사鷄林類事』나 『향약구급방鄕藥救急方』 자료에서 'ㅿ' 의 존재는 반영되지만 'ㅸ' 의 존재가 반영되지 않는 이유를 밝히는 중요한 근거가 될 것이다.

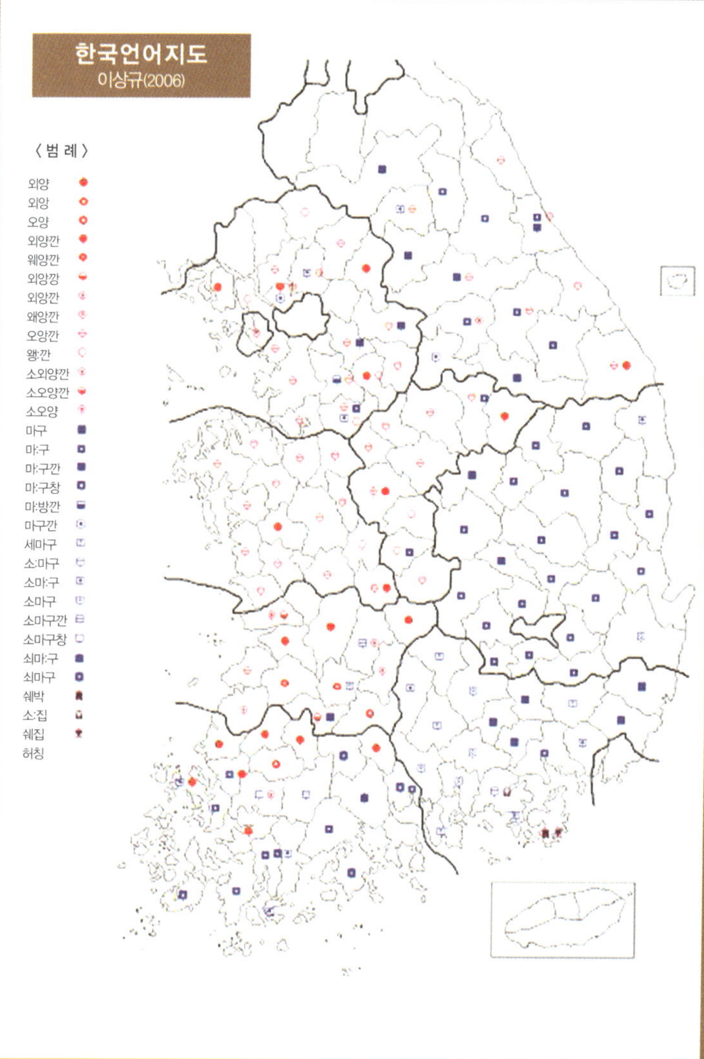

지도 3 | '외양간'의 방언 분포 지도(동서분리형)

을 보인다. 동서 분리형은 국어 방언 분화의 일차적인 기준이다. 남북 사선형의 분화형이 더 일반적이지만 역사적으로 더 이전 단계에 동서 분화형으로 분화가 이루어진 것으로 추정된다. 이것은 백두대간을 기준으로 하여 자연 환경의 분리적 요인이 언어적 구획으로 이어진 것이다.

남북 사선형

중부 지역을 중심으로 강원도에서 전북 지역으로 비스듬히 연결되는 남북 사선형 등어선이 있다. '벼/나락', '그릇/그륵', '달래다/달개다', '목화/미영', '허리띠/허리끈', '무/무꾸, 무시', '옥수수/강냉이', '새우/새비'의 등어선이 여기에 속한다. 그 외에도 '부라부라/불무(풀무)불무', '부엌/정지'와 같은 낱말의 등어선이 여기에 속한다.

'벼'의 분화형인 '베', '비'의 분포는 남북을 비스듬하게 가로지는 모습을 보여 준다. '나락'의 분화형인 '나락', '나록' 등은 남부 지역에 분포한다. 남북 사선형의 분포형이 가장 흔한 모습인데 이것은 아마 삼한 지역의 지역적 분포와 밀접한 관계가 있는 것으로 추정된다. '벼'의 분포 지도는 〈지도 4〉와 같다.

남북 역사선형

남북 역사선형은 남북 사선형(／)의 반대로 흐르는 빗금(＼)의 양상인데 전북, 충남을 거쳐 서부 경남지역에 이르는 등어선을 보여 준다. '거품/버꿈', '절구공이/도굿대', '절구/도구통', '질경이/빼뿌쟁

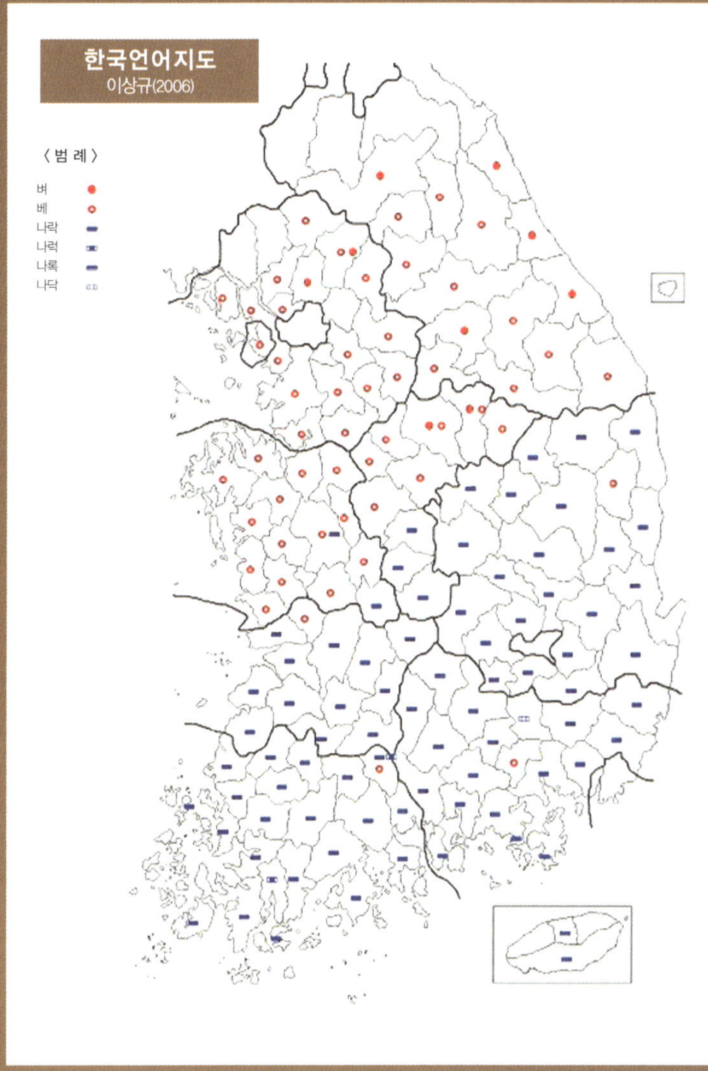

지도 4 | '벼'의 방언 분포 지도(남북 사선형)

이', '모이/모시', '구유/구시' 등이 여기에 속한다. 특히 남북 역사선형 가운데 '△'으로 소급되는 낱말들의 반사형이 이 유형에 많이 포함되어 있다. '거품/버꿈'의 방언 분포형은 남북 역사선형의 전형적인 모습을 보여 준다.

남북 절구형

'노을/뿔새, 북새', '저-어라/저서라'와 같은 어형의 등어선은 전형적으로 중부 지역을 가르는 경계선인데 충북 지역이 약간 움푹 들어간 경계선의 모습을 보인다. 북에서는 '노을', '저어라' 그 남쪽에서는 '뿔새, 북새', '저서라'가 분포하고 있다. '얼레'의 등어선도 남북을 가로지르는 남북 절구형이다.[11] '꽂-아'형은 '꼽-아', '꼽-어'형과 '꽂-아', '꽂-어'형 그리고 '찔-러'형으로, '꼽-'형과 '꽂-'형의 분포는 전형적인 절구형의 방언 분포를 보여 준다. '노을/뿔새, 북새'는 남북 절구형을 나타내는 방언 분포형이다.

동서 남부 분리형

동서형은 등어선이 강원 영서, 충북 일부, 전·남북까지 거의 수직에 가깝게 분리되다 경남 지역으로 그 가지가 펼쳐지는 형태를 보여 준다. '꽂아/꼽아', '얼리다/얼구다', '씻어라/씻처라'계의 낱말의 등

---

11) 곽충구(1995)에 의하면 '가운데 부분이 절구의 확 모양으로 푹 파인 모습을 보여주기 때문에 절구형'이라 한다.

어선이 여기에 속한다. ‘꼽다’형과 ‘곳다’형은 부사형어미 ‘-아/어’ 교체형에 따라 방언 분화를 보인다. 중세어에서는 ‘곳다’라는 기저형을 보인다. 그런데 중세어에서는 ‘곳다’와 ‘곱다’는 별개의 낱말인데도 불구하고 동남부 방언에서는 왜 ‘꼽다’로 기저형이 재구조화되었는지 그 이유는 밝혀지지 않았다.

부추는 ‘부치(薤)’(『老解 下 13』, 『朴通解 中 33』)라는 ‘비＋菜’의 한자 합성어에 뿌리를 두고 있는데 어원적으로 다른 ‘부추’, ‘정구지’형과 ‘*소불’형에서 분화된 방언형이 있다. ‘부추’의 방언 분화형으로는 ‘부ː추’, ‘분ː추’, ‘분ː초’ 등이 있으며, ‘부ː추’형은 경기도 대부분 지역과 강원도 영서 지역에 분포되어 있으며, 자음이 첨가된 ‘분ː추’형은 강원도 영동 지역 및 강원도와 경상북도와 인접한 지역과 충북 중원, 제천 지역에 분포되어 있다. 특히 경북 서북부 지역인 봉화와 예천 지역에서도 ‘부추’형에서 ㄴ첨가 및 ‘o〉u’ 현상에 의한 분화형인 ‘분ː초’, ‘분ː추’형이 분포하고 있다. ‘*소불’에 기원을 둔 ‘솔’, ‘소풀’, ‘졸’형과 ‘정구지’형이 있다. ‘*소불’형은 남부 지역인 경남 남해, 전남 순천, 광양, 여수 지역에 분포하고 있으며, ‘소풀’형은 경남 서남부 지역인 합천, 함양, 산청, 의령, 하동, 진양, 함안, 사천, 통영, 거제 등지에 분포되어 있다. ‘솔ː’(‘*sobul’에서 어중 ‘b’ 약화 탈락과 보상적 장음으로 생성됨)형과 ‘소ː풀’도 ‘*소불’에 기원을 둔 것인데 ‘*소불’이 ‘소풀’로 바뀐 것은 ‘소풀(牛草)’에 유추된 결과로 보인다. ‘솔ː’형은 전남·북 지역에 주로 분포되어 있으며, 충남 남부 지역에까지 분포되어 있다. ‘졸ː’형은 충남

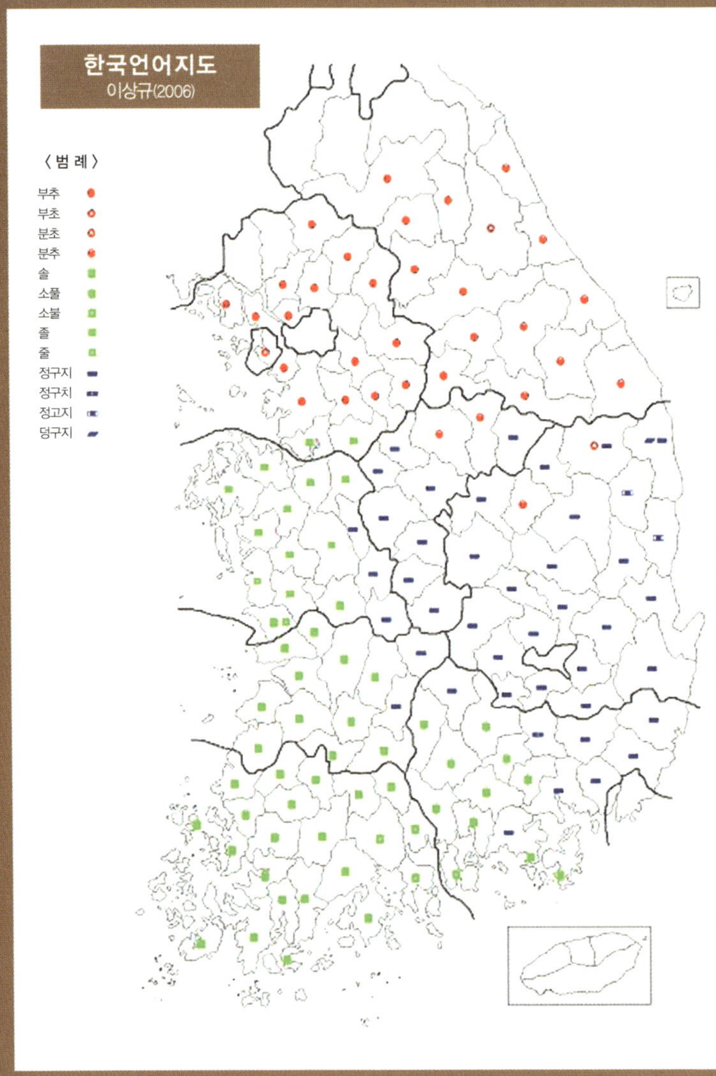

지도 5 | '부추'의 방언 분포 지도(동서 남부 분리형)

대부분 지역과 경기 평택, 안성 지역까지 분포되어 있다. '정구지'의 어원은 풀이름 '뎡가(荊芥)'(『훈몽 상 14』)에서 온 것으로 보인다. '정구지'형의 분화형은 경북 북부 지역에 분포하고 있는 '쟁구지'와 o〉u에 의한 '정고지'형이 있는데 '정구지'는 충북 지역과 충남의 청양, 대덕, 금산 지역 및 전북 무주와 장수와 경북 전역과 경남 동북 지역인 거창, 창녕, 밀양, 의창, 김해, 양산, 고성과 울산 울주 지역에 분포하고 있다. '부추'형과 '소불'형, '정구지'형의 분포는 마치 T자형으로 북부 지역에는 '부추'형이 서남 지역에는 '소불'형이 동남 지역에는 '정구지'형이 분포되어 있다. '부추'의 방언형 분포는 〈지도 5〉처럼 동서 남부 분리형이다.

좌함몰형

경기, 충남 서해안 지역과 전북 서해안 지역을 연결하는 등어선 지역은 좌함몰형의 모습을 보여 준다. '두루막/후루막', '넝쿨/넌출', '호미씻이/두레'의 분포형이 여기에 속한다. '두루막'계의 방언 분화형은 '두루마기, 두루매기, 두루막, 둘막, 둘매기'가 있다. '두루마기'형은 강원도 대부분의 지역과 충북 충주, 단양 지역과 충남 공주 지역, 경남 대부분의 지역에 분포되어 있으며, '두루막'형은 강원도 양양, 정선, 삼척 지역과 경북 전역과 경남 일부 지역에 분포되어 있고 '두루매기'형은 경기도 대부분 지역, 경기도와 인접한 강원도 지역, 전·남북 전역에 고루고루 분포되어 있다. '후루막' 계열의 분포 지역은 다음과 같다. '후루막'형은 경기도 연천 지역에, '후루매'형도 경기도 양주 지역에 분포되어 있다. '후루매기'형은 경기도 연천, 부천, 이천, 강원도 원주, 충북 진천, 청원, 괴산, 충남 서산, 당진, 아산, 천안, 예산, 청양, 부여, 서천, 논산, 전북 정읍, 고창, 전남 영광 지역이다.

우함몰형

우함몰형은 가운데 부분이 터진 듯한 모습을 하고 서부 해안 지역과 동부 해안 지역이 등어선으로 구분되는 모습을 보여 준다. '상추/부루', '반디/개똥벌레', '가볍다/해깝다', '수캐/숙개', '질경이/뺍짱구', '솜/소캐', '간장/지렁', '구석/구억', '여우/여깽이'와 같은 낱말 분화의 등어선이 여기에 속한다. '가볍다'에 대응되는 '해깝따'형은 경북 경주를 중심으로 한 의성, 영양, 영일(포항), 경산, 성주, 영천 지역에서만 분포되어 있어 고대 국어의 흔적임을 확인할 수 있으며 이들의 분포는 전형적인 우함몰형이다.

동남 분리형

경남·북 지역을 경계로 하는 방언 분포 유형을 동남 분리형이라 한다. '입술/입수구리', '글피/저모레/모레고페', '회오리바람/호:더락바람', '사나운/사나분', '홀아비/호부래비', '굴리고/구불리고', '콩나물/콩지름'의 분포 유형이 이에 속한다. '글피'의 방언 분화에 대해 살펴보자. '글피' 방언 분화형은 경북, 경남 지역을 제외한 대부분의 지역에서 '글피, 글페, 그페, 고페' 등의 분화형이 실현되며, 특히 '모래' 형에 접두사 '저-'가 결합한 파생어 지역과 접두사 '그-' 또는 '내來-'가 결합한 파생어 지역이 대립을 보여 주고 있다. 특히 '글피' 형과 '모레' 형이 복합되어 '모레고페'라는 어형이 실현되는 지역이 있다. 경남 진양, 거창, 통영, 거제, 고성, 사천 지역은 매우 특이하게도 전남 방언형인 '고페' 형과 경남 방언형인 '모레'가 융합 방언(mixed dialect)의 양상을 보여 주고 있다.

경북 지역에서는 '모레'가 '그-'와 '저-' 또는 '내來-'와 복합하는 매우 다양한 양상을 띠고 있다. 그리고 경남 지역에서는 대응형이 없거나 또는 방언형이 훨씬 복잡한 양상을 띠고 있다. 다시 말하자면 경상도 방언을 다른 지역 방언과 비교해 보면 일칭日稱에 대한 분화가 덜 정교하다는 사실을 확인할 수 있다. 경남 서남 해안 지역에서는 전남 방언과 융합된 방언형인 '모레고페' 형이 실현되는 점은 매우 특이한 점인 동시에 '모레'와 '글피'가 분화되지 않았다는 사실을 반영하고 있다. '글피' 형은 경기, 강원, 충남, 전북 지역을 잇는 남북 사선형의 분포를 보여 주고 있다. '글페' 형은 '글피' 형의 분포와 비슷하지만 경기 지역이 제외되는 대신에 충남 지역이 포함된 분포를 보여 주고 있다. '고페' 형은 전남을 중심으로 하여 전북 장수, 고창, 순창, 남원 지역 및 경남 인접 지역인 함양, 하동, 남해 지역에 분포하고 있어 동남 분리형의 분포를 보여 주고 있다. '모레' 형과 '저모레' 형은 경북 지역에서만 실현되며 '내모레' 형은 경북 및 경남 일부 지역에서 실현되고 있다. 그리고 경남 밀양, 함안 지역에서는 '거모레', '개모레'라는 특이한 어형이 실현되기도 한다.

서남 분리형

전남·북 지역에서 서부 경남 지역에 이르는 방언 분포 유형을 서남 분리형이라 한다. '짧다/짤룹다', '넓다/널룹다, 널부다', '뜸부기/뜸북새', '회오리바람/소시랑바람'의 방언 분포형이 이 유형에 속한다. '질경이'형에 대응되는 '배뿌쟁이'형은 전북, 전남, 경남을 있는 서남 분리형으로 분포되어 있어 '질경이'형과 더불어 2대 중심적인 낱말 분포를 보여 주고 있다. '넓다(널따)'형의 방언 분화형은 '넙따', '너르다', '너룹다', '널부다'형이 있다. '너르다'형은 모음이나 자음 교체에 의해 '너러다'형과 '너리다'형이 방언 분화를 보이고 있다. 그리고 파생형인 '널-+-웁-'형은 설측음화에 의해 방언 분화를 보인다. '널부다'형은 '넓-+-으->널브->널부-'로 변화한 것이다. '넓다(널따)'형에 대응되는 '너룹따'형은 전남 지역을 중심으로 전북 완주, 정읍, 남원 지역에 분포되어 있으며, 설측음화에 의한 분화형 '널룹다'형은 전북 지역을 중심으로 충북 보은, 옥천 지역과 충남 논산, 대덕, 금산 지역과 전남 장성, 곡성, 해남 지역에 분포되어 있다. '널부다'형은 전남 고흥 지역에서 고립형으로 실현된다.

동해안 분리형

강원, 경북, 경남의 해안 지역을 연결하는 동해안 방언권이다. '입술/입수부리', '뜸부기/무닭', '글피/고패', '회오리바람/돌개바람'과 같은 방언 분화형이 여기에 속한다.

팔랑개비형

팔랑개비형은 '소꿉질', '소금쟁이', '구더기', '노래기/고등각시', '딸꾹질/깔딱질/퍼꺽질/피기'의 방언 분포가 보여 주듯 여러 개의 방언형이 각 지역에 할거割據하고 있어 마치 팔랑개비 모습으로 등어선이 분포된 예이다.

고립형

고립형은 등어선이 일종의 언어섬(language island)을 형성하는 형태로 '지도리(진달래)', '진지리', '부루/골(상추)'과 같은 낱말의 등어선이 여기에 속한다. '진달래'형에 대응되는 '진지리'형은 전남 장성, 신안 지역에 언어섬을 형성하고 있다.

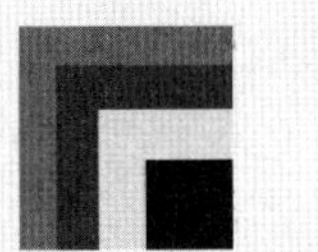

문학 작품에 비친
언어의 주술

언어의 위반으로부터 시작되는 시적 창조

시나 소설에 방언을 활용하는 것은 모국어 규칙 위반인가? 서울말은 표준어여서 좋고 그 밖의 말은 방언이라 나쁘다고 한다면 무슨 근거에서 이러한 생각이 굳어지게 되었을까? 방언은 민중들의 살아 있는 언어(living language)이다. 방언은 민중들의 삶 속에 살아 움직이는 일상 언어라는 점에서 민중성과 변두리(지역)성, 토착성(현장성)과 계층성을 지니고 있어 사람들이 살아가는 다양한 삶의 방식이 말 속에 도드라져 있다. 문학 작품에서 방언을 활용함으로써 심미적 충격이나 운율적 효과를 부여하거나 등장인물의 향토적 개성을 효과적으로 부각시키는 데 이용하기도 한다. 예를 들어, 몰리에르의 『평민귀족*Le Bourgeois gentilhomme*』에서는 인물의 희극성과 열등성을 나타내기 위해 특정 인물에게 터키 방언을 사용하도록 배치하고 있다. 시인들은 향토적 특성, 심미성, 민족(부락) 의식 등 정서적 층위를 드러내는 효과와 함께 형식적 측면에서 시어, 율격, 음운 등과 '낯설게 하기'와 같은 표현 형식적 효과를 드러내기 위해서도 방언을 이용한다. 문학 작품 가운데 특히 시, 소설, 희곡, 시나리오 등에서 향토색이 짙은 분위기를 연출하거나 변두리 인물의 개성적 성격을 묘사하기 위해서나 문학 작품에 심미적 충격을 주기 위해서 지역 방언(regional dialect) 또는 지역 일상어를 이용한다. 일찍이 롱사르Ronsard는 『시학제요 *Abrégé de l'art poétique*』에서 시인들에게 다음과 같이 충고하고 있다.

"그대는 특히 그대의 나라에 딱 들어맞는 그토록 적절한 단어를 찾지 못할 때, 우리 프랑스 방언 중에서 가장 의미 깊은 단어들을 능란하게 선택하여 작품에 알맞게 사용할 수 있어야 할 것이다."

방언은 한 언어의 역사뿐만 아니라 사람들이 살아온 잔해, 자취, 세월의 위엄이 아로새겨져 있는 오랜 삶의 주름이라고 할 수 있다. 어쩌면 방언에 배어 있는 토속적인 가락, 장단, 말투, 억양이나 눈에 보이지 않는 질펀한 심상이나 맛깔이 작품의 행간에 생동감 있게 가로 세로로 얽혀지게 된다.

안도현 시인이 엮은 『안도현의 노트에 베끼고 싶은 시』에서 소개한 서정춘 시인이 쓴 「백석 시집에 관한 추억」에 대한 시인의 서평을 여기에서 다시 소개하겠다.

아버지는 새 봄맞이 남새밭에 똥 찌끌고 있고

어머니는 어덕배기 구덩이에 호박씨를 놓고 있고

땋머리 정순이는 떽끼칼로 나물 캐고 있고

할머니는 복구를 불러서 손자 놈 똥이나 핥아 먹이고

나는 나는 나는

몽당이손이 몽당이손이 아재비를 따라

백석 시집 얻어보러 고개를 넘고

—서정춘, 「백석 시집에 관한 추억」

"단순하고 유사한 통사 구조가 반복되고 있지만 참 맛깔스러운 시다. 그것은 시인이 곳곳에 의도적으로 전라도 방언을 배치해 놓았기 때문이다. 방언의 친근성으로 말미암아 이 시는 한국인 전체의 추억을 길어 올리는 한 폭의 따뜻한 그림이 된다."

전라도 방언을 잘 모르는 사람이 읽더라도 전라도의 냄새를 느낄 수 있을 것이며, 또 전라도 어느 시골마을의 풍경을 쉬 떠올릴 수 있을 것이다. '찌끄리다(흩어 뿌리다)'나 '떽끼칼(제크나이프의 '제크+칼')', '땋머리(땋은 머리)' 같은 전라도 느낌이 듬뿍 묻어나는 방언의 사용은 표준어라는 규범에서 벗어남으로써 오히려 더욱 풍성해지고 또 한껏 무게를 느낄 수 있도록 해 준다. 안일한 감상주의나 자아분열적인 글쓰기 방식이 아니라 당당하게 전라도적 풍경의 윤기를 발하게 해 주는 언어의 주술이요, 언어의 위반이다.

특히 시에서는 낱말 하나에 상처를 입히면 시 전체가 파괴된다. 쉼표 하나를 고치면 문장 전체가 위태로워지는 것처럼, 시는 교체 불가능한 요소들로 이루어진 살아 있는 유기체이다. 따라서 방언으로 쓴 시의 원전을 표준어로 옮기는 일을 쉽게 여겨서는 안 된다.

표준어가 제정된 이후 일상어로 창작된 작품들을 표준어로 전환하는 과정에 본래의 방언 기의와 기표를 잘못 이해하는 오류를 종종 찾아볼 수 있다. 특히 1920년대 초중반에 『개벽』을 중심으로 작품 활동을 한 이상화 시인의 경우 생전에 시집을 한 권도 출판하지 않았다. 작품이 정리되지 못한 채 있다가 1950년대에 들어 그의 작품을 모아 표준 정서법으로 교열하는 과정에서 많은 오류를 범하게 된다. 특히 그의 시에 사용된 방언 낱말을 정확한 표준어로 바꾸지 못함으로써 오류를 남기게 되는데, 그 사례를 살펴보자.

반갑지도 않은 바람만 냅다 불어

가엾게도 우리 보리가 황달증이 든 듯이 노랗다

풀을 뽑느니 이장에 손을 대 보느니 하는 것도

이제는 헛일을 하는가 싶어 맥이 풀려만 진다!

—이상화, 「비를 다고」

'황달증'은 얼굴이 노랗게 변하는 간질병의 하나이다. 그런데도 불구하고 대부분의 시집에서 모두 '달증'으로 교열하고 있는데 이는 모두 대구 방언에 대한 이해부족으로 인한 오류이다. '이장'은 농기구農

器具를 뜻하는 대구 방언이다. 남북한방언검색프로그램(2003)에서 ‘농기구’ 항목의 방언형에 대해 찾아보자.

> 농구´〈경남〉(울산(울주), 함양, 산청), 농구´기 〈경남〉(창녕), 농구´여장 〈경남〉(창원), 농구´연장´〈경남〉(하동, 김해), 농구´이장´〈경남〉(함안), 농구 〈경기〉〈경남〉〈경북〉〈전남〉〈전북〉, 농기 〈경남〉, 농구엔장 〈경기〉, 농구여장 〈경남〉, 농구연장 〈경기〉〈경남〉〈경북〉〈충북〉, 농구연쟁 〈경기〉, 농구이장 〈경남〉, 농구인장 〈충북〉, 농기´구 〈경남〉(거창, 합천, 사천, 남해, 거제), 농기´연장´〈경남〉(양산), 농기구 〈강원〉〈경기〉〈경남〉〈경북〉〈전남〉〈전북〉〈제주〉〈충남〉〈충북〉, 농기에 〈전북〉, 농기연장 〈경남〉〈경북〉〈전남〉〈충북〉(단양), 농기이장 〈경북〉, 농사연장 〈경기〉, 농쟁기 〈강원〉〈경기〉, 엔장 〈경기〉, 여장 〈경남〉, 여장´〈경남〉(창원), 연모 〈경기〉, 연장 〈경기〉〈경남〉〈경북〉〈전남〉〈전북〉〈제주〉〈충남〉〈충북〉, 연장´〈경남〉(밀양, 울산(울주), 창원, 거제), 연쟁 〈충북〉, 엔장 〈강원〉〈경기〉, 이장´〈경남〉(창녕, 의령, 진주, 고성, 통영), 이장 〈경남〉〈경북〉, 이쟁 〈경남〉, 이젱´〈경남〉(창녕), 인장 〈충북〉, 잠대〈제주〉, 장기 〈제주〉, 쟁기 〈강원〉〈경기〉〈제주〉, 쨍이 〈경남〉
>
> (‘´’는 상성을 나타냄)

이처럼 ‘이장’이 ‘농기구’의 방언형이라는 사실이 입증되었음에도 불구하고 2004년 ‘미래사’에서 간행한 이상화 시집에는 그대로 ‘이랑’으로 표기하여 이미 학계에서 지적한 오류도 수정하지 않고 있다. 베껴쓰기 방법으로 간행된 대부분의 시집에서 모두 ‘이랑’으로 교열하는 오류를 범하고 있다. 이와 같이 지역 방언을 올바로 이해하지 못한 결과 원전 작품을 전혀 다른 의미로 왜곡시킨 잘못을 범하고 있는 예는 숱하게 발견된다.

> 아, 가도다 가도다 쫓아 가도다.
>
> 잊음 속에 있는 간도間島와 요동遼東벌로
>
> 주린 목숨 움켜쥐고 쫓아 가도다.
>
> 자갈을 밥으로 햇채물을 마셔도
>
> 마구나 가졌더라면 단잠은 얽맬 것을—
>
> —이상화, 「가장 비통한 기욕」

이상화의 「가장 비통한 기욕」이라는 시이다. '자갈'은 여러 이본異本 시집에서 '진흙'으로 변개變改되어 있는데, 아마도 '햇채'를 해독하는 과정에서 '자갈'로 밥으로 해먹을 수 없다는 판단에서 교열하는 사람이 자의적으로 '진흙'으로 바꾸었으리라 추정된다. 이상화의 「가장 비통한 기욕」과 박경리의 『토지』에도 나타나는 '햇채'(주린 목숨움켜쥐고, 쏘처가도다/ 진흙을밥으로, 햇채를마서도/마구나, 가젓드면, 단잠은얽맬 것을- —「가장 비통한 기욕」), ("머시 우짜고 우째요? 그년 말을 와 내가 못할 기요? 옥황상제 딸이라서 말 못하것소? 임금님 딸이라서 말 못하것소! 헤치구덕에 꾸중물 겉은 더러운 년!" —『토지』)라는 방언은 '빗물이나 집안에서 버린 물이 흘러가도록 만든 시설'로 '수채'의 경상도 방언이다. 『표준국어대사전』에서는 '해채'를 올림말로 설정하고 있는데 "'수채'의 방언(경남)"이라고 설명하고 있다. '수채'의 고어는 '쉬궁'(이 流江河 하마 쉬궁에서 달오디 바로리 깁고 크며 —『月釋 18:47』, 쉬궁 거(渠) —『訓蒙中 6』)인데 '시궁창'이라는 낱말과 유사하다. 대구 방언에서 '햇추', '힛추'와 같은 분화형이 있는데 '더러운 물'이라는 의미이며, 따라서 '햇채구딩이'는 '더러운 물구덩이' 또는 '시궁창' 이라는 뜻이다. 이 밖에도 경상도 지역에서는 '수채구데이, 수채구 디, 수채구디, 수채구명, 수채꾸데이, 수채꾸디, 수체, 수체구데이, 수체구명, 수체꾸데이, 수최구무, 수치구영, 수통, 숫채, 수치, 햇추, 해짓또랑' 등이 함께 사용되고 있다.

대구 출신 이장희 시인의 「가을밤」이라는 시에서 '슳업은'은 '서러 운'의 의미로 쓰인 낱말로 추정되는데 이를 '실없는'으로 교열한 실 없는 예도 있다.

평북 정주 곽산 출신인 김소월의 시에는 섬세한 향토 방언이 800 여 곳에서 결이 고운 무늬를 이루고 있어 향토적인 전통 가락과 장단 까지 느낄 수 있다. 소월은 20년대의 문학 일상어와 평북 방언을 구 분하지 않고 자연스러운 일상어로서 그리고 모어로서 수용하고 있 다. 소월의 시 작품마다 평균 2개 이상의 방언 내지 방언 변이형을 사용하고 있을 만큼 방언을 풍부하게 시에 활용하고 있다. 소월은 방

언을 표준어와 대립되는 관점에서 인식한 것이 아니라 자연스러운
자신의 일상어로 사용하고 있다.

> 산새도 오리나무
>
> 우헤서 운다.
>
> 산새는 왜우노, 시메산골
>
> 영넘어 갈나고 그래서 울지
>
> 눈은 나리네 와서 덥피네
>
> 오늘도 하룻길
>
> 칠팔십리
>
> 도라섯서 육십리는 가기도 햇소

—김소월, 「산」

「산」에서 '시메산골'은 '두메산골'과 함께 '인적이 드문 산골 마
을'이라는 의미로 오늘날까지 정주 지방에서 사용되고 있다. '하룻
길'이라는 방언형도 이 작품에서 외롭고 쓸쓸한 전경을 드러내는데
매우 적절하게 배치되어 있다.

또한 20년대 백석은 자신의 모어인 평북 방언을 일상어로 하여 주
옥같은 시 작품을 썼다. 「여우난골족」에 '엄매, 아배, 진할머니, 진할
아버지'와 같은 낱말은 평북 정주 지방에서 널리 쓰는 방언이다. 백
석은 시 작품에 '하로, 토방돌, 아릇간, 쌈방이, 고무, 매감탕, 오리
치, 반디젓, 삼춘, 사춘'과 같이 방언을 가장 효율적으로 그리고 가장

다채롭게 활용한 시인 가운데 한 사람이다.

> 토끼도 살이 오른다는 때 아르대즘퍼리에서 제비꼬리 마타리 쇠조지
> 가지취 고비 고사리 두릅순 회순 산나물을 하는 가즈랑집 할머니를 따
> 르며
>
> — 백석, 「가즈랑집」

백석은 「가즈랑집」에 '아르대즘퍼리(아래쪽에 있는 진창으로 된 펄)', '제비꼬리(산나물 이름)', '마타리(마타리과의 다년초)', '쇠조지(산나물 이름)', '가지취(산나물 이름)'와 같은 일상적인 방언을 효과적으로 활용함으로써 모어의 폭을 확장시킨 뛰어난 시인이었다. 백석에게 방언이란 표준어에 대립되는 개념이 아니라 기층민의 혼과 얼이 담긴 민족어의 그릇이자 자신의 일상 언어였다. 방언을 활용하여 농촌 정서를 현장감이 느껴지도록 치밀하게 묘사한 「박각시 오는 저녁」은 관서 지방 시골의 여름 저녁 풍경을 방언과 함께 실감나게 그려내고 있다.

함경북도 방언이 물씬 섞여 있는 이용악 시의 현장은 변두리 지역이며 그는 그 속을 늘 외롭게 서성거리고 있다. 변두리란 중심에서 벗어나 있는 외곽 지역이며 문명과 정보가 차단되어 있거나 외부와 단절된 외로운 장소이다. 그는 변두리 삶의 외로움을 달래듯 시를 썼으며, 그 시 속에 함경도 방언을 빗발 고운 무늬처럼 곳곳에 새겨 넣고 있다. 그는 어떤 시인보다 더 철저하게 방언의 다양성을 인식("말 다른 우리

고향")하고 있으며, 그 다양성을 통해 민족적 정체성을 확보("방언의 鄕
閭를 아는가", "너의 방언으로 때 아닌 봄을 불러 줄게")하려는 의지를 분명
하게 했던 것이다. 이용악의 시에 나타나는 방언은 자신의 시와 사회
적 현실을 화해시키려 했지만 그 출구를 결코 찾을 수 없었던 노스텔
지어와 같은 표지였다. 분명 그에게 있어 방언은 구어적 일상성의 표
현이며 살아 있음을 확인하는 외로운 외침이었다. 결국 그의 시에 나
타나는 방언은 다른 시인들의 시에서 문학적, 수단적 의도로 사용된
방언보다 더 높은 차원의 치밀한 의도로 사용되었던 것이다.

울듯 울듯 울지 않는 전라도 가시내야
두어 마디 너의 방언으로 때아닌 봄을 불러줄게

—이용악, 「전라도 가시내」

색다른 국경을 넘고자 숨어 다니는 무리
맥풀린 백성의 방언의 鄕閭를 아는가
더욱 돌아 오는 실망을

—이용악, 「天痴의 강아」

멀구광주구리의 풍속을 사랑하는 북쪽나라
말 다른 우리 고향
달맞이노래를 들려주마

—이용악, 「아이야 돌다리 위로 가자」

이용악은 자신의 시 속에서 아예 '방언'이라는 어휘를 직접 사용하거나 '말 다른 우리 고향'과 같은 표현을 자주 활용하고 있을 뿐만 아니라 그의 작품 곳곳에서 실제 변방 언어인 '방언'을 직접 구사하고 있다. 물론 자신의 함경도 방언뿐만 아니라 전라도, 경상도(앞이건 뒤건 내 가차이 모올래 오시이소 ─「집」) 방언도 그의 작품에 의도적으로 활용하고 있다. 이처럼 그가 자신의 시에 방언을 다양하게 구사하고 있는 이유에 대해 곽충구는 "시 속에 등장하는 객체가 고향을 등지고 떠도는 유민임을 시사하거나 고향을 등진 시인 자신이 고향을 동경하는 모습"을 그려내기 위한 일종의 효과적인 장치로 파악하고 있다. 그렇다. 언어는 그 언어를 사용하는 민족의 정신적 징표이듯이 방언은 그 지역, 곧 고향과 동일체로 인식된다. 거기에 더 보태어 이용악에게 방언은 단순한 지역적 범위의 일체감의 징표일 뿐 아니라 변두리, 곧 변두리로 내몰린 민족적인 정서와 한恨까지 함의하는 상징적인 표지였다. 이용악의 '방언'은 일제의 휘둘림으로 고향에서 쫓겨나서 표류하는 동족들의 슬픔과 외로움의 상징 표지인 것이다.

아낙도 우두머리도 돌볼 새 없이 갔단다
도리샘도 떳집도 버리고 강건너로 쫓겨갔단다

─이용악, 「오랑캐꽃」

스스로 고향을 떠나거나 버린 것이 아니라 고향으로부터 쫓겨난 이들에게 방언은 바로 '쫓겨난 고향'이자 '잃어버린 고향'의 징표다. 동시에 '방언'은 고향을 잃어버린 이들에게는 고향으로 다가갈 수 있는 유일한 수단이자 통로일 수 있다. 「전라도 가시내」에서 고향을 잃고 유랑하는 사내는 자기 신세와 비슷한 떠돌이 전라도 가시내와 타향에서 만나 하룻밤의 추억을 나눈다. 고향으로부터 쫓겨나와 힘없이 유랑하는 철새와도 같은 신세, 당시 나라를 잃은 우리 민족의 떠돌이 삶의 한과 가족들과의 이산으로 본의 아니게 생겨난 이별에 대한 그리움을 묘사하는 주요한 장치로 '방언'이 활용되고 있다.

알룩조개에 입맞추며 자랐나
눈이 바다처럼 푸를뿐더러 까무스레한 네 얼골
가시내야
나는 발을 얼구며
무쇠다리를 건너온 함경도 사내

바람소리도 호개도 인전 무섭지 않다만
어드운 등불 밑 안개처럼 자욱한 시름을 달게 마시련다만
어디서 흥참한 기별이 뛰어들 것만 같애
두터운 벽도 이웃도 못미더운 북간도 술막

온갖 방자의 말을 품고 왔다
눈포래를 뚫고 왔다

가시내야

너의 가슴 그늘진 숲속을 기어간 오솔길을 나는 헤매이자

술을 부어 남실남실 술을 따르어

가난한 이야기에 고히 잠거다오

네 두만강을 건너왔다는 석 달 전이면

단풍이 물드러 천리 천리 또 천리 산마다 불탔을 겐데

그래두 외로워서 슬퍼서 초마폭으로 얼굴을 가렸더냐

두 낮 두 밤을 두루미처럼 울어 울어

불술기 구름 속을 달리는 양 유리창이 흐리더냐

차알삭 부서지는 파도소리에 취한 듯

때로 싸늘한 웃음이 소리없이 새기는 보조개

가시내야

울듯 울듯 울지 않는 전라도 가시내야

두어 마디 너의 방언으로 때아닌 봄을 불러줄게

손때 수집은 분홍 댕기 휘 휘 날리며

잠깐 너의 나라로 돌아가거라

이윽고 얼음길이 밝으면

나는 눈포래 휘감아치는 벌판에 우줄우줄 나설 게다

노래도 없이 사라질 게다

자욱도 없이 사라질 게다

—이용악, 「전라도 가시내」

고향에서 쫓겨나는 식민지 시대가 아니었더라면 타관살이를 하는 이방인들이 먼 변경에서 쉬 만날 일도 없었을 것이다. 방언들이 고향을 떠나 변방에서 부유하며 유랑하고 있을 뿐만 아니라 이질적인 방언과도 만나야 했던 시절이다. 이러한 상황에서는 이질적인 방언과 방언이 만나면 소통이 쉽지 않았을 것이다. 그러나 조국을 잃어버린 입장에서 또는 고향에서 내쫓긴 신세라는 점에서는 동병상련을 앓고 있는 경우라면 이질적인 방언끼리라도 서로 강하게 연결될 수 있는 끈을 갖게 된다. 함경도 사내가 아는 전라도 방언은 겨우 두어 마디뿐, 그래도 그것으로 "잠깐 너의 나라", 곧 전라도 고향으로의 꿈같은 귀향을 느끼게 해 주고 싶은 애틋함과 절박함이 「전라도 가시내」에 응축되어 있다.

이 시에 등장하는 두 주인공은 일제 순사로부터 쫓기어 두만강을 건너 숨어든 함경도 출신의 한 사내와 가난 때문에 석 달 전 두만강을 건너 북간도까지 정처없이 밀려온 전라도 가시내이다. 유랑자가 된 개별적인 사정이야 차이가 있겠지만 이들은 일제 식민지라는 현실이 이들을 유랑자로 내몲으로써 타의에 의해 고향을 잃게 되었다는 공통점을 가진 사람들이다. 조국과 고향을 잃어버린 서글픈 이들은 의미 있는 사소한 몸짓이나 언어로도 쉽사리 상호 교신이 가능하다. 특히 변방으로 외롭게 떠밀려 온 이들이 상호 소통할 수 있는 신호 전달 체계는 바로 그들의 고향 말씨인 방언인 것이다. 누가 누구에게 위로할 처지가 아니다. 그러나 "두어 마디 너의 방언으로 때 아닌 봄을 불러줄게"라는 사내의 애틋한 마음을 서로에게 알맞은 방언이라는 수단으로 일치시킴으로써 더욱 쉽게 긴밀한 교신을 할 수 있었을 것이다.

시적 화자는 자신도 비록 일본 순사에게 쫓겨 다니는 처지임에도 불구하고 두만강을 건너 북간도의 어느 술막(酒幕)까지 밀려온 자신의 처지보다 더욱 애처롭게 느껴지는 전라도 가시내를 만나 하룻밤을 지새운다. 서로 낯선 그들이 쉽게 서로 만나 소통될 수 있는 장치는 바로 그들의 고향 방언이었다. 비록 짧은 하룻밤 사이, 서로 이질적인 고향 말씨를 통해 이 두 사람은 서로를 껴안아 하나 된 민족임을 확인한다. 그러나 그들의 이별은 이미 예정되어 있었다. 이미 운명으로 결정지어져 있던 민족적 이별처럼 그들도 헤어져야 했다. 얼음길이 밝는 새벽이면 우줄우줄 떠나야 하는 슬픈 이별을 눈앞에 두고, 소리도 없이 소멸하는 하룻밤이라는 짧은 그 시간이 얼마나 안타까웠을까? 그러한 이별을 너무도 당연하게 받아들일 수밖에 없는 식민지 시대의 슬픈 기층민들의 서러움이 눈보라가 되어 날리듯 이 시의 내면에 조용히 내려앉아 있다.

이 시에 나타난 방언 중 해독이 어려웠던 몇 가지 방언 낱말에 대해 살펴보자. "바람소리도 호개도 인전 무섭지 않다만"에서 '호개'는 '늑대'의 방언형으로 알려져 있다. 남북한방언검색시스템에 '늑대'에 대한 북한 지역의 분포형은 다음과 같은데, 여기서 '호개'가 〈황해〉

(곡산, 신계)에서 나타난다.

그런데 우리나라 북부 지역에는 늑대가 출몰했다는 증거가 없다고 한다. 따라서 '호개'는 늑대가 아니라 '나이 먹은 늙은 호랑이'의 방언형인 '호까지'형과 같은 것이 아닌가 추정하기도 한다. '인전'은 '이제'라는 뜻의 함경도 방언이며, '술막'은 '주막酒幕'이다. 아마 이 시에 등장하는 인물인 사내는 일본 순사들에게 쫓겨 다니는 독립운동 전사일 것이고 또 다른 인물인 전라도 가시내는 전라도에서 유랑하며 밀려온, 이 주막집 작부酌婦로 일하는 여자일 것이다.

너를 만나기 위해 내 가슴에는 '온갖 방자의 말을 품고' 달려왔다는 말에서 '방자'란 '방자放恣스러운'으로 해석될 만하다. '눈포래'는 '삽살개 짖는 소리/눈포래에 얼어붙는 섣달 그믐'(「우라지오 가까운 항구에서」)에서도 나온다. '눈포래'는 '눈보라'의 함경도 방언으로

'눈포래', '눈보래' 등 아래와 같은 다양한 방언형이 있다.

> 눈포래 〈평북〉(태천) 〈평남〉(중화, 평원), 눈보라 〈평남〉〈평북〉(진남포, 강서)
> 〈함북〉(부령), 눈보래 〈평남〉〈평북〉(중화, 평양, 대동, 용강, 강동, 성천, 양덕,
> 맹산, 영원, 덕천, 개천, 순천, 안주) 〈함남〉〈함북〉〈황해〉(송화, 신천), 눈보래
> 비 〈함북〉(경흥), 눈포래 〈평남〉(순천, 대동) 〈평북〉(태천) 〈함남〉(고원)
>
> —세종계획(2003), 남북한방언검색시스템

제4연은 서정성이 매우 돋보이는 부분이다. 지금은 눈보라가 휘몰아치지만 전라도 가시내가 북간도로 밀려온 석 달 전만 해도 가을 단풍으로 물든 산천을 보면서 이곳으로 밀려든 슬픔에 '치마폭(초마폭)'으로 얼굴을 가리던 순박한 처녀의 모습이 눈 앞에 훤히 펼쳐지는 듯하다. '두루미처럼 울어 울어'에 대해 그 주체가 '전라도 가시내'인지 '기차'인지 구분되지 않는다. 다만 울음 우는 주체를 가시내로 보는 것이 더욱 애절할 것으로 보인다. 따라서 고향을 등진 한 여인의 슬픔의 눈물은 두 날 두 낮 동안 울고 울어 '불술기 구름 속을 달리는 양 유리창이 흐리더냐'로 이해된다. '불술기'는 함경북도 지역에서 일반적으로 널리 쓰이는 방언으로 '기차'를 뜻한다. 석탄을 때어서 달리는 화차火車인데 '술기'가 함경도 방언에서는 '수레'이니 '불(火)＋수레(車)'로 분석되는 기차를 뜻한다. 소나 말이 끄는 '우마차'를 '쉐술기'(쉐(牛)＋술기)라 하는데 '쉐'가 '불'로 대체되어 만들어진 방언이다. 개화기에 일본과 중국에서 각각 차용된 '기차'와 '화

륜차'가 널리 쓰인 점을 고려하면 '불술기'는 순수 고유 방언형으로 만들어진 문명어이다.

제5연은 떠돌이들의 우연한 만남이 이루어지는 로맨틱한 장면이지만 제6연의 이별을 전제로 한, 헤어지지 않을 수 없는 이별의 비애를 깔고 있어 더욱 애절하다. 울듯 울듯 하지만 울지 못하는, 세파에 이미 시달릴 대로 시달린 가시내에게 해 줄 수 있는 것이라곤 '두어 마디 너의 방언으로 때 아닌 봄을 불러' 주는 일이다. 그 따뜻한 봄날 뛰놀던 너의 나라, 너의 고향으로 잠깐만이라도 돌아가란다. 고향을 쫓겨나듯이 뒤로 버린 그들의 외로움을 치유해 줄 수 있는 유일의 수단인 방언으로 서로의 존재를 확인하고 교신하는 일이다. 얼음길이 밝으면 눈보라 휘감아 치는 들판을 '우줄우줄' 나서서 운명적으로 기약 없이 이별을 할 수밖에 없는 참으로 답답하고 참혹한 인연이 그들 앞으로 서서히 다가서고 있다. 이러한 이별은 이 시에 등장하는 두 인물 사이의 이별인 동시에 그 시대를 살아간 한반도에서 내팽개쳐진 민중들 간의 이별인 것이다.

이 시에서 전라도 가시내의 방언과 함경도 사내의 함경도 방언은 두 개의 적대적의 힘인 동시에 두 개가 한 곳으로 쏠리는 중력의 힘으로 작용한다. 시인 이용악이 이 시에서 의지하고 있는 방언은 출구도 없고 미래도 없는, 눈포래가 대지를 뒤덮고 있는 들판을 쓸쓸히 걸어가는 사내와 같은 민중들의 언어다.

고전 속에 나타난 어문 생활

어문 생활의 연구 자료를 굳이 국어학 영역의 자료로만 고집할 이유는 없다. 조동일(2003)은 어문 생활사의 영역을 "어문 생활사는 국어사와 국문학사를 포함한 더 넓은 영역이라고 해도 좋다. 어문 생활사는 언어·문학·역사를 함께 다룬다고 적극적으로 규정하는 것도 가능하다."라고 제안하면서 보다 폭넓은 사료들을 활용할 필요가 있음을 역설하고 있다.

어문 불일치의 상황에서 외교적인 소통을 위해 통문通文과 통어通語 두 가지 방식으로 의사소통을 했다. 특히 동아시아에서는 통문은 한문으로 쓴 글을 주고받는 방식이다. 공식문서인 국서國書를 써 가지고 가고, 사사로이 만나 필담筆談을 하거나 한시를 주고받는 방식이다. 통어를 하는 행위를 통변通辯이라고 했다. 통문 담당자가 말을 하고자 하면 역관의 통변 신세를 져야 했다.[12]

명나라 기행 자료인 『조천록朝天錄』이 140여 종, 청나라 기행자료인 『연행록燕行錄』이 290여 종이 전하는 것으로 확인되며, 일본 기행문 『해사록海槎錄』 등을 통문 자료로 활용할 수 있다. 『조천록朝天錄』을 국문으로 옮긴 『조천록』 또는 『수로조천록』, 『갑자수로조천록』, 김창업金昌業의 『연행일기』, 박지원朴趾源의 국역본 『열하일기熱河日記』, 홍

대용洪大容의 『담헌연기湛軒燕記』, 국문 『을병연행록乙丙燕行錄』, 서유문徐有聞의 『무오연행록戊午燕行錄』 등의 자료를 통해 어문 생활의 모습을 살펴볼 수 있다.[13] 유의양은 1771년(영조 47년)에는 경상도 남해도로, 1773년(영조 49년)에는 함경도 종성으로 두 차례 귀양을 갔던 일을 국문으로 기록해 『남해문견록南海聞見錄』과 『북관노정록北關路程錄』을 남겼다. 경남 남해의 방언과 함경도의 방언이 서울말과 어떻게 다른지를 『북관노정록』에 "여기에 사투리를 후에 보도록 약간 기록한다."고 하고서 30여 개 어휘를 소개했다.

> 어미를 워미라 하고, 형을 형애라 하고, 오라비의 처를 올집어미라 하고, 아우는 더런이라 하고, 도토리를 밤이라 하고, 밤은 참밤이라 하고, 호박은 동화라 하고, 동화는 참동화라 하고, 수수는 숙기라 하고, 옥수수는 옥숙기라 하고, 천둥소리는 쇠나기 운다 하고, 장마 지면 마졌다 하고, 강가를 개역이라 하고, 병아리는 뱡우리라 하고, 꿩의 새끼를 질우개라 하고, 솔개를 술개라 하고, 닭 부르기는 죠죠하고, 돼지 부르기는 오루러 하고, 돼지새끼는 꼴꼴 하고, 고양이를 곤냥이라 하고, 망아지 부르기는 허허 하고, 황소는 둥구레라 하고, 벙거지는 털갓이라 하고, 그저갓은 빗갓이라 하고, 홍두깨는 다드밋대라 하고, 괭이는 곽지라 하고, 머리댕기는 당긔라 하고, 체는 채라 하고, 바삐 걸으라는 말은 재오

걸으라 하고 또 종종 걸으라고도 하고, 오색빛을 일컫기는 홍색은 발가
가라 하고, 청색은 퍼러러라 하고, 황·백·흑색들은 누러러·허여여·검
어어라 하여 말을 거듭 이르고, 다섯을 닷쾌라 하고, 여섯은 엿과라 하
고, 일곱은 일쾌라 하고, 가져오라는 말은 개야오라고 하더라.

―유의양,『북관노정록』

18세기 경남 남해에서부터 북의 함경도에 이르기까지 방언의 차이가
그렇게 격심하지는 않았음을 알 수 있다. 조동일(2003)은 "전국에서 같
은 말을 사용하게 된 언어 통일 과정은 특히 중요한 연구 과제이다.
1930년대에 맞춤법을 통일하고, 표준어를 사정하자 비로소 그렇게 된
것은 아니다. 그 전에도 지역에 따른 언어 차이는 그리 크지 않았다."라
는 주장의 근거로 "시조는 물론이고, 가사의 경우에도 전라도 사람 송
순宋純, 경상도 사람 박인로朴仁老의 작품에서 사용된 말이 서로 크게 다
르지 않다. 국문소설은 전주에서 간행된 완판본까지도 언어가 거의 통
일되어 있다. 1900년대의 신문이나 잡지에 충청도 사람 신채호申采浩,
전라도 사람 이기李沂, 경상도 사람 장지연張志淵, 황해도 사람 박은식朴
殷植이 쓴 글에서도 방언 차이를 찾아내기 어렵다."를 제시하고 있다.

조동일(2003)은 언문과 진서와 관련 있는 다양한 문헌자료를 소개
하고 있다. 1708년경에 이루어졌다고 추정되는『요로원야화기』에
'진서'는 못하더라도 '언문'을 잘 해서 시골 마을에서 '결복結卜'을 마
련한다고 하는 김호수金戶首라는 인물이 소개되어 있다. 사설시조에
"낮이면 농사를 짓고 정방중이면 언문자諺文字나 뜯어보고" 하느라고

시간이 없다고 하는 머슴의 말을 전하는 내용과 김려金鑢(1766~1822)는 「고시위장원경처심씨작古詩爲張遠卿妻沈氏作」이라는 시의 한 대목을 조동일 교수의 원문 그대로 예를 들었다.

여섯 살에 실 자을 줄 알고, 일곱 살에 언문을 깨쳤네. 여덟 살에 윤기 흐르는 까만 머리, 언니 본떠서 혼자 빗질을 하네. 밝은 호롱불 아래 앉아, 사씨전을 낭랑하게 읽으면, 선들바람이 귀여운 목소리 실어 쨍그렁 구슬 깨지는 소리로다. 아홉 살에 천자문 알고, 열 살이 되어서는 가사를 깨쳐 산유화 짧은 가락을 목을 뽑아 애처롭게 부르네.
(六歲識繰絲 七歲通諺書 八歲髮點漆 學姉能自梳 時向華燈下 朗吟謝氏傳 微風送逸響 琮琤破玉片 九歲辨晉字 十歲曉歌詞 短闋山有花 延囀盆淒其)

비록 여성이더라도 한글을 깨쳐서 소설을 읽으면 천자문도 깨쳐서 알 수 있다고 말하고 있다.

문학 작품에 나타난 지역 방언[14]

시인이나 작가를 언어의 연금술사 또는 언어의 창조자라고 부른다.

---

14) 강원도 방언은 21세기 세종계획 한민족정보화 성과 가운데 책임자 박성종 부분을, 전라도 방언은 책임자 이태영 부분을, 충청도 방언은 책임자 박경래 부분을, 제주도 방언은 책임자 강영봉 부분을 활용하였다.

문학 작품에 나타나는 언어는 기존의 언어 질서를 깨뜨리는 동시에 새롭게 구축하는 참으로 모순된 모습을 보여준다. 문학 언어는 작가가 새롭게 만들어 낸 개인어이거나 토속적인 지역 일상어일 때가 많이 있다. 다시 말하자면 문학 언어는 그 자체가 하나의 창조적 결과물이요 주술적인 언어라 할 수 있다. 이제 개별 지역에 따라 사용된 다양한 방언이 어떤 무늬로 작품 속에 직조되어 있는지 살펴보도록 하자.

강원도 방언

김유정의 작품에 나타나는 '매댁질'과 '살매들다'라는 방언은 정감 어린 강원도 말씨이다. '매댁질'(방금 아내가 잔뜩 끌어안고 매댁질을 치고 있을 게니 이건 오매 부득이다. ―「솥」)은 '매대기', 즉 '정신없이 아무렇게나 하는 행동'을 말한다. 이는 '매닥질'이라도 한다. '매대기'는 '반죽이나 진흙, 똥 같은 것을 함부로 아무 데나 바르는 짓'을 이르기도 하는데 이 경우 '매댁질치다', 또는 '매닥질치다'라고 한다. 또 '살매들다'(이따금 생각나는 듯 살매들린 바람은 논밭간의 나무들을 뒤흔들며 미쳐 날뛰었다. ―「소낙비」)는 보통 '미치다'라는 뜻으로 많이 쓰인다. 이는 표준어 '살마煞魔'에 '끼이다', '씌이다'와 같은 형태가 결합된 것으로 '정신이 나가서 미치다', 또는 하는 짓이 '몹시 바보스럽다'는 뜻으로 주로 쓴다. 강원도 강릉에서는 현재에도 이 말을 주변에서 쉽게 들을 수 있다. 김유정의 소설에 나타난 '골피'(골피를 찌푸리어 데퉁스레, "빌어먹을 거? 왜 이리 무거!" ―「땡볕」)라는 낱말은 이마에 나타나는 주름살을 말한다. 때론 '이마'를 '골피'라 하기도 한다. 강원도 방언에서 ‘이마’ 또는 ‘이맛살’을 이르는 말로 ‘골피’ 외에 ‘마빡’이나 ‘이마쭈름쌀’이 있다. 주름살을 뜻하는 ‘골피’는 동사 ‘찌푸리다’와 통합하는 경우가 많으나 (골피를 찌푸리며 두 어깨가 으쓱하고 우그러들만치, 그렇게 그 시간의 위협이 두려워진다. ―「밤이 조금만 짧았더라면」) 때로는 ‘접다’와 통합하여 사용되기도 한다.

김찬윤의 작품에 나타나는 ‘그닿하우야아’(대감님요 우째 그닿하우야아/ 한양으로 가시더니/ 매연과 소음에 변질되셨는감. ―「오염되셨군요」)라는 방언은 ‘어찌 그럴 수 있습니까’라는 의미로, 강원 지역에서 일상적으로 빈번하게 사용되는 낱말이다. 특히 ‘야’나 ‘야아’와 같은 경우는 특별한 의미를 가지지 않으면서도 ‘어서오우야아’, ‘반갑소야’와 같이 말끝에 붙여 쓰는 경우가 많다. 이 ‘야’는 어떤 말에 대한 응답으로 ‘예’ 대신 쓰기도 한다.

강원도 가운데 영동 지역, 특히 삼척 지역에서 많이 사용하는 방언인 ‘나물과주다’(이놈을 고만에 나물과준다. ―『한국구비문학대계, 2-3』)는 ‘나무라다’의 뜻이다. 이는 어떤 잘못에 대하여 가볍게 꾸짖어 알아듣도록 하거나, 흠이나 부족한 점을 지적하여 주는 정도의 의미를 가진다. 또 ‘자박세이’(또 이놈이 지 어미의 자박세이 끄들어 엎었다 났다 막 이래. ―『한국구비문학대계, 2-8』)는 표준어 ‘머리채’를 말한다. 이는 ‘길게 늘어뜨린 머리털’을 이르는데 ‘호박세이’라 하기도 한다. ‘자박세이’는 ‘자박셍이’로 발음하기도 하고, ‘자박세~이~’와 같이 발음하기도 한다. ‘~’는 콧소리를 표시하는데 노년층의 경우는 이 소리를 자연스럽게 내고 있으나 장년층 이하 청소년층에서는 잘 사용하지 않는다.

경상도 방언

경상도 방언이 반영된 김동리의 「바위」에서 "고맙습니더. 천지신명 우리 신주님, 인저 이 불쌍한 년의 소원을 드러 주실라캄니꺼, 고맙습니더. 고맙습니더."에서 어미 '-니더', '-니꺼'와 같은 경북 방언의 종결어미 형태를 확인할 수 있다. 김원일의 『불의 제전』에서 "오히려 큰짐 덜었다고 생각해라."에서 '큰짐'은 '책임'의 의미로 사용되고 있다. 이문열의 『변경』 중에 "그건 글코- 야야. 차라리 내일 아침 첫차로 나가제. 이십리 길도 마딘데. 걸어보지도 않은 니가 어예 걷는다꼬……."에서 '마디다(절약이 되어 잘 소모되지 않다)'와 같은 낱말의 의미를 다른 지역 화자라면 방언 사전 없이는 해석해 낼 수가 없다.

박경리의 작품에는 경남 통영 방언이 많이 남아 있다. '배슬다'(열 달 배슬려 낳은 제 자식이라고 다 그럴까. 우리 홍이 장개갈 때까지, 늘 그래 쌌더마는 며느리 손에 밥 한 끼 못 얻어묵고, 공 안 든 임네는 며느리 시중받아감서 죽었는데. ―『토지』)라는 낱말은 '아이를 배다'를 나타내는 방언인데 '배(다)＋슬다' 혹은 '배(에)＋슬다'라는 구성으로 이해할 수 있다. '슬다'는 '벌레나 물고기 따위가 알을 깔기어 놓다'라는 의미의 말이다.

국어 정서법이 정착되지 않았던 1920년대에 주로 작품을 발표했던 민족 저항시인 이상화의 시에는 '짬'(미친개 꼬리도 밟는 어린애의 짬 없는 그 마음이 되어/ 밤이라도 낮이라도 ―「시인에게」)과 같은 대구 방언이 고스란히 남아 있다. 「비를 다고」, 「시인에게」, 「빼앗긴 들에도 봄은 오는가」, 「병적 계절」 등에 나타난 '쌈'이란 방언은 "어떠한 일이 일어난 영문이나 사건의 앞과 뒤"(이상규, 1999)라는 의미로 해석된다. 그런데 정한모·김용직(1975)의 『한국현대시요람韓國現代詩要覽』에서는 '쌈'에 대한 대구 방언의 의미를 '셈'으로 교열하기도 하였다. 대구·경북 방언에서 '쌈'은 '영문', '사리분별', '철', '겨를' 등의 여러 의미로 사용될 수 있는 만큼 의미영역이 넓다. 이 '쌈 없는'이라는 시어는 '아무 영문도 모르는' 또는 '사리분별을 하지 못하거나 철이 없는'이라는 의미로 사용되었다. 그 외에도 문맥에 따라서 '시도 때도 없는'이라는 의미로 사용될 수도 있다.

현진건은 대구 방언 화자이면서 경성에서 신문 기자 생활을 했기 때문에 그의 작품에는 '국해(시궁창의 흙), 데불다, 뒤통시, 몰, 불버하다, 삽작, 엉설궂다, 찰지다, 거진'과 같은 대구 지역 방언형이 매우 자연스럽게 사용되고 있을 뿐만 아니라 '별판'(글세 그게 별판이야. 그래도 그 잔손질 만흔 다보탑을 시작한 것만 별판이지. ―『무영탑』), '찐답잔은'(한 남자와 두 여자! 찐답잔은 일인걸. ―『무영탑』), '노박이'(거기 무슨 일깐이 있어요. 노박이로 비를 맞으실걸 뭐. ―『무영탑』), '진둥한둥'(대감께서 사랑에서 진둥한둥 들어오시더니 마님께 무슨 분부를 내리신 모양이든뎁시요." ―『무영탑』), '감때사나운'(더구나 만일 그이가 아니었든들 그 감때사나운 제자들을 누가 제어를 할 것인가? ―『무영탑』)과 같은 방언들이 나타난다. 어쩌면 표준어 제정 이전에는 지역 방언을 초월하여, 더욱 폭넓은 공통어를 사용했던 단면을 엿볼 수 있다.

청마 유치환의 시에도 경남 방언들이 보석처럼 제 자리를 차지하여 찬연한 빛을 발하고 있다. 「보리누름」이라는 작품에 나타나는 '보리누름'이라는 방언은 '보리가 누렇게 익는 철'을 뜻한다. "보리누름에 선늙은이 얼어 죽는다."는 '보리가 누렇게 익을 무렵에는 따뜻해야 할 것이나 바람이 불고 춥기까지 하므로 더워야 할 계절에 도리어 춥게 느껴지는 때가 있음'을 비유적으로 이르는 말이다. 또한 이른 봄 춘궁기에 덜 익은 보리를 찧어 죽이나 보리밥을 지어먹었는데 이 기간에 '풋보리쌀을 눌러 찧은 것'을 '보리누름'이라고도 하고 이것으로 쑨 죽을 의미하기도 한다. 청마의 시 「입추」의 '쨍이'(쨍이 한 마리 바람에 흘러흘러 지붕 너머로 가고/ 땅에 그림자 모두 다소곤히 근심에 어리이다 ―「입추」)라는 시어에 대해 김재홍(1997)은 '잠자리'의 방언형으로 설명하고 있다. 노천명의 '창변'이라는 시에서도 "쨍이를 잡는 아이들의 모습이"처럼 이 낱말이 나타나고 있다. 그런데 남북한방언검색시스템(2003)에는 '잠자리'의 방언형 '쨍이'가 한 번도 나타나지 않는다. 청마의 시집인 『청마시집』(문성당)에 실린 '씨앗이'라는 작품에 '쨍이'가 또 나타나는데 여기서는 '쨍이＝잠자리'라는 주석을 달아놓고 있으니 '쨍이'가 '잠자리'를 뜻하는 경남 통영 방언임을 분명하게 확인할 수 있다. 청마의 「항가새꽃」에서 '항가새꽃'(어느 그린이 있어 이같이 호젓이 살 수 있느니 항가새꽃/ 여기도 조으이 항가새꽃 되어 항가새꽃/ 생각으로 살기엔 여기도 좋으이/ 하세월 가도 하늘 건너는 먼 솔바람 소리도 내려오지 않는 빈/ 골짜기 ―「항가새꽃」)이라는 방언은 '엉겅퀴'를 의미하는데 이 꽃은 우리나라 전역에 분포하고 있다. '항가새'를 뜻하는 고어형을 '항것괴'(『사성통해』)와 '항것귀'(『훈몽자회』)에서 찾아볼 수 있다. 『중정방약합편』에서도 ‘항가시(大薊)’와 ‘조방가시(小薊)’라는 풀이름이 나타난다. 『만선식물자휘』에도 ‘大薊’(Centaurea monanthos, Georg)를 ‘대계’라 부르며 ‘양홍화’ 혹은 ‘항가새’, ‘엉겅퀴’라고 부르고 있다. 중세 국어형인 ‘항가새’가 ‘항가쿠’, ‘항가꾸’ 등으로 방언 분화를 일으키다가 다시 ‘엉겅퀴’라는 이름으로 변모되는 과정을 확인할 수 있다. 추억 속에 묻혀 버릴 고어형이 지역 방언 속에 이처럼 살포시 감추어져 있지 않는가? 그런데 어찌 표준어가 아니니까 버려도 좋은 방언으로만 치부할 수 있을까?

1930~1940년대 이후 방언을 시 작품에 의도적으로 활용한 대표적인 작가로는 서정주나 박목월을 꼽을 수 있다. 남도의 두 민족적 서정의 계보를 이어 온 시인인 미당과 목월은 각각 호남 방언과 영남 방언을 적절하게 시 작품에 활용함으로써 남도 가락의 흥을 살려내고 있다. 미당과 목월은 전라도와 경상도라는 두 공간과 그 공간을 매개하는 방언을 단순한 소재 차원으로만 활용한 것이 아니다. 이 두 사람이 갖는 공통성은 고향에서 벗어난 생활에서 고향의 토속성으로 회귀하고자 하는 시 정신을 가지고 있었다는 점이다. 이들이 방언을 시적 매개로 삼은 것은 고향에 대한 향수를 표현하기 위함이었다. 이러한 경향은 멀리 떨어진 공간인 고향에 언어라는 매체를 통해 다가서려는 심리적 보상이 가능하기 때문일 수도 있다.

특히 박목월의 『청록집』에 실린 「산도화」, 「란 기타」, 「경상도의 가랑잎」에서는 비교적 많은 방언 낱말이나 방언 문법적 표현을 사용하고 있다. 경주를 중심으로 향토색을 주조로 애틋한 그리움이나 한가

함의 정취를 효과적으로 나타내기 위해서 경상도 방언을 그대로 사용하는 것은 매우 적절한 방법이었다. 박목월이 방언을 선택한 의도성이 잘 드러나는「사투리」라는 작품을 보자.

우리 고장에서는
오빠를
오라베라고 했다.
그 무뚝뚝하고 왁살스러운 악센트로
오오라베 부르면
나는
앞이 칵 막히도록 좋았다.

나는 머루처럼 透明한
밤하늘을 사랑했다.
그리고 오디가 샛까만
뽕나무를 사랑했다.
혹은 울타리 섶에 피는
이슬마꽃 같은 것을……
그런 것은
나무나 하늘이나 꽃이라기보다
내 고장의 그 방언이라 싶었다.

참말로

경상도 방언에는

약간 풀냄새가 난다.

약간 이슬냄새가 난다.

그리고 입안에 마르는

黃土흙 타는 냄새가 난다.

―박목월, 「사투리」

서술어가 과거 시제로 되어 있는 것으로 보아 박목월이 서울 생활 속에서 고향에 대한 그리움의 정서를 나타내기 위해 '사투리'라는 고향 말씨를 소재로 쓴 시임을 알 수 있다. 바로 방언을 향토적 시적 정서, 곧 그리움의 상징으로 '오라베', '칵' 등을 대표적 방언으로 표현하고 있다. 여기서 만일 "앞이 칵 막히도록 좋았다."라는 표현에서 이중모음이 자음 아래에서 단모음화한 경상도 방언형인 '칵'이 아니라 '콱'으로 표현했다면 약간은 우직한 것처럼 느껴질 수도 있는 절묘한 경상도 방언의 맛깔을 느끼지 못하리라. 3연의 '방언＝풀냄새 (취각)＝이슬냄새(취각)＝황토흙 타는 냄새(시각, 취각)' 등식은 방언을 시어에 활용한 의도성을 적절하게 드러낸 것이다. 목월은 시에 방언을 사용함으로써 경상도 사람들의 정감과 심성 그리고 자신의 고향에 대한 그리움과 고향의 색채와 냄새까지도 하나의 풍경으로 형상화하는 데 성공하고 있다. 고향에 대한 그리움은 바로 청각과 시각 그리고 미각과 취각까지 일치하는 방언으로 나타낼 수밖에 없을 정도로 절박한 것일 수 있다. 만일 이러한 시적 표현을 표준어로 바꾸어 놓는다면 목월이 시도하고자 했던 의도와는 전혀 다른 것이 될 수밖에 없을 것이다.

목월의 시에서는 기층민들의 삶의 애절함을 향토적인 언어로 표현함으로써 훨씬 큰 반향을 일으킬 수 있었다. 가난한 무지랭이 기민층의 삶을 가장 인간적인 모습으로 표현한 절창의 시가 있다. 아버지 제사상 앞에 엎드려 있는 우리의 이웃, 만술아비의 삶의 애환을 노래한 「만술 아비의 축문」이 바로 그것이다. 이 작품은 단순히 고향의 방언만을 사용한 것이 아닌 고향의 인물, 그리고 기층민의 삶의 모습까지도 방언을 통해 형상화함으로써 '고향의 공간에서 방언의 정신을 체화한 인간형과 그들이 사는 공간의 구체적이고 전체적인 성격을 극적인 양식으로 구축'(손진은, 2003)하고 있다. 이처럼 목월은 변방 언어인 방언을 과감하게 시의 중심부로 끌어올림으로써 방언의 일상 사용자인 민중들의 삶을 시의 전면에 부각시키는 동시에 고향의 향토적 삶의 내부에서 자신의 실존적 위상을 확인하고 있다.

아베요 아베요
내 눈이 티눈인걸
아베도 알지러요.
등잔불도 없는 제상에
축문이 당한기요.
눌러 눌러

소금에 밥이나 많이 묵고 가이소.

윤사월 보릿고개

아베도 알지러요.

간고등어 한손이믄

아베 소원 풀어드리런만

저승길 배고플라요

소금에 밥이나마 많이 묵고 가이소.

니 정성이 엄첩다.

이승 저승 다 다녀도

인정보다 귀한 것 있을락꼬,

망령도 감응하여, 되돌아가는 저승길에

니 정성 느껴느껴 세상에는 굵은 밤이슬이 온다.

—박목월, 「만술 아비의 축문」

 "아베요 아베요/ 내 눈이 티눈인걸/ 아베도 알지러요."에서 경상도 속담인 '내 눈이 티눈이다(까막눈, 곧 글자를 읽지 못하는 무식함)'를 활용하는 것이며 서술어 '알지러요, 배고플라요, 가이소, 엄첩다, 있을락꼬' 등 풍부하게 방언을 구사하는 방식으로 머슴살이하는 만술 아비의 가난과 무식함, 그리고 기층민의 한과 서러움을 고스란히 표현해 내고 있다. 특히 '엄첩다'라는 시어는 '제법이다, 기대 이상이다'로 풀이할 수 있는 방언인데 이 시어를 표준어 '제법이다'로 바꾸면 전혀 다른 분위기가 될 것이다. 또한 '아베요 아베요'는 반복을 통해 애절한 호소력을 음악적 운율 효과에 올려 훌륭하게 살려내고 있다. 특히 '내 눈이 티눈이다'가 곧 '글자를 읽지 못한다'는 뜻이라는 것을 모른다면 "등잔불도 없는 제상에/ 축문이 당한기요"라는 대목과의 의미의 호응 관계를 파악하기 힘들다. 곧 내가 무식할 뿐만 아니라 등잔불도 없으니 축문도 가당하지 않다는 의미이다.

목월의 시에는 다른 방언권 화자들이 이해하기 힘든 경상도 방언의 독특한 시어가 작품 곳곳에서 많이 보인다. 그리고 새로운 시어를 만들어서 사용하기도 한다. 「박꽃」이라는 시에는 '아슴아슴, 저녁답, 자근자근'과 같은 낱말이 있다. "흰 옷자락 아슴아슴/ 사라지는 저녁답"에서 '아슴아슴'은 '아슴푸레하다(기억에 희미하거나 또는 잘 보이지 않는 상태를 말함)'라는 방언 형용사의 어간 일부를 떼어 만든 것이다. 「귀밑 사마귀」라는 작품의 '길습한'(길쭉한)이라는 방언형도 마찬가지로 조어 방식이 다른 예이다. 「아가」라는 작품의 "꽃송이가 이울고…… 또한 꿈은 이울고 비맞이 바람에"에서 '비맞이'라는 조어형은 '비 오기 전에 불어오는 바람'이라는 뜻의 앙증맞고 아름다운 조어형이다. '울밖에는 옹당 벌샘'(「부룩쇠」)에서 '벌샘'은 '자연적으로 생긴 샘'을 뜻한다. '벌-'은 '제멋대로, 자연 그대로'라는 의미를 지닌 접두사이다.

목월의 시 작품에는 경상도 토박이 화자가 아닌 경우는 물론이고 토박이 화자인 경우에도 젊은 세대에서는 이해하기 어려운 방언 낱말들이 있다. '미우는'(「눌담」)은 '자루를 박는'이라는 뜻이고 '상기'(「산그늘」)는 '늘'이라는 뜻이며 '쪄서'(「밭을 갈아」)는 '잘라', '베어'

라는 뜻의 방언형이다. '해으름'(「목단여정」)은 '해질 무렵의 해거름' 의 뜻이며 '고누는'(「한정」)은 '겨누는'의 뜻이며 '보얀'(「낙랑공주」)은 '하얀'의 뜻이며 '이내'(「갈밭 마을로 이사를 했다」)는 '곧 바로'라는 뜻 의 부사어이다. '드는데'(「진주행」)는 주어가 '날씨'일 때 '점점 맑아 지는데'라는 뜻이다. '우둘두툴한 경상도 방언'(「눌담」)이나 '설핏한 반달이/ 기운 사창'(「낙랑공주」)에서 특히 경상도의 토속적 냄새가 물 씬 풍기는 '우둘두툴한'이나 '설핏한'이라는 표현은 표준어의 의미로 는 도저히 이 경상도의 토속적인 분위기와 맛깔을 표현해 내기 힘들 다. '우둘두툴한'은 성조가 있어 오르락내리락하는 경상도 말씨를 상 징하며, '설핏한'이란 구름에 가리어 뚜렷하게 보이지 않는 모습을 나타내는 방언이다. '난길로'(「아가」)는 '어려운 길' 또는 '길이 나 있 는'의 뜻으로 해석하기가 쉬운데 실은 그렇지 않다. 경상도 방언에서 '처녀가 바람이 나서 집 밖으로 나가다'라는 뜻으로 '난질가다' 또는 '화냥질가다'라는 방언이 있는데, 이 '난질가다'에서 '난-'과 '-질'이 결합된 '난질'이 역구개음화된 형태가 바로 '난길'이라고 파악해야 한다. 그러니까 「아가」라는 시에서는 '어린 사슴이 제멋대로 집을 벗 어나다'라는 의미로 해석되어야 한다. 그뿐만 아니라 '하롯한'(「나그 네」), '무질레밭 약초길'(「산그늘」)과 같이 그 의미가 분명하지 않은 예들도 있다.

　고어형이 그대로 잔존해 있는 시어형이 나타나기도 한다. '가람' (「임에게」, 「아가」)은 고대 국어의 'ᄀᆞᄅᆞᆷ(江)'이 사용된 예이고, '이울고' (「구황룡」), '이운다'(「폐원」) 역시 고대 국어 '이울다(이볼다)'가 '시들다, 이지러지다'라는 뜻의 경주 방언에 그대로 방언형으로 남아 있음을 보여 주는 예이다. '끄실리고'(「당인리 근처」)는 '그을리다(그슬리다)'라는 뜻인데 이는 경북 방언의 음운사와 깊은 관계를 맺고 있는 낱말이다.

경주 방언은 고대 국어의 중심 지역이었다. '끄실리다'는 '그슬리다〉그실리다'와 같이 고대 국어의 흔적이 고스란히 남아 있는 예이기도 하다. 또한 "소내기가 비롯하는 야반의/ 깊은 침묵을"(「야반음」)의 예에서 '소내기/소나기'에는 움라우트 현상이 적용되었다. 「나그네」에서 '상반밥'(죽기전에 고향산나물을 참기름에 덤북히 무쳐/ 햇보리 상반밥에 팥을 두어 실컷 먹고 싶은게 원이라고 간혹 인편에 전해 오기도 했다. —「나그네」)이라는 시어는 쌀이 부족하던 시절에 집안 어른 분에게만 드리려고 쌀과 보리쌀을 반반씩 섞어 지은 밥을 뜻한다. 「사향가」에 나타나는 '안존하다'(밤차를 타면/ 아침에 내린다./ 아아 경주역// 이처럼/ 막막한 지역에서/ 하룻밤을 가면/ 그 안존하고 잔잔한/ 영혼의 나라에 이르는 것을 —「사향가」)는 사람의 키가 그리 크지 않으며 성품이 조용하고 행동거지도 크지 않고 조용조용한 모습을 뜻한다. 주로 사람의 모습을 표현하는 데 사용되지만 이 시에서는 조용한 상황의 분위기를 묘사하는 데 사용되고 있다.

경상도 방언적 특징을 잘 나타내 주는 종결형도 "보이소 아는 양반 아인기요/ 보이소 웃마을 이생원 아인기요/ 서로 불러 길을 가며 쉬며 그 마지막 주막에서/ 걸걸한 막걸리 잔을 나눌 때"(「적막한 식욕」), "또 왜 왔노 일 안하고 이놈/ 할아버지가 호통을 치면/ —아재요/ 놀아가믄 일도 해야지 안는기요"(「치모」)에서처럼 잘 반영되어 있다. 이처럼 서술어의 활용형에서도 방언적 특징을 드러내 줌으로써 매우 적절한 향토적 분위기를 연출해 내기도 한다.

전라도 방언

전라도를 흔히 예향藝鄕이라고 한다. 전라도 시내 어떤 음식점에 들러도 품격 있는 그림 몇 점은 걸려 있을 뿐더러 전라도 사람과 만나 한잔 술을 나누다 보면 절로 흥겨운 가락이 쏟아져 나오고 그 중 누구라도 판소리 한 자락 정도는 풀어 낸다. 어쩌면 판소리 가락에 담겨 있는 애절한 가락은 전라도 방언이어서 제 맛깔을 가지고 있는 것이 아닐까?

판소리가 전라도에서 발달하게 된 이유 중의 하나는 전라도 방언의 특징 때문이다. 무엇보다도 전라도 방언은 말씨가 부드럽고 입을 적게 벌리고 발음하는 특징이 있다고 한다. 이태영(2006)은 이러한 특징을 "전라도 방언이 10개(또는 9개)의 모음을 가지고 있고, 또 특이한 발음이 없어서 대중들에게 무리가 없이 받아들여지는 특징이 있다. 이러한 특징은 부드러움으로 연결되는데 이 부드러움은 해학과도 관련되고 여유로움과도 관련되어서 판소리에서 그러한 느낌이 조화롭게 발현된다."라고 설명하고 있다.

춘향이 깜짝 놀래, "향단아, 저 건너 누각 위에 선 것이 누구냐?"

"통인 서고 방자 선 것 봉게, 이 고을 사또 자제 도련님인개비요."

춘향이 놀래어, "벌써 나왔겠구나."

"버얼써부터 나왔어라우."

"그러면 픽 보아쌓것다. 부끄러워 어쩔거나. 그만 들어가자."

"아 옛날으 우리 선조들 말씸 안 들어 봤능가? 뼈 빠지게 일히야 먹고사는 벱이라고 힜어. 하루 점드락 일히야 밥 세 끼를 먹었다고. 논일이고 밭일이고 닥치는 대로 일히야 포도~시 먹고 살았당게. 시방 사람들 놀고먹을라고 생각힜다먼 그건 컬(큰일) 나는 생각잉게, 당최 그런 맴을 먹덜 말고 밤새~드락 노력히야여."

속격 '-의'가 '-으'로 '겁~나게, 점~드락, 포도~시, 공~장히, 워~너니' 등과 같은 부사와 '머덜라고리여~, 이거시 머~시다요?' 등의 문장이 보여 주는 장단과 리듬은 판소리의 가락을 형성하는 데 깊이 관련되어 있다.

1930년대 채만식의 소설에는 전라도 방언이 상당히 묻어 있다. 요즘 표준어가 된 말 가운데 '거시기'("아니야 저 거시키 서울아씨 시집 안 보내우?" —『천하태평춘』, "저 거시키 조사나 잘 좀 해보았수?" —『탁류』)라는 전라도 방언이 있다. 국어사전을 찾아보면 '거시기'는 두 가지 기능을 가지고 있다. 하나는 대명사로서 '사람이나 사물의 이름이 얼른 떠오르지 않을 때, 그 이름 대신으로 쓰는 말'이다. 다른 하나는 감탄사로서 '하려는 말이 얼른 생각나지 않거나 얼른 말하기 거북할 때,

그 말 대신으로 쓰는 군말'의 뜻을 가지고 있다. 사전에서 정의된 것 이외에도 전북 방언에서는 '거시기허다'가 쓰인다. 이 '거시기허다' 는 동사를 대신하는 용법으로 쓰인다. 이처럼 전북 방언의 '거시기' 는 대명사, 감탄사로 쓰이고, '거시기허다'는 동사를 대신하는 대동 사로 쓰이고 있다. 이 '거시기'는 명확하지 않은 사물이나 사실을 말 할 때 쓰이고, 명확하지 않은 상태나 동작을 이를 때 쓰는 말이다. 즉 어떤 명칭이나 사실이 떠오르지 않을 때, 어떤 상태나 동작을 이르는 말이 떠오르지 않을 때 쓰는 말이다.

채만식의 『천하태평춘』에 나타나는 전라도 방언 '돌라먹다'(궈년시 리 돈이나 협잡질 헐라닝개루 시방 쫓아 올라와서넌 씩뚝꺽둑 날 돌라먹을 라구 그러지야? ―『천하태평춘』)는 '속이다'라는 뜻이다. '내가 그 사람 한테 돌려서 돈을 잃었다.'와 같은 문장에서는 '돌리다'가 '돌다'라는 뜻으로 쓰인다. '돌라먹다'는 '돌리다'와 '먹다'가 복합되어 복합어 로 쓰이면서 사동사 '속이다'의 뜻을 갖게 된 것이다. '속여먹다'로도 사용된다. '돌라먹다'는 전북 방언에서, '돌라묵다'는 전남 방언에서 아주 많이 쓰이는 낱말이다. 또한 '갱기찮다'(맘대루 말이네 허라구 허 길래 안주어두 갱기찬헌 종(괜찮은 줄) 알구서 그냥 가라구 히였지! ―『천 하태평춘』)는 표준어 '괜찮다'에 대응되는 방언형으로 주로 채만식의 작품에 나타나는데 이 낱말은 전북 군산 방언이거나 채만식이 주로 쓰는 개인 방언(idolect)일 가능성이 크다.

조정래의 『태백산맥』과 『아리랑』에 나타나는 '느자구'(저년이 저거 돈푼이나 쪼깐 있는 부잣집 딸년이라고 느자구 읎이 돈심이면 멋이든지 다되는 줄 아는갑네! ─『태백산맥』, 저런 싹수 머리 없고 느자구 없는 년얼 나가 어찌서 뼛골 빠지게 일혀서 믹에 살리냔 말이요. ─『아리랑』)는 전남 방언에서만 사용되는 방언으로 그 어원이 확인되지 않는다. 전후 문맥으로 고려해 보면 '느자구 없이'는 '느닷없이', '싹수없이'라는 뜻으로 사용된 것같다. 이기갑의 『전남방언사전』에서는 '느자구'가 '니자구'로도 쓰인다고 밝히고 있다. '느자구'는 주로 '느자구 없다'의 구문으로 사용되고 있다. 전북 방언에서는 '느자구'를 거의 사용하지 않고 '싸가지'를 사용하고 있다.

이병천의 『모래내모래톱』과 최명희의 『혼불』에 나타나는 '달챙이'(허기는 달챙이 숟가락 하나라도 빼놓고 가면 거그서 아쉬울팅게. ─『모래내모래톱』, 놋숟가락 닳아진 달챙이가 거꾸로 꽂혀 있어 이상해 보인다. ─『혼불』)는 '놋쇠나 무쇠로 만든, 끝이 상당히 많이 닳은 숟가락'을 의미한다. 이 숟가락은 누룽지를 긁을 때 주로 사용하였고, 닳아서 쓸모가 없게 되면 문고리에 거꾸로 꽂아서 열쇠처럼 사용하던 것이었다.

전라 방언 '매급시'(농사철 당해서 매급시 맘 들뜨지 말고 두렛일 소홀허게 말그라. 잉? ─『혼불』), '맥엄씨'(나넌 고런 짓거리 헌 일 읇소. 맥엄씨나 화나게 맹글지 말고 다시는 고런 넋빠진 소리 씨불대지 마씨요. 전화 끊소. ─『태백산맥』)는 표준어 '맥없이'에 대응되는 방언형이다. 최명희의 소설에서는 '매급시'만 쓰이고 있고, 조정래의 소설에서는 '맥엄씨'가 주로 쓰이고 있다. 전북과 전남의 방언 차이를 보여주는데 '매급시'는 '없다'가 '읇다'로 발음되어 나오는 현상으로 보인다. 실제대화에서는 '매럽시'도 많이 쓰이고 있다.

조정래 소설에 나오는 '매시랍다'(보름이 저사람 손끝도 매시랍고, 이 문도 톡톡허다고 허든디. ―『아리랑』, 이 문딩아, 금메 니년 몸땡이 크게 타고나고 손끝 매시라운께 그놈에 성질만 죽임사 일등가는 질쌈 선수가 된다니께. ―『태백산맥』)는 전남에서 주로 쓰이는 방언형으로 '맵시가 있다, 솜씨가 좋다'라는 뜻을 가지고 있다. '매시랍다'라는 낱말이 '솜씨가 매시랍다, 손끝이 매시랍다'는 표현으로 많이 쓰이고 있는 걸로 보아 '솜씨가 좋다'는 뜻으로 해석된다.

전라 방언에는 '꽤 많다'의 의미로 형용사 '솔찬하다'(오늘도 솔찬히 찔랑갑는디, 싸게 모판부텀 뜨드라고. 한 여자가 말하며 머릿수건을 고쳐 맸다. ―조정래 『태백산맥』, 근디 듣기가 솔찮이 좋은디 그러내요잉! ―이병천『모래내모래톱』)가 쓰인다. 전라 방언의 대표적인 낱말인 '솔찬히'는 '솔찬하다'의 부사형이다. '많다'의 의미와 '대단하다'의 의미를 가지고 있기 때문에 아주 다양하게 쓰이고 있다. 표준어로는 '상당하다'에 해당하는 것으로 보인다.

전라 방언 '옴시레기'(근디 누구는 남원산성 그 거창헌 거이 입 안으로 옴시레기 들왔다고 허고이. ―『혼불』, 이렇게 옴시레기 비어 버린, 제 숨소리가 메아리로 울릴 지경인, 괴괴한 마을은 상상도 해 본 일이 없었던 것이다. ―『혼불』, 묏동 속으가 옴시레기 도레도레 찌고 앉었는 꼴이 될랑가 어쩔랑가. ―『혼불』)는 부사로 최명희의 소설에서만 나타난다. 대체로 전라도에서는 '옴싹'이라는 말을 많이 쓴다. '모두, 전부'와 유사한 낱말이다. 최명희는 이 낱말을 대화체에서뿐만 아니라 지문에서도 많이 사용하고 있다. 전북 방언의 '우세두세'(사랑마당에서 우세두세 웅성거리는 소리가 들리더니 상머슴이 고한다. ―『혼불』, 바깥은 조금 아까까지도 우세두세 소란하던 것이 어느 사이 그치고 고요하다. ―채만식, 『아름다운 새벽』)는 부사로 쓰이는데 '두런두런'과 같은 의미를 갖는다. 여러 사람이 모여 내는 작은 소리나 그 모습을 나타내는 부사로, 전북 방언을 보여 주는 작품에서만 발견된다. 동사로 '우세두세하다'가 쓰이고 있다. 이는 표준어의 '두런두런하다'와 의미가 유사하다.

김서령(2006:27)의 『김서령의 家』라는 수필집에 나오는 전남 나주 죽설헌에 살고 있는 화가 박태후 씨와의 대화 장면을 보자. "봄에 서령 씨가 만지던 배꽃이 자라서 된 열매요. 쌍다구는 시퍼래도 맛은 괜찮을 거요, 먹고 더 달라고는 마쇼, 잉."이라는 대목은 일상의 생생한 구어체 모습을 그대로 보여 준다. '쌍다구'라는 낱말은 '생김새' 또는 '생긴 모양을 낮추어 이르는 말'인데 전라 방언의 생생한 모습을 보여 준 예이다. 또한 문말 어미의 '마쇼, 잉'에서 전남 방언 특유의 맛깔을 느낄 수 있다.

충청도 방언

충청도 방언은 말끝을 길게 빼는 바람에 말이 느리듯이 사람들도 느리다고 생각한다. 정지용의 시에 이런 자지러질 듯한 향토색이 깃든 충청도 방언들이 발견된다. 정지용의 「발열」이라는 작품에 나타나는 '애자지게'(아아, 이 애가 애자지게 보채노나!/ 불도 약도 달도 없는 밤,

―「발열」)는 '가엾고 불쌍하여 마음이 아프다'라는 뜻을 가진 '애처롭다'와 '자지러지게', '자지러지도록'의 뜻을 지닌 '자지게'가 합쳐진 꼴로 쓰여 어떠한 정도가 아주 심한 상태에 있음을 나타낸다.

정지용의 시 「향수」는 이동원과 박인수가 노래를 불러 우리에게 널리 알려진 작품이다. 이 작품 속에 나타난 '얼룩빼기'(얼룩배기 황소가/ 해설피 금빛 게으른 울음을 우는 곳 ―「향수」)에 대한 해석에 논란이 많았다. 『표준국어대사전』에는 '얼룩빼기'를 '겉이 얼룩얼룩한 동물이나 물건'으로 풀이하여 물건이나 동물에 다 쓰이는 것으로 설명하고 있다. 그래서 마치 우유를 제공하는 외국에서 유입된 홀시타인과 같은 얼룩소로 해석하여 우리 정서와 맞지 않다는 논의도 있었다. 그러나 향가 「헌화가獻花歌」에 등장하는 이 소는 제사祭祀의 제물로 사용되던 전통적인 점박이 얼룩소이다. 1960년대 이전에는 우리나라의 토종 황소나 강아지 등에 하얀색 점이 박혀 있거나 하얀 얼룩무늬가 있으면 '얼룩배기'라고 하였다. 우리나라에서 얼룩빼기라고 하면 머리 앞부분이나 배 부분, 발목, 어깨, 꼬리 부분 등의 털빛이 희어서 누런 바탕에 하얀 얼룩이 있는 소를 뜻했다. 얼룩무늬가 있는 우리나라의 토종소를 '얼룩소, 얼럭소, 얼럭배기, 칡소'(온몸에 칡덩굴 같은 어룽어룽한 무늬가 있는 소) 등으로 불렀으나 요즈음에는 거의 찾아보기 어렵고 중국 등지에서나 볼 수 있다. '얼룩배기(얼룩빼기)' 또는 '얼룩소'는 머리나 몸에 하얀 점이나 무늬가 적게는 한두 개부터 많게는 여러 개까지 박혀 있다. 충청도에서는 소의 머리 한 가운데 흰 점이 하나 박혀 있는 소를 특별히 '쇠골배기'라고도 한다.

홍명희의 『임거정』에 나타나는 ‘질삐’(함진 아비의 질삐와 갓고 내행 보교의 얼기와 가튼 무명끄트로 아래 우를 동여 매는데 잡아 매엇다. ―『임거정』)는 ‘지다’의 관형사형 ‘질’과 끈을 나타내는 ‘삐’가 합성된 낱말이다. 지게에 매여 있는, 지게를 지는 끈을 ‘밀삐’라고 하는 것과 마찬가지로 짐을 지기 위하여 짐에 매어 놓은 끈을 ‘질삐’라고 한다. 이와 비슷한 말로 ‘고삐’가 있다. 이 때의 ‘-삐’는 ‘끈’을 뜻하는 접미사로 파악된다.

이기영의 『고향』에 나타나는 ‘강심사리’(그들은 인제 강심사리에 늙어서 내외 싸움도 지치고 말었다. 싸움도 어지간해야 하지 않는가. ―『고향』)라는 방언은 강한 마음을 뜻하는 ‘강심强心’과 ‘살다’의 어간 ‘살-’에 명사 파생 접미사 ‘-이’가 결합된 ‘살-+-이’로 분석된다. 따라서 ‘강심사리’는 강한 마음으로 고되게 꾸려가는 살림살이를 뜻한다. ‘고생살이’라는 낱말과 비슷한 말이다. ‘굅마리’라는 방언은 바지의 허리를 접어서 여민 사이를 뜻하는 표준어 ‘고의춤’을 의미하는 충청도 방언이다. 예전에는 바지를 입고 헝겊 허리띠를 매었다. 바지가 내려가지 않도록 바지의 허리 부분을 접어서 여미는데 허리띠를 매기 위해 그 여민 사이를 ‘굅마리’라고 한다. ‘굅마리’와 ‘허리띠’가 혼태형인 ‘괴리띠’라는 방언이 충청도와 경상도 접경 지역에서 나타난다.

이문구의 『으악새 우는 사연』과 『장한몽』에 나타난 ‘뎁세’(“다 나두 생각이 있어 내논 겐디 뎁세 나를 트집혈류?” ―『으악새 우는 사연』)는 ‘도

리어'에 대응되는 말이다. '뎁세'는 예상이나 기대 또는 일반적인 생
각과는 반대되거나 다르게 행동하는 경우에 주로 쓰인다. 요즈음 신
세대들이 쓰는 말 가운데 '뎁다 큰소리 친다'와 같은 표현이 있는데
여기에 쓰인 '뎁다'도 '뎁세'와 마찬가지로 '도리어, 오히려'의 의미
로 쓰인다.

다음은 이문구의 『관촌수필』의 일부이다. 그가 충청 방언을 가장
많이 활용한 작가로 알려있듯이 이 소설을 분석하면 충청 방언의 특
징을 파악할 수 있을 만큼 다양하고 생생한 방언을 구사하고 있다.

"이애야, 이 왕솔은 토정 할아버지께 짚고 가시던 지팽이를 꽂아놓셨는
디 이냥 자란 게란다. 그쩍에 그 할아버지 말씸은, 요 지팽이 앞으루 철
마가 지나가거들랑 우리 한산 이씨 자손들은 이 고을에서 뜨야 허리라
구 허셨다는 게여……그 말씸을 새겨드러 진작 타관살이를 했더라면
요로큼 모진 시상은 안 만났을지두 모르는 것을……." (p.13)

"그래 너는 몇살이나 되었다더냐?" (p.19)

"지 에미가 그러는디 제년이 작년까장은 제우(겨우) 여섯 살이었대유.
그런디 시방은 잘 몰르겄슈." (p.19)

"늬가 늬 나이를 모른다 허느냐?" (p.19)

"예, 위떤 이는 하나 늘어서 일곱 살이라구 허던디 또 누구는 하나 먹었
응께 다섯 살이라구 허거던유." (p.20)

"그렇다구 밭이다 모이(묘)를 써유? 할아버지는 돌아가는 게 좋신모냥
이네유." (p.22)

제주도 방언

현길언의 소설 『용마의 꿈』에 나오는 '안가름'(강남江南 천자국天子國 안가름 김정승 댁에서 솟아나신 총맹스런 세 부인입니다. —『용마의 꿈』)은 마을 이름이다. '-가름' 또는 '-카름'은 '가르다(分)'의 의미를 가지고 마을 이름의 접미사로 사용된다. 곧 동쪽에 위치하면 '동카름', 서쪽이면 '서카름', 중앙이면 '안가름' 또는 '안카름'이라 하고, 방위와 관계없이 바다 쪽이면 '알카름', 한라산 쪽이면 '웃카름'이라 부른다. 또 '그신새'(나는 어머니 등 뒤에 달라붙어 누운 채 그 도깨비를 생각한다. 저건 틀림없이 그신새 귀신일 거야. —『지상에 숟가락 하나』)라는 낱말의 뜻이 무엇일까? '그신＋새'로 분석되며, '새'는 한자어 '邪'에 해당한다. 사악함을 쫓는 것을 '새두리다'라고 하는데, '새두리다'의 '새'가 바로 이것이다. 허약한 사람에게 잘 나타난다고 생각하고 있다. 현기영의 소설에 '곤밥'(어린 시절에도 파제 후 '곤밥'을 몇 숟갈 얻어먹어 보려고 길수형과 나는 어른들 등뒤에서 이렇게 모로 누워 새우잠을 자곤 했다. —『순이 삼촌』, 곤밥(흰쌀밥)으로 손님 대접해여마씸. —『변방에 우짖는 새』)이 자주 등장한다. 이 '곤밥'은 '고운밥'에서 왔을 것이고 쌀밥은 잡곡밥보다 빛깔이 곱다고 생각한 언중들의 사고가 만들어낸 어휘다. '곤(麗)＋밥(飯)'으로 구성된 낱말로 잡곡을 섞지 않고 흰쌀로만 지은 밥을 말한다. 평소에는 잡곡밥을 먹다가 제사밥으로만 이 '곤밥'을 지어 올렸던 것이다.

제주도는 삼다의 섬이라고 한다. '돌'과 '바람'과 '여자'가 많은 외로운 섬, 끊임없이 불어오는 대양의 바람을 문충성은 이렇게 표현하고 있다. "샛바람/ 갈바람/ 마파람/ 하늬바람/ 동마바람/ 서마바람/ 갈하늬/ 높새/ 높바람/ 높하늬/ 건들마/ 도껭이/ 도지/ 강쳉이/ 양도새/ 바람주제/ 놀/ 모든 제주 바람들 한데 모여 사는 곳"(「허공」). 여러 종류의 바람 이름이다. 이 가운데 특히 '도껭이'라는 바람의 이름은 무엇일까? 이 '도껭이'는 '도(回)＋ㅅ＋궹이'로 분석되어 '회오리 바람'임을 짐작할 수 있다. 동풍을 '샛ᄇ름', 서풍을 '놋ᄇ름', 남풍을 '마ᄇ름', 북풍을 '하늬ᄇ름'이라 하고, '하늬ᄇ름'도 다시 세분하여 '서하늬·놉하늬'로 나누기도 한다.

함경도 방언

이용악의 시에는 함경도 방언이 가로 세로로 직조되어 추억 어린 전경이 펼쳐진다. 이용악의 「낡은집」과 「동면하는 곤충의 노래」에서의 '둥굴소'(항구로 가는 콩실이에 늙은 둥글소/ 모두 없어진 지 오랜 − 「낡은집」)는 '황소'를 의미한다. 함경도에서는 암퇘지는 '피게' 또는 '구래미', '구람때지'라 하고 수퇘지는 '수리', '수렁때지'라 하며 '황소'는 '둥구리, 둥굴소'라 한다. 「낡은집」의 '저릎'(그날밤/ 저릎등이 시름시름 타드러 가고/ 소주에 취한 털보의 눈도 일층 붉더란다 −「낡은집」)은 겨릎 곧 삼의 껍질을 벗겨 낸 하얀 속대를 말한다. 옛날 초가집을 지을 때, 벽을 바르기 전에 흙이 흘러내리지 않도록 이 겨릎을 얽어서 벽을 치고 그 위에 흙을 발랐다고 한다. 뜨물을 가라앉힌 앙금에다가 겨를 섞어 반죽한 것을 겨릎대에 얇게 발라 말린 다음, 불을 붙여 밤에 조명용으로 사용하는 것이 '겨릎등'이다. 경북 북부 지역이나 강원도와 함경도 산간 지역에서는 벽에다 받침대를 만들거나 벽에다가 '코쿨, 코쿤'이라고 하는 벽난로와 같은 구덕을 만들어서 그곳에 이 겨릅대나 관솔을 태워 불을 밝히기도 한다.[15] 연기가 많이 나는 것이 흠이지만 촛불과 같은 정도의 밝기를 가지며 하룻저녁에 대개 서너 개를 쓴다고 한다.

이용악의 '마우재'(울어머닌/ 서투른 마우재 말도 들려주셨지 ―「우라지오 가까운 항구에서」)는 러시아 사람을 뜻하는 중국어 '모재毛材〔mauzai〕'로서 함경도 지역에서 널리 사용된다. 오장환의 시 「고향이 있어서」에도 "나타샤는 마우자 쫓긴 이의 딸/ 나 혼자만 살었느냐"와 같이 '마우자'가 등장한다.

「고독」의 '모초리'(모초리 수염을 꺼리는 허수애비여/ 주잖은 너의 귀에/ 풀피리소리마저/ 멀어졌나봐 ―「고독」)는 남북한방언검색프로그램(2003)에 의하면 '메추라기'의 방언형으로 함경북도나 훈춘 지역에서 '모초리', '뫼추리'와 같이 사용된다고 보고하고 있다. 그러나 이 시에서 '모초리'를 메추라기로 본다면 의미 해석이 전혀 불가능하다. 메추라기라는 새는 닭목 꿩과의 새로서 몸길이 약 18cm 정도가 되는 겨울새이다. 그러나 이 새는 수염이 없기 때문에 '모초리'를 '메추라기'로 해석할 수 없다. 그렇다면 '모초리'란 무엇일까? '모초리'란 털의 한자어인 '모毛'와 '꼬리' 또는 '닳아서 짧아진 털꼬리'의 의미를

---

15) 이상규, 『경북방언사전』, 태학사, 2001.
   코쿨 圐 벽을 움푹 파고 연통을 내어 나무를 태워 벽난로 기능과 더불어 조명 역할을 함. 요새도 안빵 아룻묵 구석 비람빡에 굴같이 생긴 코쿨이라능 기 있데이(봉화)(울진)

가진 '초리'가 결합된 '털꼬랑지'라는 의미의 함경도 방언이다. 허수
아비에게 모지라진 털수염을 다는 것이 어울리지 않듯 '짧은 수염'을
다는 것을 싫어하는 허수아비라는 해석이 적절하다.

　「두메산골」의 '물구지떡'(들창을 열면 물구지떡 내음새 내달았다./ 쌍
바라지 열어 제치면/ 썩달나무 썩는 냄새 유달리 향그러웠다./ 뒷산에두 봇
나무/ 앞산두 군데군데 봇나무 ―「두메산골」)의 물구지는 파나 마늘과 비
슷하게 생긴 야생초 '무릇'의 함경도 방언이다. '물구지떡'은 물구지
(무릇)와 둥굴레의 뿌리를 삶은 다음 여기에 다른 곡물과 섞어 범벅
처럼 만든 떡인데 가랑잎에 싸서 먹는다. '당콩'(당콩 너울은 하늘로 하
늘로 기어 올라도// (중략) // 도망하고 싶던 너의 아들/ 가슴 한구석이 늘
차가웠길래/ 고향아/ 돼지굴같은 방 등잔불은/ 밤마다 밤새도록 꺼지고 싶
지 않았지 ―「고향아 꽃은 피지못했다」)은 '강낭콩'의 함경도와 평안도
방언이며, '너울'은 '너줄', '넌줄'과 함께 함남북에 분포하는 '덩굴'
의 방언형이다. 그러므로 '당콩 너울'은 '강낭콩의 덩굴'이라는 의미
로, 궁핍하고 열악한 환경에 처해진 고향을 비유적으로 표현하는 것
이다.

　이용악의 「금붕어」에서 '반즐하다'(반즐한 돌기둥이 안개에 감기듯/
아물아물 사라질 때면/ 요사스런 웃음이 배암처럼 기어들것만 같애/ 싸늘한
마음에 너는 오시러운 피를 흘린다. ―「금붕어」)는 '손때가 묻어 반질반
질하다'라는 의미이다. '걱정스럽고 불안하다'라는 의미로 함경도 방
언에서는 '오시랍다'가 사용된다. '오시랍다'는 김태균의 『함북방언
사전』과 곽충구(1999)에서도 "어떤 일이 걱정이 되어 근심스럽고 불

안하다"라는 뜻으로 해석하고 있다. '설룽한'(아무을만의 파선도/ 설룽한 니코리스크의 밤도 완전히 잊으셨다 −「풀벌레 소리 가득 차 있었다」)이라는 시어를 이용악은 자주 사용하고 있다. '썰렁하다'는 뜻의 함경도 방언으로 '(서늘한 기운이 있어) 좀 추운 듯하다', '갑자기 놀라 가슴속에 찬바람이 도는 것 같다', '텅 빈 듯이 휑뎅그렁하다'라는 의미로 사용된다.「해가 솟으면」(욕괸 나날이 정영 숨가뿐/ 곱새는 등곱새는)에서 '곱새'와 '등곱새'는 모두 곱사등이를 지칭하는 함북 경성 방언이며, '정영'은 부사 '정녕'의 함경도 방언이다.「밤」에서 '오솝소리'(오솝소리 맥을 버리고/ 가벼이 볼을 만지는 야윈손// 손도 얼굴도 끔찍히 축했으리라만/ 놀라지 말자 −「밤」)라는 말은 참 재미있고 정감 있는 방언이다. 이 '오솝소리'를 윤영천(1988)은 '다소곳'이라고 주석을 달아 두고 있다. 그러나 그보다는 '조용하게(소리없이), 부산을 떨거나 수선을 피지 않고 남모르게 조용조용히'라는 뜻이다. '축하다'는 얼굴이나 몸이 여윈 모습을 뜻하는 방언이다. 경상 방언에서도 '얼굴이 축나다(얼굴이 여위다)'라는 말을 사용한다.

'부부리'(밤중에 부불을 치어든 새의 무리와 −「벨로우니카에게」)는 '부리'의 함경 방언형이다. '장알'(손바닥을 거울인 양 되려다보고/ 버릇처럼 장알을 헨다 −「오늘도 이 길을」)은 손바닥에 생긴 '굳은살'을 뜻하는 함경도 방언이다. 노동에 시달린 자의 손바닥에 새겨진 굳은살이 마치 동그스름한 바둑알 모양과 같다. 무료하게 손바닥을 들여다보며 '장알'을 세는 노동자의 권태와 무료를 잘 드러내 주고 있다. '짜작돌'(짜작돌을 쓸어넣은 듯 흐리터분한 머리에/ 새벽은 한없이 스산하고

―「오늘도 이 길을」)은 '조약돌'의 방언형이다. 함북에서는 '짜갯돌' (온성, 종성, 회령), '짜작돌'(길주)과 같은 방언이 있다. '건치'(피투성 이 된 두개골을 건치에 싸서/ 눈물없이 묻어야 한다 ―「오늘도 이 길을」)는 표준어로는 말 잔등에 올리는 도구를 가리키는 낱말이지만 함경도 방언에서는 '짚자리'의 의미이다. 그러므로 방언을 표준어로 해석하 면 전혀 다른 의미가 될 수밖에 없다. 남북한방언검색시스템(2003)에 는 '짚자리'의 함경도 방언 분화형을 다음과 같이 소개하고 있다.

표준어 / 짚자리

건치 〈함북〉(학성, 학성, 길주, 명천, 무산), 덮까래 〈함북〉(회령), 덮자리 〈함 북〉(종성), 멍디 〈함북〉(경성), 멍석 〈함북〉(명천, 경성, 경흥, 온성, 경원, 무 산), 짚까래 〈함북〉(회령, 무산), 짚깔개 〈함북〉(학성)

―세종계획(2003), 남북한방언검색시스템

'쭝쿠레'(비 새는 토막에 누더기를 쓰고 앉았나/ 쭝쿠레 앉았나// (중략) // 깊어가는 대륙의 밤-/ 미구에 먼동은 트려니 햇살이 피려니 ―「제비 같은 소녀야」)는 '웅크려'의 방언이다. '웅크려' 앉은 모양보다 어감이 더 강하여 더욱 궁색스러워 보이는 효과를 보인다. '백탕'(뜨거운 백탕을 훌훌 마이며 차마 어질게 살아보리 ―「길」)은 배추 따위를 넣지 않고 된 장만을 넣어 멀겋게 끓인 국을 뜻하는 함북 방언이다. '마이며'는 '마시며'의 전형적인 함북 방언으로 음운 변화가 특이한 예이다. 마 음과 몸을 녹이는 음식으로 술과 차 대신에 마시는 '백탕'은 가난한 삶을 형상화하는 데 더없이 큰 기여를 하고 있다. 「하늘만 곱구나」에서 '띠팡'(띠팡을 떠날 때 강을 건늘 때 조선으로 돌아가면 빼앗겼던 땅에서 농사지으며 가 갸 거 겨 배운다더니 조선으로 돌아 와도 집도 고향도 없고 ―「하늘만 곱구나」)을 윤영천(1988)은 '움막'이라 하였으나 곽충구(2001)는 '한 지주가 소유한 토지 지역'을 일컫는다고 보고 있다. '띠팡을 떠날 때'라는 시 구절은 '소작살이를 하던 지주의 관할 지역을 떠날 때'라는 뜻으로 풀이된다. 여기서는 북간도의 중국인 지주의 땅에 살다가 그곳을 떠난다는 의미로 해석되어야 한다.

백석의 시에서는 순박한 향토적인 방언을 최대한 활용하고 있다. 백석이 보여 주는 옛것에 대한 애착을 당시 유행하던 모더니즘에 대한 반발로서 단순한 상고취향上古趣向이라고 폄하해서는 안 된다. 백석 시의 상고적 취향은 고향으로 회귀하려는 구심력의 힘을 발휘하는 도구이며, 백석의 내면세계에 고향을 그리워하는 증후군을 형성했다는 증거이기도 하다. 그의 시를 살펴보면 고향의 촌락 생활의 세목들인 동식물, 민속, 음식 등 전반에 걸쳐 방언 시어들이 군락群落을 형성하고 있다.

한 편의 시 속에서 고향 촌락의 다양한 세목들과 전설적인 설화가 어울려 빚어내는 「가즈랑집」이라는 작품을 중심으로 방언이 어떤 역할을 하고 있는지 살펴보자.

승냥이가 새끼를 치는 전에는 쇠메 든 도적이 났다는 가즈랑고개

가즈랑집은 고개 밑의

산 너머 마을서 도야지를 잃은 밤 짐승을 쫓는 깽제미 소리가 무서웁게

들려오는 집

닭 개 짐승을 못 놓는

멧도야지와 이웃사춘을 지나는 집

예순이 넘은 아들 없는 가즈랑집 할머니는 중같이 정해서 할머니가 마

을을 가면 긴 담뱃대에 독하다는 막써레기를 몇 대라도 붙이라고 하면

간밤엔 섬돌 아래 승냥이가 왔었다는 이야기

어느메 산골에선간 곰이 아이를 본다는 이야기

나는 돌나물김치에 백설기를 먹으며

옛말의 구신집에 있는 듯이

가즈랑집 할머니

내가 날 때 죽은 누이도 날 때

무명필에 이름을 써서 백지 달어서 구신간시렁의 당즈깨에 넣어 대감

님께 수영을 들였다는 가즈랑집 할머니

언제나 병을 앓을 때면

신장님 단련이라고 하는 가즈랑집 할머니

구신의 딸이라고 생각하면 슬퍼졌다

토끼도 살이 오른다는 때 아르대즘퍼리에서 제비꼬리 마타리 쇠조지
가지취 고비 고사리 두릅순 회순 산나물을 하는 가즈랑집 할머니를 따
르며
나는 벌써 달디단 물구지우림 둥굴레우림을 생각하고
아직 멀은 도토리묵 도토리범벅까지도 그리워한다

뒤울안 살구마무 아래서 광살구를 찾다가
살구벼락을 맞고 울다가 웃는 나를 보고
밑구멍에 털이 몇 자나 났나 보자고 한 것은 가즈랑집 할머니다
찰복숭아를 먹다가 씨를 삼키고는 죽는 것만 같아 하루종일 놀지도 못
하고 밥도 안 먹은 것도
가즈랑집에 마을을 가서
당세 먹은 강아지같이 좋아라고 집오래를 설레다가였다

―백석, 「가즈랑집」

「가즈랑집」은 시인의 유년 시절의 추억인 가즈랑 고개의 무당 할머
니와 얽힌 몇 가지 에피소드로 엮어진 서사적 구성을 하고 있다. 첫
째, 산짐승인 승냥이가 있던 그 옛날에는 산적인 도둑이 출몰했던 가
즈랑 고개에 얽힌 전설같은 추억, 둘째, 산짐승이 가축을 물어간 이야
기를 들려주던 신당집 가즈랑 할머니에게 태어나자말자 시렁에 올려
수양아들로 팔렸던 태생의 이야기, 셋째, 시골 토속음식을 얻어먹으
며 따라다녔던 가즈랑집 할머니에 대한 추억, 넷째, 울다가 웃으면 밑

구멍에 털난다는 개구쟁이 어린 시절의 추억이 이 시에 가로세로로 교직을 이루고 있다. 이러한 사건의 그물망 사이에는 토속적인 방언들로 꼭꼭 메워져 있다. 이 시에서는 동물이나 식물 이름, 음식 이름, 가옥 이름, 민속과 관련된 이름 하나하나에서부터, 질병 이름, 놀이 이름에 이르기까지 매우 다양한 평안도 방언들이 나타난다. 마치 평안도 민속어 사전이라고 할 정도의 다양한 토속어가 오롯이 모여서 한 편의 작품을 구성하고 있다.

'가즈랑집'은 쇠메를 든 도둑과 '승냥이'가 출몰할 만큼 외딴 집이다. 승냥이는 몸길이 120~130cm 정도의 개과의 동물로, 큰 개와 비슷하나 개보다 이마가 더 넓고 주둥이가 더 뾰족하며, 꼬리털이 길어 발뒤축까지 내려온다. 마을로 내려와 집짐승을 잡아먹는 무서운 산짐승이다. '개니빠니(개의 이빨), 닭이짖 올코(닭의 깃털을 붙여서 만든 올가미), 덜거기(장끼), 도적괭이(도둑고양이), 마톤(말과 돼지), 매지(망아지), 멧돝(멧돼지), 물닭(뜸북새), 복장노루(고라니. 사슴과에 딸린 짐승), 상사말(야생마), 센개(털빛이 흰 개), 소리개(솔개), 엄지(짐승의 어미), 자즌닭(자주 우는 새벽닭), 짝새(뱁새), 튀튀새(개똥지빠귀), 홍게닭(새벽닭), 홰냥닭(홰에 올라앉은 닭), 또요(도요새)'와 같이 동물이나 새의 이름 외에도 '섶벌(울타리 옆에 놓아 치는 벌통에서 꿀을 따 모으려고 분주히 드나드는 재래종 꿀벌), 버러지(벌레), 구덕살이(구더기), 돌우래(말똥구리나 땅강아지와 비슷하나 크기는 좀 더 크다. 땅을 파고 다니며 '오르오르' 소리를 낸다. 특히 콩밭에 들어가서 땅을 판다), 돝벌기(돼지벌레), 박각시(박각시나방), 번디(번데기), 자벌기(자벌레), 주락시(주락시 나

방), 팟중이(메뚜기과에 속하는 곤충)'와 같은 곤충 이름이 나타난다. 백석의 다른 작품에서도 수십 가지의 짐승과 동물 그리고 날것, 물것 등의 이름이 방언으로 구사된다. 백석의 시에 등장하는 야생 동물, 가축, 물고기, 곤충 따위의 이름은 무려 72종이나 된다.

'가즈랑집'을 비롯하여 가즈랑 고개 마을의 '섬돌', '구신집(귀신집), 시렁, 당즈깨(당세기), 뒤울안(뒤안), 오래(골목)'과 같이 집을 구성하는 다양한 이름과 마을 골목골목의 민속적인 전경도 평안도 방언으로 펼쳐내고 있다. '곱새녕(초가의 용마루나 토담 위를 덮는 짚으로 엮은 이엉), 곱새담(풀, 짚으로 엮어서 만든 담), 구신간시렁(걸립乞粒 : 귀신을 모셔 놓은 시렁), 굴통(굴뚝), 나무말쿠지(나무로 만든 옷걸이), 넘언집(산너머, 고개 너머의 집), 녕(이엉), 모도리(모서리), 돌능와집(얇은 돌조각으로 지붕을 인 집), 뒤우란(뒷마당), 들지고방(들문만 나 있는 고방), 딜옹배기(아주 작은 자배기), 말쿠지(벽에 옷 같은 것을 걸기 위해 박아놓은 큰 나무못), 바람벽(집안의 안벽), 박우물(바가지로 물을 뜨는 얕은 우물), 북덕불(짚북더기를 태운 불), 사기방등(흙으로 빚어서 구운, 방에서 켜는 등), 삿(갈대를 엮어서 만든 자리), 섬돌(토방돌), 신뚝(방이나 마루 앞에 신발을 올리도록 놓아둔 돌), 아르굳(아랫목), 아릇간(아랫방), 안간(안방), 앙궁(아궁이), 영동楹棟(기둥과 서까래), 울장(울타리), 울파주(대, 수수깡, 갈대, 사리 등을 엮어 놓은 울타리), 재통(변소), 잿다리(재래식 변소에 걸쳐 놓은 두 개의 나무), 조앙님(조왕신竈王神), 집오래(집의 울 안팎), 청눙(마을 입구의 그늘진 곳 도는 야산 끄트머리 그늘진 곳), 토방(마루를 놓을 수 있는 처마 밑의 땅), 토방돌(섬돌), 햇츰방석

(햇칡방석), 화라지송침(소나무 옆가지를 쳐서 칡덩굴이나 새끼줄로 묶어 땔감으로 장만한 다발), 마가리(오막살이), 국수당(서낭당)'과 같이 일상생활과 관련된 매우 다양한 토박이말들이 등장한다.

　백석의 시에는 풀, 나물, 나무나 열매 등 다양한 식물 이름의 방언이 나타난다. 다음 식물과 관련된 시어에 대해 살펴보자. "토끼도 살이 오른다는 때 아르대즘퍼리에서 제비꼬리 마타리 쇠조지 가지취 고비 고사리 두릅순 회순 산나물을 하는 가즈랑집 할머니를 따르며/ 나는 벌써 달디단 물구지우림 둥굴레우림을 생각하고/ 아직 멀은 도토리묵 도토리범벅까지도 그리워한다"에서처럼 '아르대즘퍼리, 제비꼬리, 마타리, 쇠조지, 가지취, 고비, 고사리, 두릅순, 회순'과 같은 산나물이며 '물구지, 둥굴레' 등 온갖 나무 이름과 풀이름이 나타난다. '게루기(게로기), 무이밭(무밭), 물외(오이), 벌배채(들의 배추), 아주까리(피마자(麻子)), 뻐국채(국화과의 여러해살이 풀), 수리취(국화과에 속하는 다년초로 야산에 자생하며 어린 잎은 식용함), 장풍(창포)'과 같은 채소나 풀이름뿐만 아니라 '개지꽃(나팔꽃), 쉬영꽃(수영꽃), 광살구(너무 익어 저절로 떨어지게 된 살구), 들죽(들쭉. 들쭉나무의 열매), 벌배(산과 들에 저절로 나는 야생 배), 귀이리(귀리), 당콩(강낭콩), 당콩순(강낭콩순), 나이금(나이테), 민나무뒝치(나무의 속을 파서 만든 조그마한 뒤웅박), 돌배(야생 배나무에서 나는 열매), 들매나무(산딸나무), 복숭낡(복숭아 나무), 수무나무(느릅나무과에 속하는 낙엽 활엽 교목), 열배(아직 채 익지 않은 풋배), 이스라치전(앵두가 지천에 깔려 펼쳐져 모여 있는 곳), 임금林檎나무(능금(사과)나무), 자류柘榴(오디), 천두(천도 복숭아),

청배(청배나무의 열매), 취향리梨(중국의 배)’와 같은 식물의 이름이 나타난다. 식물적 소재들은 도합 79종이나 되는데 거의 모두가 시골 생활에서 흔히 볼 수 있는 것들이다. 이 식물들은 동물들의 이미지와 어울려 조용하고 평화스러운 민중적인 삶의 분위기를 한층 자아내는 데 이바지하고 있다. 그런 점에서 백석의 시는 동물성과 식물성의 구별이 느껴지지 않는 합일 공간을 형성하고 있다.

백석의 시에는 매우 다양한 전통 향촌 음식이 등장한다. 「가즈랑집」에서도 “나는 돌나물김치에 백설기를 먹으며”라든가 “가즈랑집 할머니를 따르며/ 나는 벌써 달디단 물구지우림 둥굴레우림을 생각하고/ 아직 멀은 도토리묵 도토리범벅까지도 그리워한다”와 같이 ‘돌나물김치, 백설기, 물구지우림, 둥굴레우림, 도토리묵, 도토리범벅’ 등 다양한 토속 음식이 등장한다. 백석 시에 나타나는 먹거리의 종류가 150종에 이르며 그의 시 95편 중 67편에 등장할 정도라고 한다.(고형진, 2004) 그 이름을 살펴보면 모두 우리 추억 속의 먹거리들이다.

‘막써레기, 가지취, 고비, 고사리, 곰국, 광살구, 날버들치, 호박잎에 싸오는 내빌물, 무감자, 니차떡, 도야지 비게, 도토리묵, 도토리범벅, 돌나물김치, 두릅순, 두부, 두부산적, 둥굴레우림, 마타리, 무이징게국, 물구지우림, 반디젓, 인절미, 밤소, 백설기, 붕어곰, 미역국, 술국, 추탕, 뽂운 잔디, 소, 송구떡, 쇠든 밤, 쇠조지, 시라리타래, 개구리의 뒷다리, 엿, 송이버섯, 옥수수, 왕밤, 은행여름, 제비꼬리, 조개송편, 쥔두기 송편, 찰복숭아, 찹쌀탁주, 콩가루차떡, 콩나물, 팥소,

설탕든 콩가루소, 회순, 노루고기, 산나물, 조개, 김, 소라, 굴, 미역, 참치회, 청배, 임금알, 벌배, 돌배, 떨배, 오리, 육미탕, 금귤, 전복회, 해삼, 도미, 가재미, 파래, 아개미젓, 호루기젓, 대구, 건반밥, 명태창 란젓에 고추무거리에 막칼질한 무이를 비벼 익힌 것, 흰밥, 튀각, 자 반, 머루, 꿀, 오가리, 석박디, 생강, 파, 청각, 마늘, 국수, 모밀가루, 떡, 모밀국수, 달재생선, 진장, 명태, 꽃조개, 물외, 꼴두기, 당콩밥, 가지냉국, 싱싱한 산꿩의 고기, 김치가재미, 동티미국, 밤참국수, 게 산이알, 취향이돌배, 만두, 섭누에번디, 콩기름, 귀이리차, 칠성고기, 쏘가리, 35도 소주, 시래기국에 소피를 넣고 끓인 술국, 도야지 고기, 기장차떡, 기장쌀, 기장차랍, 기장감주, 기장쌀로 쑨 호박죽, 보탕, 식 혜, 산적, 나물지짐, 반봉과일, 오두미, 수박씨, 호박씨, 멧돌, 겨울밤, 쩡하니 닉은 동티미국, 얼얼한 댕추가루, 수육을 삶는 육수국 내음새, 감주, 대구국, 닭의 똥, 연소탕, 원소라는 중국떡, 뻑꾹채, 게루기, 약 물, 깨죽, 문주, 백중물' 등 148종이 넘는다.

또한 백석의 시에 나타난 음식들은 모두 일반 서민들이 먹는 일상 적인 것들이다. 이 가운데는 시골 아이들이 어릴 적에 주워 먹던 길바 닥의 닭똥도 있고, 젓갈에 가자미식혜 등의 바닷가 지역 음식도 보인 다. 백석 시에는 구중궁궐 임금님의 수라상에나 오르는 맛깔스러운 고급 전통음식이 아니라 향촌 서민들이 즐겨 먹던 음식들이 등장하 며, 또한 모두 늦은 밤을 배경으로 하고 있다. 할머니나 어머니로부터 도란도란 옛이야기를 들으면서 또는 또래들과 어울려 밤늦도록 놀이 를 하면서 놀다가 허기를 메우기 위한 상황에서 등장하는 음식들이

다. 명절과 관련된 전통 음식 이야기들이 회상의 방식으로 등장하기
도 한다. 그래서 소박한 향토 음식의 이름들이 자연스럽게 방언으로
기억되는 것이다.

「국수」, 「선우사」 등은 아예 음식을 소재로 한 작품들이다. 백석의
시에 나타나는 먹거리는 크게 3가지 유형으로 구분할 수 있다.

첫째, 유아기의 놀이와 연관하여 먹거리를 정겹게 나누어 먹는 유
형이 있다. 어린 시절의 추억으로 제일 먼저 떠올릴 수 있는 것이 아
이들과 더불어 놀고 함께 먹거리를 나누어 먹던 모습이다.

짝새가 발뿌리에서 날은 논드렁에서 아이들은 개구리 뒷다리를 구어먹
었다// 개구멍을 쑤시다 물쿤하고 배암을 잡은 늪의 피 같은 물이끼에
햇볕이 따그웠다// 돌다리에 앉어 날버들치를 먹고 몸을 말리는 아이들
은 물총새가 되었다

—백석, 「하답夏踏」

시골 향촌 사회의 실상을 그대로 드러내 보여 주는 「하답夏踏」에서
등장하는 먹거리라곤 보잘것없는 개구리 뒷다리 구이나 '게', '배
암', '날버들치'와 같은 민물고기류들이다. 이와 함께 백석의 시에 등
장하는 어패류들은 아래와 같다. '달재(달강어達江魚), 버들치(버들
개), 붕어, 새끼달은치(새끼다랑치), 아개미(아가미), 장고기(농다리와
비슷한 잔고기), 칠성고기(망둥이와 비슷한 고기), 호루기(주꾸미와 비슷
하게 생긴 해산물), 고동(가무락조개), 갈거이(옆으로 가는 게), 게사니

(거위), 농다리(늪에 사는 제일 작은 물고기), 지렁이(지렁이), 콩조개
(아주 작은 조개)' 등이다.

둘째는 깊은 밤에 할머니나 어머니로부터 이야기를 들으며, 또는
또래들과 어울려 장난을 치거나 놀이를 하다가 허기짐을 메우기 위
해 밤참을 먹는 유형이다.

토끼도 살이 오른다는 때 아르대즘퍼리에서 제비꼬리 마타리 쇠조지
가지취 고비 고사리 두릅순 회순 산나물을 하는 가즈랑집 할머니를 따
르며
나는 벌써 달디단 물구지우림 둥굴레우림을 생각하고
아직 멀은 도토리묵 도토리범벅까지도 그리워한다

— 백석, 「가즈랑집」

당콩밥에 가지 냉국의 저녁을 먹고 나서
바가지꽃 하이얀 지붕에 박각시 주락시 붕붕 날아오면
집은 안팎 문을 횅하니 열젖기고
인간들은 모두 뒷등성으로 올라 멍석자리를 하고 바람을 쐬이는데
풀밭에는 어느새 하이얀 대림질감들이 한불 널리고
돌우래며 팟중이 산 옆이 들썩하니 울어댄다
이리하여 하늘에 별이 잔콩 마당 같고
강낭밭에 이슬이 비 오듯 하는 밤이 된다

— 백석, 「박각시 오는 저녁」

「가즈랑집」은 신이 내린 당집 할머니를 따라 나물을 캐다가 느닷없이 '물구지우림'이나 '둥굴레범벅'과 '도토리묵', '도토리범벅'을 먹고 싶다는 일상의 욕망을 그대로 나타내고 있다. 백석 시에서는 다양한 음식의 재료나 음식 또는 반찬이나 군것질거리까지 매우 섬세하게 표현되어 있다. 예를 들면 '가재미선(가자미식혜), 개장취념(각자가 돈을 내어 개장국을 끓여 먹는 것), 건반밥(잔치 때 쓰는 약밥), 나물매(나물과 밥), 떡당이(떡덩이), 니차떡(이차떡), 송구떡(송기松肌떡), 죈두기송편(드기 모양처럼 작고 동그랗게 빚은 송편), 원소(원소절에 먹는 떡), 당세(당수, 곡식 가루에 술을 쳐서 미음처럼 쑨 음식), 댕추가루(당초가루), 뚜물(쌀을 일고 난 뿌연 물), 모밀내(메밀 냄새), 구지우림(무릇의 알뿌리를 물에 담가 쓴맛을 우려낸 것), 무이징게국(민물새우에 무를 숭덩숭덩 썰어 넣고 끓인 국), 문주(빈대떡 또는 부침개), 미역오리(미역줄기), 산국(산모가 먹는 미역국), 석박디(섞박지), 성궁미(부처에게 바치는 쌀), 시라리타래(시래기를 길게 엮은 타래), 오가리(박, 무, 호박 따위의 살을 오리거나 썰어서 말린 것), 저녁술(저녁밥 또는 저녁숟갈), 제주병(제사에 쓰이는 술병), 진장陳醬(진간장), 질게(반찬), 청밀(꿀), 탄수(식초)'와 같은 매우 다양한 먹거리를 작품 속에 나열한 것은 기층민들의 정신을 강조하는, 그리고 그들의 일체감을 강화해 주는 장치이다. 백석은 이러한 장치를 동화적 상상력에 기초하여 그 소재들을 처리하고 있다.

셋째 유형의 먹거리들은 세시 풍속과 연관되거나 친족이나 가족 집단과 연결 짓는 일종의 제의적 음식으로도 나타나고 있다. 이 점에 대해서 유종호(2002)는 '일상의 제식화 성향'이라고 보고 있다.

명절날 나는 엄매와 아배따라 우리집 개는 나를 따라 진할머니 진할아
버지가 있는 큰집으로 가면 (중략) 이 그득히들 할머니 할아버지가 있는
안간들에들 모여서 방안에서는 새옷의 내음새가 나고 또 인절미 송구
떡 콩가루차떡 내음새도 나고 끼때의 두부와 콩나물과 뽂운 잔디와 고
사리와 도야지 비계는 모두 선득선득하니 찬 것들이다.

—백석, 「여우난골족」

내일같이 명절날인 밤은 부엌에서 째듯하니 불이 밝고 솥뚜껑이 놀으
면 구수한 내음새 곰국이 무르끓고 방안에는 일가집 할머니가 와서 마
을의 소문을 펴며 조개송편에 달송편에 쥐두기송편에 떡을 빚는 곁에
서 나는 밤소 팥소 설탕 든 콩가루소를 먹으며 설탕 든 콩가루소가 가장
맛있다고 생각한다.

—백석, 「고야」

「여우난골족」은 설날을 배경으로 하고 있다. 일가친척과 사람들이
모이고 여기에 '인절미', '송구떡(송기떡)', '콩가루차떡'과 '두부', '콩
나물', '뽂운 잔디', '고사리', '도야지 비계(돼지비계)'와 같은 제사 음
식들이 소개된다. 「고야」에서는 추석 전날인 듯, '조개송편', '달송
편', '쥐두기송편', '콩가루소' 등 매우 다양한 떡의 종류와 또 떡 안에
넣는 '소'와 구수한 '곰국'이 등장한다.

백석의 시에 나타나는 음식 먹는 모습은 혼자가 아니라 늘 또래 친
구, 친척이나 혹은 이웃 사람들과 함께 먹는 모습으로 등장한다. 여

럿이 더불어 나누어 먹으면서 도란도란 모여 이야기하는 모습들이
다. 등장하는 또래 친구나 이웃 친척들은 한결같이 잘난 사람이 아니
라 늘 가까이에서 함께 사는 소박한 변두리 사람들이다. 그리고 그들
이 정을 나누고 살아가는 이야기를 공유할 수 있는 열려 있는 공간에
서 연계성을 강화시켜 주는 장치로 음식이 등장한다. 그 먹거리는 변
두리 사람들을 일체화해 주는 도구이자 수단이다. 때로는 이러한 자
동기술적 나열의 상투적 수법 때문에 시의 긴장을 깨뜨리는 위험을
내포하고 있지만 그 자체가 바로 민중적 담화 방식이다. 백석의 시에
서 먹거리를 더불어 나누어 먹는 곳은 늘 '엄매(엄마), 큰마니(할머
니), 친 갓사둔(새사돈), 고무(고모), 기수네(가시내), 당조카(장조카),
동세(동서同婿), 집난이(출가한 딸을 친정에서 부르는 말)'들이 함께 하
는 가족 공동체 또는 이웃 공동체라는 공간이라는 점이다.

> 저녁술을 놓은 아이들은 외양간섶 밭마당에 달린 배나무동산에서 쥐잡
> 이를 하고 숨굴막질을 하고 꼬리잡기를하고 가마 타고 시집가는 놀음
> 말 타고 장가가는 놀음을 하고 이렇게 밤이 어둡도록 북적하니 논다/
> 밤이 깊어가는 집안엔 엄매는 엄매들끼리 아릇간에서들 웃고 이야기하
> 고 아이들은 아이들끼리 웃간 한 방을 잡고 조아질하고 쌈방이 굴리고
> 바람깨비돌림하고 호박떼기하고 제비손이 구손이하고 이렇게 하디의
> 사기방등에 심지를 몇 번이나 돋구고
>
> —백석,「여우난골족」

백석의 시에서는 아이들의 놀이가 먹거리와 함께 매우 중요한 소재를 이루고 있다. 「여우난골족」에서 '쥐잡이', '숨굴막질(숨박꼭질)', '꼬리잡기', '시집 장가가기 놀음', '조아질', '쌈방이굴리기(주사위굴리기)', '바람깨비돌림', '호박떼기', '제비손이구손이(다리를 마주끼고 손으로 다리를 차례로 세며 노는 놀이)' 등의 유아놀이가 등장한다. 그 외에도 '바리깨돌림(주발 뚜껑을 돌리며 노는 아동들의 유희)', '광대넘이(앞으로 온몸을 굴리며 노는 유희)', '조마구(옛 설화 속에 나오는 키가 매우 작다는 난쟁이)' 등의 놀이는 어둡고 어려웠던 시절에 민족적 동질성을 확인시켜 주는 통로였던 것이다. 백석은 이러한 통로를 지켜서서 일상적 삶의 사소한 편린 하나도 버리지 않고 시적 소재로 활용하고 있다.

평안도 방언

김소월의 『진달래꽃』(매문사, 1925)에 실렸던 「기억」이라는 시의 1연에서는 무려 5군데나 의미 해석이 불가능한 단어가 나온다. 이를 표준어로 옮기는 과정에서 『진달래꽃』(미래사, 1991)에서는 여러 군데 오류를 범하였다. '쇠멋업시'(달 아래 쇠멋업시 섯든 그 女子, ―「기억」), '적이'(햇슥한 그얼골 적이 파릇함. ―「기억」), '실벗듯한'(다시금 실벗듯한 가지아래서/ 식컴은 머리씰은 번쩍어리며 ―「기억」), '머리씰'(다시금 실벗듯한 가지아래서/ 식컴은 머리씰은 번쩍어리며 ―「기억」), '슷고'(平壤의 긴단장은 슷고가든새 ―「기억」)와 같은 낱말은 『표준국어대사전』에도 실려 있지 않은 낱말이다.

소월의 시를 읽다가 이러한 난해한 낱말을 이해하려면 어떻게 해야 할까? 국립국어원에서 만든 『표준국어대사전』에서는 규범성만을 강조한 나머지 표준어가 아닌 방언은 버려야 할 대상으로 취급하여 사전에 싣지도 않았다. 사전에 없으니 몇몇 이해되지 않는 향토색 짙은 시어는 해석할 길이 없게 되었다.

소월은 '싀멋업시'란 낱말을 「팔베개 노래조」의 서사에서와 「시초」에서도 "다만 때때로 시멋없이 그늘진 뜰ㅅ가를 혼자 두루 거닐고는 할 뿐이었노라."처럼 사용하였다. '싀밋없이'라는 낱말은 '멋쩍게'라는 의미의 평안 방언이지만 『평북방언사전』에도 보이지 않아 그 의미를 정확하게 확인하기는 쉽지 않다. 이기문(1983)은 '무슨 생각이라고 할 만한 것도 없이 망연히 있음'을 뜻한다고 설명하고 있으며, 이남호(1985)도 이 설명을 그대로 수용하고 있다. 이 낱말은 어원적으로 중세어의 '스믓ᄒ다(依然)', '스므시(髣髴)'와 관련이 있는 것으로 생각된다. '실벗듯한'은 '실'이 '뻗듯한'과 같은 의미로 해석되어야 함에도 불구하고 '실벗듯한'으로 교열함으로써 무슨 의미인지 알 수 없다. '머리셀'은 '머리카락'의 방언형이다. 남북한방언검색시스템(2003)에서 '머리카락'의 평안도 방언형 중 유사한 낱말들이 발견된다.

끄대기 〈평남〉(개천, 영원), 끄대지 〈평북〉(벽동), 끄댕기 〈평남〉(영원), 끄댕이 〈평남〉(평원), 머리까락 〈경남〉(진주) 〈함북〉(학성, 길주, 명천, 경성, 청진, 부령, 경원. 무산), 머리깔 〈강원〉(김화) 〈평남〉 〈평북〉(구성, 박천, 벽동, 삭주, 선천, 영변, 용천, 운산, 위원, 의주, 자성, 정주, 철산, 태천, 희천, 후창)

〈황해〉, 머리깥 〈평남〉(성천, 순천), 머리끌 〈평북〉(구성), 머리끼 〈함남〉〈함북〉, 머리낄 〈평북〉(신의주, 의주, 성천, 용천, 태천, 구성, 창성, 벽동, 위원, 강계, 자성), 머리오리 〈함남〉〈함북〉, 머리카락 〈평북〉(창성, 초산) 〈함북〉(명천, 경원), 머리칼 〈함북〉(경성, 무산) 〈황해〉(옹진, 장연, 해주)

—세종계획(2003), 남북한방언검색시스템

「오는 봄」에서도 "수풀밋테 서리운 머리셀들은/ 거름거름 괴로히 발에 감겨라."에서도 나타난다. '머리셀'이 '머리카락'의 방언형임은 분명하다. 그러나 『진달래꽃』(미래사, 1991)에서는 『표준국어대사전』에도 올라와 있지 않은 '머리길'이라는 낱말로 교열함으로써 엄청난 오류를 범하고 있다. '슷고'도 '슻고'로 교열하였으나 뚜렷한 근거를 찾기 힘이 든다. '슷고'는 '담벼락을 손가락으로 살짝 대어 스치고 지나가는 모습'을 의미한다. 그러니까 '스치고'로 교열하는 것이 타당할 것이다. 부사 '적이'는 '약간, 다소, 얼마간, 조금'의 의미를 지니고 있다.(世尊하 願 져기 사겨 니르쇼셔 —『月釋 18 : 23』)

대중가수 정미조가 가요로 불러서 80년대에 인기를 끈 노랫말이었던 「개여울」이라는 시에서 '잔물'(당신은 무슨 일로/ 그리합니까?/ 홀로 이 개여울에 주저 앉아서// 파릇한 풀포기가/ 돋아나오고/ 잔물은 봄바람에 해적일 때에 —「개여울」)은 '작은 못'의 의미를 지닌 방언이다. 「개여울」의 '해적이다'와 「풀따기」의 '해적해적'(흘러가는 시내의 물에 흘러서/ 내어던진 풀잎은 옅게 떠갈 제/ 물살이 해적해적 품을 헤쳐요 —「풀따기」)이라는 낱말은 모두 『표준대국어사전』에서는 찾아볼 수 없다.

'해적이다'는 '무엇을 헤쳐서 들추어내다'라는 의미를 가진 방언이다. 남부 방언에서도 '희적거리다, 해적거리다'라는 말이 있는 점을 고려해 본다면 '잔물은 봄바람에 해적일 때에'라는 시구절은 '봄바람이 작은 연못 물결을 헤쳐낼 때에', 또는 '작은 연못 물결이 봄바람 때문에 일 때에'라는 의미로 이해된다. '해적해적'은 '해적'이 반복 사용된 것으로 연속된 동작성을 나타내는 말이다. '해적이다'는 '해우적거리다 또는 남실거리다'라는 의미를 지니고 있다.

김억(1939)편 『소월시초』에 '축업은'(한때는 많은 날을 당신 생각에/ 밤까지 새운 일도 없지 않지만/ 아직도 때마다는 당신 생각에/ 축업은 베갯가의 꿈은 있지만 ―「님에게」)으로 동일하게 표기된 것이 미래사에서 출판한 『진달래꽃』에서는 '축업은'(「님에게」), '추거운'(「여자의 냄새」)으로 달리 표기가 되어 있다. '추겁다'라는 방언을 잘못 이해한 결과로 동일한 시어를 이처럼 서로 다르게 교열해 버린 것이다. 이 '축업은(추겁은)'은 평북 방언으로 '추겁다, 추거워'로 변칙 활용을 하며 '축축하다'의 뜻을 가지고 있다. 아마 '축축하다'의 '축-'에 파생 접미사 '-업-'이 결합하여 파생된 낱말일 것이다. '축축하다'보다 물기가 빠진 상태를 '눅눅하다'라고 하는데 이 '눅눅하다'의 방언형인 '누겁다' 역시 소월의 「오과의 읍」에 나타난다. 아마 '누겁다'(누운 곳이 차차로/ 누거워 오니 ―「오과의 읍」)는 '추겁다'에서 운율을 고려하여 만든 말일 가능성이 높다.

"눈들은 비단 안개에 둘리울 때/ 그때는 홀목숨은 못살 때러라/ 눈풀리는 가지에 당치마 귀로/ 젊은 계집 목매고 달릴 때러라"(「비단 안

개」)에서 보이는 '둘리울', '홀목숨', '당치마'와 같은 낱말 역시『표준
국어대사전』에도 실리지 않은 말이다. '둘리울'은 '두르-'에 '-이-'와
'-우-' 이중의 사동 접사가 결합된 방언형으로 보인다. '홀목숨'은
'홀-'이라는 접두사와 '목숨'이 결합한 파생어이다.「가을 아침에」라는
시에서 '가주난'(눈물에 싸여 오는 모든 기억은 피 흘린 상처조차 아직 새로
운/ 가주난 아기같이 울며 서두는/ 내 영을 에워싸고 속살거려라 ―「가을 아
침에」)은 '갓난'의 방언형이다. '갓난아기'를 '가즈난아'(함북), '가즈난
어르나'(함북)라고 하는 방언형들이 있다. 그 외에 '퍼스래한'은 '푸르
스럼한'의 의미로 '어스러히'는 '짙지 않게'라는 의미로 사용된다.

그는 야젓이 나의 팔 위에 누워라/ 그러나, 그래도 그러나!// (중략) //
깨어서도 늘, 길거리의 사람을/ 밝은 대낮에 빗보고는 하노라

—김소월,「꿈으로 오는 한 사람」

붉은 전등./ 푸른 전등./ 널따란 거리면 푸른 전등./ 막다른 골목이면 붉
은 전등./ 전등은 반작입니다./ 전등은 그물입니다./ 전등은 또다시 어
스렷합니다.

—김소월,「서울밤」

함께 하려노라, 비난수하는 나의 맘.

—김소월,「비난수하는 맘」

내몸은 생각에잠잠할새, 희미한수풀로서 村家의厄맥이祭지나는 불빗츤
새여오며, 이윽고, 비난수도머구리소리와함세 자자저라.

— 김소월,「묵념默念」

「꿈으로 오는 한 사람」에서 '야젓이'는 '살며시'라는 의미의 방언
이며, '빗보고는'은 '낮추어보고는'이라는 의미를 지닌 방언이다. 또
한「서울밤」에서 '어스렷합니다'는 '또렷하지 않고 어슴푸레하다'라
는 의미의 방언이다.「비난수하는 맘」이나「묵념」의 '비난수'라는 낱
말의 의미는 확실하지 않다. 정주 방언에서 무당이나 소경이 귀신에
게 비는 말을 '비난수'라 한다. 일반인도 '국수당' 서낭당에서 '비난
수'를 한다고 한다. 같은 정주 출신인 백석의 시「오금덩이라는곧」의
"어스럼저녁 국수당돌각담의 수무나무가지에 녀귀의 탱을 걸고 나물
매 갖후어놓고 비난수하는 젊은새악시들"에도 그 예가 보인다.

"밤마다 닭 소리라 날이 첫 시면/ 당신의 넋맞이러 나가 볼 때요/
그믐에 지는 달이 산에 걸리면/ 당신의 길신가리 차릴 때외다."(「님의
말씀」)에서 '넋맞이러'는 원본에서는 '넉마지로'인데 이남호(1985)의
경우 '넋 맞으러'로 교열하였다. 그 의미 파악에 큰 무리는 없으나 정
확한 의미를 파악해 보자면, 원전에서 '넉마지'는 '넋-'과 '맞-'의 복
합어에 다시 파생접사 '-이'가 결합하여 '넋맞이'가 형성되었다. 그
런데 '-로'가 '방향', '방법', '수단'의 의미 기능뿐만 아니라 '의도'의
의미 기능을 함으로써 '넉마지로'는 '넋을 맞이하러'라는 의미로 사
용되었다. '길신가리'는 사람이 죽은 뒤에 갈 길을 인도하기 위하여

소경을 데려다가 상여가 지나갈 길을 밟게 하는 '길신 가린다'라고 하는 풍습이 있다고 한다. '넋맞이'와 '길신가리'는 민속 신앙과 관련이 있는 말들이다.

> 그러나 집 잃은 내 몸이여,/ 바라건대는 우리에게 우리의 보습 대일 땅이 있었더면!/ 이처럼 떠돌으랴, 아침에 저물손에/ 새라 새로운 탄식을 얻으면서
>
> ―김소월, 「바라건대는 우리에게 우리의 보습 대일 땅이 있었더면」

> 마소의 무리와 사람들은 돌아들고, 적적히 빈 들에,/ 엉머구리 소리 우거져라./ 푸른 하늘은 더욱 낮추면, 먼 산 비탈길 어둔데/ 우뚝우뚝한 드높은 나무, 잘 새도 깃들여라.// 볼수록 넓은 벌의/ 물빛을 물끄러미 들여다보며/ 고개 수그리고 박은 듯이 홀로 서서/ 긴 한숨을 짓느냐, 왜 이다지!// 온 것을 아주 잊었어라, 깊은 밤 예서 함께/ 몸이 생각에 가비엽고, 맘이 더 높이 떠 오를 때./ 문득, 멀지 않은 갈숲 새로/ 별빛이 솟구어라.
>
> ―김소월, 「저녁때」

「바라건대는 우리에게 우리의 보습 대일 땅이 있었더면」에서 '저물손(점을손)'은 날이 저무는 저녁때를 뜻하는 방언이다. '새라'는 '새로'의 의미인 듯하다. 그래서 '새라 새로운'은 '새롭고도 새로운'이라는 의미로 파악된다. 「저녁때」에 나타나는 '엉머구리'는 옛 문

헌에서는 '억머구리'로 표기되기도 했는데 표준말로는 '악머구리'라고 한다. 「바리운 몸」에서는 "들에는 소슬비/ 머구리는 울어라/ 풀그늘 어두운데"에서처럼 '머구리'라는 어형이 나타난다. '머구리'는 『평북방언사전』을 보면 개구리 또는 올챙이의 의미를 갖는다. 그러나 '악머구리'는 보통 개구리보다 몸집이 더 큰 '참개구리'를 뜻한다. '수구리고'는 '수그리고, 숙이고'의 방언형인데 남부 방언 특히 영남 지역 방언에도 남아 있어 그 분포 지역이 상당히 넓은 것 같다. '가비엽고'는 '가볍고'의 방언형인데, 「눈」과 「가을 아침에」에서는 '가비얍다' 형도 나타난다. '가부엽다' 형의 방언은 〈평북〉(태천) 지역에서 확인된다. 「추회追悔」와 「귀쑤라미」에서 '순막집' 뭇뭇내 고개를 넘고넘어/ 짐싯고 닷든말고 순막집의/ 虛廳싸, 夕陽손에/ 고요히 조으는 한새는 다 잇나니. ─「추회追悔」)은 길손이 쉬어 가는 주막酒幕이다. 이것은 본래는 '참사站舍' 즉 역참에 있던 객사였음을 알 수 있다. 이용악의 시 「전라도 가시내」에서도 '술막'이 나오는데 이 '술막'도 '숫막(숫막)'에서 유래한 것으로 '술을 파는 주막집'의 의미이다.

퍼르스럿한 달은, 성황당의/ 군데군데 헐어진 담 모도리에/ 우뚝히 걸리었고, 바위 위의/ 까마귀 한 쌍, 바람에 나래를 펴라.// 엉기한 무덤들은 들먹거리며,/ 눈 녹아 황토 드러난 멧기슭의.// (중략) // 그러나 나는, 오히려 나는/ 소리를 드러라 눈석이물이 씨거리는(썩어리는)/ 땅 위에 누워서, 밤마다 누어,/ 담 모도리에 걸린 달을 내가 또 봄으로

─김소월, 「찬 저녁」

「찬 저녁」에서 '데군데군'(퍼르스렷한 달은, 성황당의/ 군데군데 헐어진 담 모도리에 ―「찬 저녁」)은 미래사 시집에서 '군데군데'로 고쳐 놓았다. 구멍이 군데군데 뚫어졌을 때, 정주 방언으로는 '구멍이 데군데군 뚫어뎃다'고 한다. '엉기한'(엉기한 무덤들은 들먹거리며,/ 눈 녹아 황토 드러난 멧기슭의 ―「찬 저녁」)은 '엉키다'라는 의미를 지닌 방언형으로 '엉기다'의 어간이 '하다' 동사와 결합한 사투리형이다. '엉기한'은 '엉켜 있는'으로 해석이 가능하다. 또 '눈석이물'(그러나 나는, 오히려 나는/ 소리를 드르라 눈석이물이 씨거리는 ―「찬 저녁」)은 표준어로 '눈석임물'이며 '눈이 속으로 녹아내린 물'의 의미를 가진 방언형이다. 『평북방언사전』에 '눈세깃물'로 나타난다.

「여름의 달밤」에서 '우긋한'(우긋한 풀대들은 춤을 추면서/ 갈잎들은 그윽한 노래를 부를 때,/ 오오 내려 흔드는 달빛 가운데 ―「여름의 달밤」)은 풀이나 키가 작은 나무들이 빽빽하게 자라서 울을 이룬 듯한 모습을 의미하는 것으로 추정되지만 정확한 의미를 파악하기는 힘들다. '풀대'도 대궁이가 제법 긴 풀을 뜻하는 것 같으나 이 역시 정확한 의미를 확정하기 힘들다. '물벼이삭'(자라는 물벼이삭 벌에서 불고/ 마을로은 숫듯이 오는 바람은/ 눅자추는 향기를 두고 가는데/ 인가들은 잠드러 교요하여라 ―「여름의 달밤」)은 벼 이삭 또는 벼 이삭이 맺어 채 여물기 이전 상태를 뜻하는 방언이다. '숫듯이'는 '닦듯이'라는 의미를 가지고 있다. '숫다'는 '닦다, 치다'의 의미를 가진 고어이다. '눅자추는'의 기본형 '눅자추다'는 '늦추어 주다'라는 의미와 '은은하다'라는 의미를 가지고 있는데, 여기서는 두 번째의 의미로 해석할 수 있다.

'식새리'(달빛은 그무리며 넓은 우주에/ 잃어졌다 나오는 푸른 별이요./ 식
새리의 울음의 넘는 曲調요./ 아아 기쁨 가득한 여름밤이여 ―「여름의 달
밤」)는『평북방언사전』에 '씩쌔리'로 나와 있으며 표준어로는 매미의
일종인 '쓰르라미'를 가리킨다. 이남호(1985)는 '씩쌔리'를 '귀뚜라
미'나 혹은 '쓰르라미'라고 해석하고 있으나 평안도 전역이 그러하리
라고 짐작되지만, 정주 지방에서는 '씩쌔리'는 '쓰르라미'이며 그 소
리는 '선기'(선선한 가을 기운)와 밀접한 관련이 있다. 즉 '씩쌔리' 소
리를 듣고 '선기'가 난 것을 안다는 것이다.

　한 때 문인들의 글 속에 둥지를 틀었던 방언들이 이제 소멸 직전
언어(nearly exlinct language)가 되었다. 이들 지역 방언이 사라지는
것은 그 어느 것으로도 대체할 수 없는 인간의 사고와 세계관에 관한
지식과 이해의 단위를 영원히 상실하는 것이다.

표준국어대사전,
무엇이 문제인가

표준국어대사전 사용 경험

『어문 규범 영향 평가 결과 보고서』(국립국어원·현대리서치연구소, 2005 : 28)[16]에 따르면, "표준국어대사전(국립국어연구원 편찬 전3권 또는 시디롬)을 사용해 보신 경험이 있습니까?"라는 질문에 문인(교정자 포함)의 39.2%가 사용한 경험이 있는 것으로 나타났으며, 출판사 교정자 군(41.5%)이 문인 군(28.9%)에 비해 높게 나타났다.

『표준국어대사전』 사용 경험이 있다는 응답을 한 문인을 유형별로 살펴보면, 평론가 군(46.2%)에서 응답이 가장 높게 나타났으며, 소설가/희곡작가 군(33.3%)에서 가장 낮게 나타났다. 성별로는 여성

16) 전국의 문인과 출판사 교정 담당자 등 475명을 대상으로 어문 규범에 대한 인지도, 수용도, 만족도 등을 조사한 결과를 정리한 보고서임.

		사례수	있다	없다
전체		475	39.2	60.8
문인/교정자	문인	422	38.9	61.1
	출판사 교정자	53	41.5	58.5

도표 5 | 『표준국어대사전』 사용 경험 (문인 및 교정자)

(42.3%)이 남성(36.9%)보다, 연령별로는 60대 이상(41.7%)에서 『표준국어대사전』 사용 경험이 높게 나타났으며, 학력별로는 고졸 이하(45.3%)와 대학원졸(45.3%)이 대졸(33.9%)보다 『표준국어대사전』 사용 경험이 높게 나타났다.

『표준국어대사전』을 사용할 때 불편한 점이 있었는지를 묻는 질문에 대해서는 문인(교정자 포함)의 59.1%가 불편함이 있다고 응답했다. 『표준국어대사전』 사용 시 불편했다는 응답은 출판사 교정자 군(63.6%)에서 문인 군(58.5%)에 비해 약간 높게 나타났다. 문인 군 중에서는 소설가/희곡작가 군(65.6%)에서 불편했다는 비율이 가장 높게 나타났으며, 평론가 군(33.3%)에서 그 비율이 가장 낮게 나타났다. 『표준국어대사전』 사용 시 불편한 점에 대해서는 남성(59.4%)과 여성(58.8%)이 큰 차이를 보이지 않았으며, 연령별로는 40대는 51.3%, 타 연령대는 약 60%가 사용 시 불편한 점이 있었다고 응답하였다.

『표준국어대사전』 사용 시 불편한 점으로는 '없는 단어가 많다'(19.8%)라는 응답이 가장 많았으며, '맞춤법, 띄어쓰기 관련 정보 부족'(18.1%), '뜻풀이 미흡'(12.7%), '용례 부적절'(11.4%) 등의 순으

		사례수	찾아도 없는 단어가 많다	맞춤법, 띄어쓰기관련 정보 부족	뜻풀이 미흡	용례 부적절	내용/ 표기 오류	다의어, 동음어 처리 기준 비일관성	표준어 사정 비일관성	올림말 선정 기준 비일관성	기타	무응답
전체		110	19.8	18.1	12.7	11.4	8.0	7.6	6.3	5.1	3.8	7.2
문인/ 교정자	문인	96	20.7	17.3	12.0	11.5	7.7	8.2	6.7	4.3	3.8	7.7
	출판사 교정자	14	13.8	24.1	17.2	10.3	10.3	3.4	3.4	10.3	3.4	3.4

도표 6 | 『표준국어대사전』 사용 시 불편한 점 (문인 및 교정자)

로 응답하였다.

『표준국어대사전』 사용 시 불편한 점으로 문인 군에서는 '찾아도 없는 단어가 많다'(20.7%)라는 응답이 가장 높게 나타났고, 출판사 교정자 군에서는 '맞춤법, 띄어쓰기 관련 정보가 부족하다'(24.1%)라는 응답이 가장 높게 나타났다. '찾아도 없는 단어가 많다'라는 응답이 대부분의 문인들에게서 공통적으로 높게 나타났으나, 평론가 군에서는 '용례 부적절'과 '내용/ 표기 오류 등 부정확한 정보가 많다'라는 응답이 높게 나타났다. 남성들에게서는 '찾아도 없는 단어가 많다'라는 응답이 19.2%로 가장 높게 나타났으며, 여성들에게서는 '맞춤법, 띄어쓰기 등과 관련된 정보를 제대로 얻을 수 없다'(21.4%)라는 응답이 가장 높게 나타났다. 연령별 응답에서 30대 이하와 50대는 '맞춤법, 띄어쓰기 등과 관련된 정보를 제대로 얻을 수 없다'라는 응답이 각각 26.1%, 20.0%로 가장 높게 나타났고, 40대와 60대 이상에서는 '찾아도 없는 단어가 많다'라는 응답이 각각 17.8%,

		사례수	찾아도 없는 단어가 많다	맞춤법, 띄어쓰기관련 정보 부족	뜻풀이 미흡	용례 부적절	내용/표기 오류	다의어, 동음어 처리 기준 비일관성	표준어 사정 비일관성	올림말 선정 기준 비일관성	기타	무응답
	전체	110	19.8	18.1	12.7	11.4	8.0	7.6	6.3	5.1	3.8	7.2
	시/시조	28	19.4	16.4	17.9	9.0	7.5	13.4	7.5	3.0	1.5	4.5
	소설/희곡	21	26.3	15.8	5.3	7.9	2.6	2.6	5.3	5.3	13.2	15.8
문인 유형	수필	18	21.1	21.1	15.8	15.8	5.3	5.3	7.9	2.6	2.6	2.6
	아동문학	26	19.7	18.0	8.2	11.5	9.8	8.2	6.6	6.6	1.6	9.8
	평론	2	0.0	0.0	0.0	50.0	50.0	0.0	0.0	0.0	0.0	0.0

도표 7 |『표준국어대사전』 사용 시 불편한 점 (문인 유형에 따라)

28.3%로 가장 높게 나타났다. 학력별로는 고졸 이하와 대학원졸에서 '찾아도 없는 단어가 많다'라는 응답이 각각 32.3%, 21.8%로 가장 높게 나타났고, 대졸에서는 '맞춤법, 띄어쓰기 등과 관련된 정보를 제대로 얻을 수 없다'라는 응답이 19.8%로 가장 높게 나타났다.

국립국어원 누리집과 포털사이트에서도 검색할 수 있는 표준국어대사전을 지속적으로 보완하여 옥스퍼드 사전을 능가하는 전 국민적 신뢰를 받는 사전으로 발전시켜야 한다. 그러기 위해서는 사전 편찬 기술력을 보강하여 한국어 국제화에 적응할 수 있는 웹전자사전으로 키워나가야 할 것이다.

표준어 규정에 대한 국민의 인식

표준어 사정 원칙 제1장 총칙에서 규정하고 있는 "'표준어는 교양 있는 사람들이 두루 쓰는 현대 서울말로 정함을 원칙으로 한다.'라는 표준어 사정査定 원칙에서 재고하여야 할 부분은 무엇이라고 생각합니까?"라는 질문에 답한 사람들의 인식이 어떤지 살펴보자.

표준어 사정 원칙 제1장 총칙 제1항에 대한 국민의 인식 태도 조사 결과를 정리하면 아래 〈도표 8〉과 같다. 표준어 사정 원칙에서 가장 재고해야 할 부분으로는 '교양 있는 사람'이라는 규정이 30.5%로 응

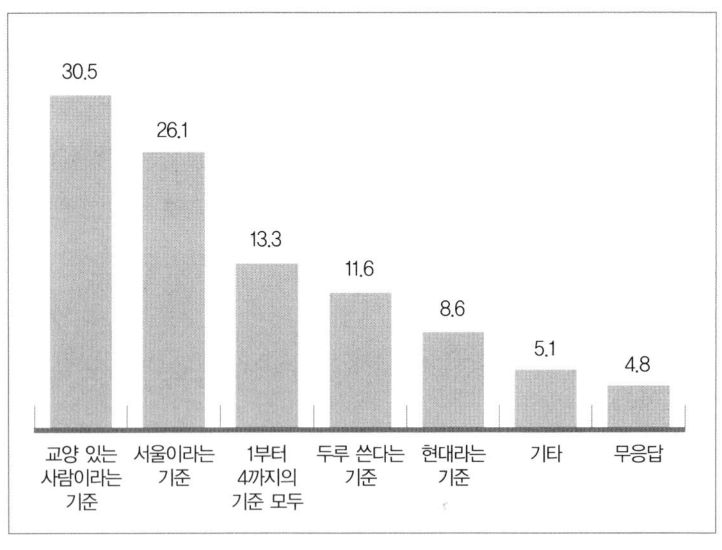

도표 8 | 표준어 사정 원칙에서 재고해야 할 점 (일반 국민)

	사례수	교양 있는 사람이라는 기준	서울이라는 기준	1부터 4가지의 기준 모두	두루 쓴다는 기준	현대라는 기준	기타	무응답
전체	475	30.5	26.1	13.3	11.6	8.6	5.1	4.8
문인/교정자 문인	422	28.0	27.5	13.5	12.1	9.2	4.5	5.2
문인/교정자 출판사 교정자	53	50.9	15.1	11.3	7.5	3.8	9.4	1.9

도표 9 | 표준어 사정 원칙에서 재고해야 할 점 (문인 및 교정자)

답자가 가장 많았으며, '서울'(26.1%), '두루 쓴다'(11.6%), '현대'(8.6%) 등의 순이었다. '위의 모든 기준을 재고해야 한다'라는 의견도 13.3%로 비교적 높게 응답이 나왔다.

이 분석 결과, 가장 큰 문제점으로 제시된 것은 표준어 사용자의 계층에 대한 문제이다. 곧 표준어 사정 원칙 중 재고해야 할 부분은 '교양 있는 사람'이라는 기준이라고 응답한 비율이 30.5%로 가장 높게 나타났는데, 출판사 교정자 군은 문인 군에 비해 이런 응답자의 비율이 약 2배로 높게 나타났다.

문인 유형별로는 시인/시조시인(29.2%), 수필가(32.7%), 평론가(38.5%)는 '교양 있는 사람'이라는 기준을, 소설가/희곡작가(28.1%), 아동문학가(32.3%)는 '서울'이라는 기준을 표준어 사정 기준에서 재고해야 할 부분이라고 응답하였다.

남성(30.7%)은 '서울'이라는 기준을, 여성(39.8%)은 '교양 있는 사람'이라는 기준을 표준어 사정 원칙에서 재고하여야 할 부분이라고

	사례수	교양 있는 사람이라는 기준	서울이라는 기준	1부터 4가지의 기준 모두	두루 쓴다는 기준	현대라는 기준	기타	무응답
전체	475	30.5	26.1	13.3	11.6	8.6	5.1	4.8
시/시조	113	29.2	24.8	14.2	11.5	8.0	5.3	7.1
소설/희곡	96	17.7	28.1	14.6	11.5	12.5	8.3	7.3
문인유형 수필	98	32.7	25.5	11.2	15.3	7.1	4.1	4.1
아동문학	99	31.3	32.3	14.1	10.1	10.1	1.0	1.0
평론	13	38.5	23.1	7.7	7.7	7.7	0.0	15.4

도표 10 │ 표준어 사정 원칙에서 재고해야 할 점 (문인유형에 따라)

가장 높게 응답하였다. 연령별로는 50대 이하에서 '교양 있는 사람'
이라는 기준을 표준어 사정 원칙에서 재고하여야 할 부분이라고 높게
응답한 반면, 60대 이상에서는 28.0%가 '서울'이라는 기준을 표준어
사정 원칙에서 재고하여야 할 부분이라고 가장 높게 응답하였다. 학
력별로는 고졸 이하(37.7%)와 대졸(30.7%)에서 '교양 있는 사람'이라
는 기준을, 대학원졸(29.6%)에서는 '서울'이라는 기준을 표준어 사정
원칙에서 재고하여야 할 부분이라고 가장 높게 응답하였다.

주 성장지별 응답에서는 서울(37.3%), 인천/경기(31.0%), 대전/충
청(30.8%) 지역에서 성장한 사람들은 '교양 있는 사람'이라는 기준
을, 대구/경북(42.9%), 부산/울산/경남(32.0%) 지역에서 성장한 사
람들은 '서울'이라는 기준을 표준어 사정 원칙에서 재고하여야 할 부

	그렇다	아니다	무응답
협동, 단결, 교육·문화 발전에 기여하였다	82.1	15.4	2.5
서울말은 고급스런 말, 사투리는 저급한 말이라는 인식을 공고히 하였다	36.8	59.6	3.6

도표 11 | 표준어 정책이 생활에 미친 영향 (일반 국민)

분이라고 가장 높게 응답하였다.

현 거주지별 응답에서는 서울(31.5%), 인천/경기(35.7%), 대전/충청(41.4%), 부산/울산/경남(36.7%) 지역 거주자는 '교양 있는 사람'이라는 기준을, 광주/전라(41.8%), 대구/경북(53.1%) 지역 거주자는 '서울'이라는 기준을 표준어 사정 원칙에서 재고하여야 할 부분이라고 가장 높게 응답하였다.

지금까지의 표준어 정책이 우리 생활에 어떤 영향을 미쳤는가에 대한 설문 조사 결과에 대해 살펴 보자. 표준어 정책이 '협동, 단결, 교육·문화 발전에 기여하였다'라는 의견에 대해 82.1%가 동의하였으며, '서울말은 고급스런 말, 사투리는 저급한 말이라는 인식을 공고히 하였다'라는 의견을 부정하는 응답이 59.6%로, 표준어 정책에 대해 긍정적으로 인식하고 있음을 알 수 있다.

표준어 보급 정책이 다양한 어휘의 발전을 가로막는다는 주장에 대해 '반대'하는 의견이 47.2%로 '찬성'하는 의견 26.9%보다 많았으며, '어느 쪽도 아니다'라는 중립적인 의견은 23.6%이었다. 표준어 보급 정책이 다양한 어휘의 발전을 가로막는다는 주장에 대해 문

	그렇다	보통이다	그렇지 않다	무응답
맞춤법 준수	46.1	26.3	25.5	2.1
공식 석상에서의 표준어 사용	68.6	20.6	8.8	1.9
외래어 표기법 준수	43.6	25.3	28.8	2.3

도표 12 | 어문 규범 준수 실태 (문인)

인 군에서는 '반대'하는 응답(49.8%)이 많았으나, 출판사 교정자 군에서는 '어느 쪽도 아니다'라는 응답(45.3%)이 가장 많이 나타났다. 표준어 보급 정책이 다양한 어휘의 발전을 가로막는다는 주장에 찬성하는 사람들의 경우에, 그 찬성 이유로는 '교육이나 언론의 영향으로 방언을 사용하거나 이해하는 사람들이 줄어들기 때문'이라는 응답이 48.4%로 가장 많았다. 다음으로 '방언, 신조어, 유행어, 인터넷 언어 등을 언어 자산으로 보지 않고 표준에서 벗어난 말로 여기는 경향이 있기 때문에'(18.8%), '교양 있는 사람의 대열에 끼려면 표준어를 써야 한다는 사회 분위기 때문에'(8.6%), '표준어를 구사하지 않으면 취업이나 사회 활동에서 불이익을 받기 때문에'(7.8%) 등의 순으로 응답하였다.

문인들이 평가하는 주위 사람들의 어문 규범 준수 실태는 '공식 석상에서의 표준어 사용'에 대한 긍정 응답률이 68.6%로 가장 많았으며, '맞춤법 준수'(46.1%), '외래어 표기법 준수'(43.6%) 등의 순으로 긍정 응답률을 나타냈다. 이로 볼 때 문인들은 한글 맞춤법이나 외래어 표기법보다는 표준어 사용에 더 유의한다는 것으로 판단할 수 있다.

　근대화 시기, 일본은 유럽 문화를 서둘러 받아들였고 우리 역시 일본의 근대화 과정을 아무 비판없이 받아들일 수밖에 없는 형편이었다. 그 이후에도 학교 교육에서뿐만 아니라 직장이나 개인적인 국어 생활에서조차 규범적인 사전의 효용성에 대한 인식이 매우 낮다. 일상생활에서도 사전 사용을 일상화하기 위한 노력이 필요하다. 그리고 근대화의 잔영으로 지정된 규범의 지역적 대상인 서울 표준어에 대한 새로운 가치 평가를 서둘러야 할 시기가 도래하였다고 본다. 2007년 5월 "제주 민속의 해"를 기념하는 '언어 자원의 다원화를 위한 학술회의'에서 표준어 중심의 언어 정책에서 지역 방언을 폭넓게 활용할 수 있는 쪽으로 전환하여야 한다는 의견이 쏟아져 나왔다.

우리나라 어문 정책의 현 주소

　우리나라 국어 규범은 한글 맞춤법, 표준어 규정, 외래어 표기법, 로마자 표기법으로 구성되어 있다. 이들 개별 규범은 만들어진 시기가 각기 다르고, 개정 과정도 달라서 명칭부터 무척 혼란스럽다. 예를 들어 '맞춤법'은 『표준국어대사전』에서 "어떤 문자로써 한 언어를 표기하는 규칙"이라고 정의하고 있으며, '표기법'은 "부호나 문자로써 한 언어를 표기하는 규칙"으로 정의하고 있는데 실제로 '맞춤법'에 문장부호에 관한 내용이 있어 차라리 '맞춤법'보다 '표기법'이라는 용어가 더 적절할 것 같다. 그리고 '표준어 규정'은 무엇인가? 구체적

내용을 찬찬히 살펴보면 '맞춤법'이나 '표기법'이 내용상 무엇이 다른 것인지 분명하지 않다. 앞에서 말한 바와 같이 각종 어문 규범을 제정한 시기가 다르다 보니 전체적인 통일을 시도하지 않은 결과다.

『표준국어대사전』이 규범 사전으로서 만들어졌다면 '한글 맞춤법'이 충실하게 반영되어야 하는 것은 너무나 당연한 일이다. 특히 규범적 성격을 분명하게 반영하지 않는다면 '종합국어대사전'이라고 해야 할지 모르지만 현재의 상황으로는 규범 사전의 표준형이라고 보기 어렵다.

이러한 관점에서 '한글 맞춤법' 제1장 총칙을 중심으로 관계 규정과 『표준국어대사전』의 올림말 및 뜻풀이와의 관련성을 전제로 하여 어떤 문제점이 있는지 살펴보자.

제1장 총칙

제1항 한글 맞춤법은 표준어를 소리대로 적되, 어법에 맞도록 함을 원칙으로 한다.

제2항 문장의 각 단어는 띄어 씀을 원칙으로 한다.

제3항 외래어는 '외래어 표기법'에 따라 적는다.

제1장 총칙의 세부 내용은 3항으로 구성되어 있는데 제3항을 제외하고는 모두 "-원칙으로 한다."라고 기술하여 마치 꼭 따르지 않아도 되는 듯한 여운을 남기고 있다.

'한글 맞춤법'의 제1항은 한글 맞춤법의 대상을 규정하고 있다. 곧 한글 맞춤법은 '표준어'만 대상이 된다. 물론 외래어도 한글로 적는 다는 점에서는 한글 맞춤법과 관련되지만 외래어를 표기하기 위한 별도의 규정인 '외래어 표기법'이 있기 때문에 한글 맞춤법의 적용 대상은 결국 '표준어'로 한정된다. 곧 한글 맞춤법의 대상을 규정하고 있는 제1장 총칙이 매우 제한적인 규정임을 알 수 있다. 그러나 한글 맞춤법의 대상에 '전문 용어', '다듬은말(순화어)', '신조어', '방언', 문학 작품에 나타나는 '개인어' 등은 제외되어 있음에도 불구하고 『표준국어대사전』에서는 이들을 국어심의회의 심의 과정도 거치지 않고 사전 편찬자의 임의로 대량으로 등재하고 있어 상호 모순적이다.

제1항은 한글 맞춤법의 대상 범주와 표기 방식의 기본을 밝히고 있다. 한글 맞춤법의 적용 대상은 표준어라고 정의되어 있다. 그러면 표준어는 어떻게 정의되는지 '표준어 규정'을 살펴보자. 표준어 규정 제1장 총칙은 2개의 항으로 되어 있는데 제1항은 "표준어는 교양 있는 사람들이 두루 쓰는 현대 서울말로 정함을 원칙으로 한다."라고 규정하고 있으며, 제2항은 "외래어는 따로 사정한다."라고 규정하고 있다. '표준어'의 범주는 제1항의 기준을 비롯해서 사정한 외래어로 구성된다. 여기에서 문제가 되는 것은 우선 '전문 용어', '다듬은말(순화어)', '신조어', '방언', 문학 작품에 나타나는 '개인어' 등은 한글 맞춤법의 대상에서 벗어난다는 말이다. 이 규정대로 한다면 한국어의 폭을 너무 축소하여 인식하고 있다. 언어문화란 다양한 민족어의 자산을 포괄하여야 함에도 불구하고 매우 제한된 '표준어'와 사정

된 '외래어'로만 한정함으로써 민족 전통의 언어유산을 내다버려야 할 것 내지는 관심 밖의 것으로 규정하고 있다는 사실은 매우 위험한 발상이 아닐 수 없다.

또 다른 문제점은 '한글 맞춤법'의 제3항의 외래어 규정과 '표준어 규정'의 제1장 총칙 제2항의 규정이 서로 상충되고 있다는 점이다. 곧 '한글 맞춤법'의 제3항의 외래어에 대한 규정은 '표준어'와 같은 범주를 정하는 것이 아니고 별도의 표기법을 마련하는 근거만을 제시하고 있다. 그러나 '표준어 규정'의 제1장 총칙 제2항에서 '외래어'의 범주는 "외래어는 따로 사정한다."라고 규정하였으나 어디에서도 사정 원칙과 범주를 표시한 내용이 없다. 따라서 '표준어 규정의' 제1장 총칙 제2항은 허구적인 조항이라고 할 수 있다. 또한 '표준어 규정' 제1장 총칙 제2항에서도 '외래어'만 따로 사정할 것이 아니라 '다듬은말(순화어)', '신조어', '방언', 문학 작품에 나타나는 '개인어' 등에 대한 사정 원칙과 범위를 명시해야 함에도 불구하고 이들 분류에 대한 사정 원칙이 없는 허구적인 조항으로 되어 있다.『표준국어대사전』에서는 이러한 규범을 토대로 한다면 '전문 용어', '다듬은말(순화어)', '신조어', '방언', 문학 작품에 나타나는 '개인어' 등을 올림말로 실어서는 안 될 것이다. 지금까지 '전문 용어'를 비롯한 '다듬은말(순화어)', '신조어', '방언', 문학 작품에 나타나는 '개인어' 등을『표준국어대사전』의 올림말로 선정하기 위해 어떤 사정 원칙 아래에서 어떠한 절차를 거쳤는지 알려진 바가 전혀 없다. 그러니까 사전 편찬자가 임의로 올림말을 퍼 올렸다고 볼 수밖에 없다.

예를 들어 '멱둥구미'를 『표준국어대사전』에서는 "[명] 짚으로 둥글고 울이 깊게 결어 만든 그릇. 주로 곡식이나 채소 따위를 담는 데에 쓴다."라고 뜻풀이를 하고 있는데 이 어형의 방언형 가운데 『표준국어대사전』에 실린 어휘는 다음과 같다.

두루광이 [명][방] '멱둥구미'의 방언(강원).
둥구미 [명] = 멱둥구미.
메꼬리 [명][방] '멱둥구미'의 방언(전남).
봉새기 [명][방] 「1」 '멱둥구미'의 방언(경북). 「2」 '쟁반'의 방언(경북).

'두루광이', '메꼬리', '봉새기'와 같은 방언형은 '멱둥구미'와 어원이 전혀 다른 방언 분화형이어서 당연하게 『표준국어대사전』의 올림말로 등재되어야 하지만 어떤 사정 원칙에 의해서 이들이 '멱둥구미'의 방언형으로 등재되었는지 우리말 규범에서 그 근거를 찾아 볼 수 없다는 점은 문제라 생각한다. 물론 사전 편찬 지침이나 교열 지침에 따른 결과이더라도 그런 지침이 규범보다 상위의 판단 근거가 될 수는 없다.

'한글 맞춤법'의 총칙 제3항을 '표준어 규정'의 제1장 총칙 제2항의 규정으로 옮기고 여기에 '외래어'뿐만 아니라 '다듬은말(순화어)', '신조어', '방언', 문학 작품에 나타나는 '개인어' 등의 사정 규정으로 확대해야 하며, 표준어 규정 제1장 총칙의 제2항은 '한글 맞춤법'의 총칙 제3항으로 옮기고 "외래어와 '다듬은말(순화어)', '신조어', '방언', 문학 작품에 나타나는 '개인어' 등의 표기법은 따로 정한다."라고 하여 표준어 이외의 언어 자산들의 표기 방식을 결정해야 한다. 그리고 구체적인 표기 방식이나 사전 등재 원칙을 밝히기 어렵다면 세부 지침은 『표준국어대사전』 편찬 지침에 의거한다고 명시할 필요가 있다.

한국 어문 규범은 한 치의 오차나 오류를 허용해서는 안 될 뿐만 아니라 규범을 바탕으로 한 『표준국어대사전』은 규범이 정한 범주를 철저하게 지켜야 할 것이다. 그러나 지금까지 규범의 대상 범주가 명확하지 않았던 결과로 '다듬은말(순화어)', '신조어', '방언', 문학 작품에 나타나는 '개인어' 등의 올림말이 무질서하게 실리게 되었다.

(1)

낭설(浪說) 명 터무니없는 헛소문. ≒표설(漂說). ⑪ 뜬소문. ⑪ 유언비어. '뜬소문, 헛소문'으로 순화.

카운트다운(countdown) 명 「1」로켓이나 유도탄 따위를 발사할 때에, 시작이나 발사 순간을 0으로 하고 계획 개시의 순간부터 시·분·초를 거꾸로 세어 가는 일. 「2」마지막 점검. '초 읽기'로 순화.

플랜(plan) 명 '계획01(計劃)'으로 순화.

핸디캡(handicap) 명 「1」자신에게 특별히 불리하게 작용하는 여건. '결점', '단점', '불리한 조건', '약점', '흠'으로 순화. 「2」〔운〕운동 경기 따위에서, 기량의 차이가 나는 경기자에게 이길 기회를 공평하게 주기 위하여 우월한 경기자에게 지우는 불리한 조건. 경기 승패에 영향을 줄 수

있는 점수·횟수·거리·중량 따위를 조절하여 대등한 경기를 할 수 있
도록 한다. 늑핸디.

(2)

가베(壁) 〔건〕〔미〕 벽(붙이기)

가라스(네, glass) 〔미〕 유리

위의 (1)의 예처럼 한자나 일본어 또는 영어식 외래어를 올림말로
올리고 설명한 것도 있지만 (2)의 예와 같이 순화 대상어만 올림말로
올리고 순화어만 대응시킨 경우도 있다. '카운트다운'이나 '핸디캡'
과 같이 외래어라고 보기 어려운 외국어를 그대로 올림말로 올린 기
준은 무엇인지 규범에서 그 근거를 확인할 길이 없다. 규범 따로 사
전 따로로 진행되어 온 전후 사정이야 이해되지만 적어도 국민에게
국가가 제시한 규범이라면 이처럼 모순성을 가지고 있어서는 안 될
일이다.

콩-지름 〔명〕〔방〕 '콩나물'의 방언(경상, 제주).

콩-질금 〔명〕〔방〕 '콩나물'의 방언(전라. 충청, 함경).

두루매기 〔명〕〔방〕 '두루마기'의 잘못.

둘매기 〔명〕〔방〕 '두루마기'의 방언(전남, 평북).

'콩나물'의 방언형인 '콩지름', '콩질금'은 『표준국어대사전』의 올
림말에 올라와 있다. '두루매기'와 '둘매기'는 '두루마기'의 방언형

이다. 그런데 '콩지름'과 '콩질금'은 모두 방언형으로 기술한 것에 비하여 '두루매기'는 '두루마기'의 잘못으로 '둘매기'는 방언형으로 처리하고 있다. 뜻풀이도 체계적인 균형을 이루지 못할 뿐만 아니라 『표준국어대사전』이라는 규범 사전에서 아무런 근거도 없이 한글 맞춤법 제1장 총칙 제1항의 근거에서 벗어나는 방언형을 올림말로 삼고 있다.

우리나라의 어문 정책의 현주소가 바로 이러한 모습이다. 모순투성이를 고쳐 나가려는 의지도 없다. 지난 수 십년간 우리나라의 어문 규범 정책은 일방적이고 또 폐쇄적이며 소극적인 수준에 머물러 있다. 일제 식민지의 굴레를 벗어나 한글이 통일된 모습으로 사용되기 위해서는 우선적으로 표기 기준 마련이 절실했을 것이고 또 사회의 다원화에 따라 외래어나 외국어 문제와 신조어 등의 문제가 발생하자 규범 언어를 서울말로 정하고 방언은 없애버려야 할 대상으로 몰고 갈 수밖에 없었을 것이다. 더욱이 국어대사전 편찬 사업은 주로 한글학회와 민간 출판사에서나 주도해 왔는데 문민정부에 들어와서 갑자기 그리고 졸속적으로 국가 주도의 규범 사전인 『표준국어대사전』을 만드는 과정에 여러 가지 오류를 낳을 수밖에 없었던 것이다.

문제는 지금부터 규범 사전을 그야말로 전 국민이 신뢰를 갖도록 보완해 나가야 하고 또 사전 보완을 위해서도 규범을 개정하지 않을 수 없다고 판단된다.

표준어와 표준국어대사전

한 나라의 규범어를 규정하여 불편 없이 사용하게 하려면 사전에 그 내용을 실어 활용할 수 있도록 해야 한다. 그런 의미에서『표준국어대사전』을 국립기관에서 국가 사업으로 추진했던 정신을 고려한다면 "표준어는 교양 있는 사람들이 두루 쓰는 현대 서울말로 정함을 원칙으로 한다."라는 '표준어 규정'을 철저하게 지켰어야 할 것이다. 그러나 이 사전에는 표준어 규정에 어긋난 사례들이 매우 많이 있다.

이 사전에는 표준어사정위원회의 검토를 제대로 거치지 않은 외래어, 신조어, 유령어, 방언, 북한어가 대거 실려 있다. 그러나 사실상 그동안 표준어사정위원회에서 논의되어온 각종 회의 기록이나, 새로 등재한 표준 어휘와 채택되지 못한 어휘 등의 구분 기준에 관한 공식 기록 자료들이 거의 남아 있지 않다고 하니 놀라운 일이 아닐 수 없다.

특히 북한 낱말이 대량으로 실려 있는데 이는 '표준어 규정'에 정면으로 위배되는 예이다. 가령, 북쪽의『조선어대사전』에 올림말로 실린 개화기 경성 방언이, 북한어로 둔갑해 실린 예들이 있다. 표준어를 사정할 때 개화기에 사용되던 많은 어휘가 남쪽 사전에는 실리지 않고 북쪽 사전에만 실린 것을, 다시『표준국어대사전』에 퍼 오면서 북한어로 취급하는 웃지 못할 일이 생겨나게 된 것이다.

1933년 조선어학회의 '한글맞춤법통일안'이 최종으로 확정되었는데, 이 안을 근거로 하여 "표준말은 대체로 현재 중류 사회에서 쓰는 서울말로 한다."라고 규정함으로써 표준어의 기반이 확정되었다. 이를 토대로 서울의 중류층이 사용하는 표준 낱말을 선정하기 위해 1935년 1월 '조선어표준어사정위원회'를 구성하였다. 73명(서울 26명, 경기 11명, 각도 대표 36명)의 위원을 위촉하여 표준 낱말을 사정하여 김윤경, 방종현, 이극로, 문세영, 이희승, 이윤재, 정인승 등이 모여 세 차례 윤독회를 거쳐 1936년 10월 28일에 9,547개의 낱말(표준어 6,231개, 비표준어 3,082개, 약어 134개, 한자어 100개)을 사정하여 발표하였다. 조선어학회에서는 이를 『사정한 조선어 표준말 모음』(1936)으로 출간하였다. 표준어를 사정하기 전에 활동한 현진건의 소설에는 "방언뿐만 아니라 일본어, 궁중어, 북한의 문화어가 상당수 포함되어"[17] 있는데, 특히 1936년 이후 개화기의 경성의 말씨임에도 불구하고 남쪽에서는 '표준말' 모음에서 제외되었거나 표준말사정위원회에서 채택하지 않은 '뛰염질, 목고개, 물얼굴, 잔등, 조방군, 탈아매다'와 같은 북쪽 지역의 방언(현재 북한의 문화어)이 북쪽의 『조선말사전』에는 올림말로 채택된 예가 매우 많다. 그러니까 현진건 소설에 나타난 북한어는 북한어가 아니라 남쪽사전에 미처 등재하지 못한 개화기의 경성말인 셈이다.

　이처럼 각종 국어사전이 올림말을 선정하는 과정에서부터 '표준어 규정'과 상충되거나 '표준어 규정'을 위배하는 경우가 있다. 그뿐만 아니라 올림말 발굴을 위한 지속적인 조사 계획이 없었으며 비록

---

17) 양명희, 『현진건의 20세기 전반기 단편소설 낱말 조사』, 국립국어연구원, 2002.

새롭게 발굴된 올림말도 체계적인 정리가 미흡했다. 그리고 '서울말
＝표준어'라는 등가 원칙을 고수함으로써 많은 방언들이 소멸될 수
밖에 없었다. 그리고 서울 방언에서 널리 쓰이고 있음에도 비표준어
로 처리된 경우도 많다. 올림말의 뜻풀이에도 문제가 많다. 방언형
올림말에 대해 '~의 잘못'으로 처리한 예들이 많은데 잘못으로 규
정할 근거가 없는 예가 다수 있다. 또한 비현실적인 순화어를 올림
말로 올린 사례들도 많이 있다. 뜻이나 어감이 현저히 달라 사용하
기 어려운 순화어도 많이 있다. 표준어 사정 대상이 조사나 어미 같
은 문법 형태는 제외하고 낱말에 국한된 점도 문제이다. 그리고 사
정위원들이 거수로 표준어를 결정하는 방식은 결코 과학적인 방법
이라고 할 수 없지만 실제 그러한 거수 절차도 제대로 거친 적이 거
의 없다.

　표준어 개념에 대해 재검토를 하기 위해 몇 가지 전제되어야 할 사
항이 있다. 표준어와 비표준어로 양분하는 방식을 점진적으로 폐지
해야 한다. 표준어는 임의적인 성격이 많기 때문에 포괄적 개념만을
규정하도록 하고 개별 낱말에 대한 규정은 지양해야 할 것이다. 그리
고 국어 규범을 강요하기보다는 언어 기술 위주로 전환하거나 국어
사전을 활용하는 방식을 취해야 한다.

　표준어와 비표준어로 양분하는 방식을 지양하기 위해서는, 표준어
/비표준어를 대립되는 개념으로 이해할 것이 아니라 낱말 사용 실태
조사에 주력하여 방언이라도 필요한 경우에는 규범적인 공통어로 채
택할 필요가 있다. 국어사전에 등재되어 있지 않은 낱말의 발굴에 노

력해야 한다. 말뭉치 활용(세종계획 말뭉치, 국립국어원 자체 말뭉치 등)과 생활 현장 용어의 조사를 통해 낱말 수를 더욱 늘리기 위한 노력과 더불어 의사소통에 장애를 받지 않도록 말하는 방식을 적극 교육해 가야 한다. 예를 들면 단모음 '에/애', '으/어'와 '외/우'의 발음법은 착실히 교육할 필요가 있다.

70년대 이후 산업화와 도시화의 과정에서 급팽창한 '서울' 지역의 외연外延과 그 속에 유동하며 살아가고 있는 '교양인'이라는 정체를 규정하기가 어렵게 되었다는 점도 문제이다. 따라서 '표준어 사정 원칙'의 총칙 제1항의 규정은 사문화된 규정이나 다름이 없다. 우리 어문정책의 틀은 결국 우리 민족의 언어 자산을 한정된 '서울' 지역과 '교양인'으로 묶어 버림으로써, 상대적으로 풍부하고 다양한 방언은 표준어에 비해 열등한 것으로 비하되었고 또 공익성이 없는 것으로 여겨져 결국 소멸의 길로 들어서게 되었다. 표준어를 쓰는 서울 사람들에 의해 형성된 서울 중심 문화의 대중화는 지방 사람들로 하여금 자신들이 태어나고 성장한 고장의 언어인 방언을 부정하거나 지역 문화의 우수성까지도 무시하도록 강요한다는 점에서 신중히 재고되어야 한다. 언어에 대한 왜곡 현상은 학습자 개인의 언어 습관의 문제에 국한되지 않고, 그들이 살아온 지역 문화에 대한 정체성 내지 자긍심 형성에도 영향을 미친다. 이것이야말로 문명적 폭력이라고 하지 않을 수 없다.

표준국어대사전 이름 문제

1999년 국립국어원에서 간행한 『표준국어대사전』의 이름을 곰곰이 되새겨 볼 필요가 있다. 말 그대로 '표준국어＋대사전'인가? 아니면 '표준＋국어대사전'인가? 전자라면 '표준국어'를 다 모은 대사전이라는 뜻이 될 것인데 어찌 표준국어의 대사전이 필요한 것인지 이해할 수 없다. 후자라면 아직 우리나라에서는 명실상부한 '국어대사전'을 만들지 못했을 뿐만 아니라 있다손 치더라도 그것을 표준화한다는 말은 이치에 맞지 않는다. 옥철영 교수(2007)는 '표준'에 대해 콘텐츠의 표준인가? 사전 기술의 표준인가? 사전 활용의 표준인가? 어떤 개념의 표준인지 명확하지 않다는 지적을 한 바 있다. 이 사전은 아마 우리 규범에 맞는 말을 올림말로 올려 그것을 뜻풀이한 '표준국어사전'이라는 의미로 해석하는 것이 국립국어연구원에서 사전을 기획하고 편찬한 의도와 일치하리라 본다.

사전편찬학 측면에서 제기할 수 있는 문제점이나 부분적인 오류의 문제는 논외로 하더라도 『표준국어대사전』은 근본적으로 여러 가지 문제를 안고 있다. 앞에서 말한 바와 같이 표준국어사전이라면 규범이 정하는 표준국어의 범주와 일치해야 할 필요가 있다.

한국 어문 규정은 '한글 맞춤법', '표준어 규정', '외래어 표기법', '국어의 로마자 표기법'으로 구성되어 있다. 이 네 가지 규정에 담긴 내용을 토대로 하여 '표준어'의 범주와 이 사전에서 담고 있는 '표준어'의 범주가 일치하지 않는다는 점을 강조하지 않을 수 없다.

‘한글 맞춤법’에서 규정하는 한국어의 대상은 ‘표준어’에 한한다.

표준어의 사정 원칙을 규정한 ‘표준어 규정’의 제1장 총칙의 의하면 ‘신어, 다듬은 말(순화어), 전문어, 표준어로 규정되지 않은 방언, 개인어’ 등은 비표준어로 처리될 수밖에 없다.

그뿐만 아니라 ‘한글 맞춤법’ 제1장 총칙 제3항에 규정하고 있는 외래어 또한 ‘표준어 규정’ 제2항에 따라 외래어는 따로 사정한다고 명시되어 있지만 어디에서도 외래어와 외국어를 구분할 ‘외래어 사정’ 원칙을 찾아볼 수 없다.

결론적으로 말하자면 이 사전에서는 어문규범을 지키지 못하는 뒤죽박죽 올림말을 올려놓은 꼴이다. 신어, 다듬은 말(순화어), 전문어, 표준어로 규정되지 않은 방언, 개인어’ 등은 표준어가 아님에도 사전 편찬자의 임의적인 판단으로 올림말을 선정하였으며, 외래어 또한 마찬가지의 방식으로 사전 편찬자 임의로 국어심의회에 상정하여 거수의 방식으로 통과시킨 꼴이다. 역으로 어문 규범을 담아낸 이 사전이 정당하다면 ‘한국 어문 규범’을 전면 수정해야 한다는 논리에 이르게 된다.

이쯤 해서 조동일 박사(2006)의 조언을 들어보자.

“잘못을 합리화하려고 하지 말고, 명실상부한 ‘국어대사전’을 만들어야 한다. 표준어 사전을 만들면서 다른 것들을 일부 곁들이지 말고, 표준어인지 아닌지 구별하지 않고 모든 국어 어휘를 수록하고 풀이하는 큰 사전을 만드는 것이 국어원의 존재 이유이다. 시대와 지역에 따라 달라진 언어가 어떤 관련을 가지는지 설명해야 한다. (중략) 서사어와 구두어에서 새로 찾아낸 많은 어휘가 표준어인가를 가리는 것은 무의미한 일이다. 표준어 사정을 할 때 그런 말이 있는지 몰라 대상으로 삼지 않았다. 표준어 사정에 들어가지 않은 말은 방언이니까 홀대해도 그만이라는 옹졸한 생각을 가지고 국어대사전을 만들 수는 없다. 국어대사전은 표준어 사전일 수 없다. 표준어인지 옛말인지 방언인지 가리지 말고, 고유어와 한자어를 차별하지 말고, 모든 국어를 포괄하는 사전이 국어대사전이다. 국어원은 국어학 내부의 영역에 머물러 있지 말고, 어문생활사의 여러 문제를 다루어야 한다. 사전 편찬에서 언어문화의 유산을 폭넓게 계승하는 데 그치지 않고, 작문법, 언어 사용의 실상, 국어와 영어, 세계의 한국어 등에 관해서도 조사하고 연구해야 한다. 현재의 제도와 규정으로는 개선이 가능하지 않다면, 국립국어문화원으로 이름을 고치고 성격을 바꾸어야 한다.”

국어대사전에 관한 논의를 하기 전에 『표준국어대사전』이라는 이름이 안고 있는 문제점을 개괄적으로 살펴보았다. 좀 더 구체적으로 『표준국어대사전』이 그 이름과 관련하여 어떤 문제점을 안고 있는지 살펴보자.

먼저 규범상의 ‘표준어’라는 범위와 『표준국어대사전』이 규정하고 있는 대상의 범위가 다르다. 한국 어문 규정대로라면 ‘신어, 다듬은 말(순화어), 전문어, 표준어로 규정되지 않은 방언, 개인어’는 이 사전에서 다루어서는 안 될 것이다. 그뿐만 아니라 외래어 또한 사정 원칙이 뚜렷하지 않은데도 불구하고 대량으로 유입되어 있다.

2006년 8월 22일, 국립국어원의 2006년도 제7회 언어 정책 토론회에 참석한 조동일 박사는 『표준국어대사전』이 규범 사전을 지향하면서 역사적·지역적 문화유산을 담고 있는 옛말과 방언을 싣지 않았다고 비판하였다. 그에 따르면, 사전은 언어를 규범화하는 것이라는 입장은 부당하며 사전의 일차적 기능은 독해를 위한 길잡이 노릇이라고 한다. 그는 또한 사전이 뜻풀이만 해서는 안 되며, 뜻이 생기고 변천해 온 내력을 밝혀야 한다고 말하고, 국어대사전은 표준어, 옛말, 방언, 고유어, 한자어를 차별하지 말고, 모든 국어를 포괄하는 사전이어야 한다고 주장하였다.

그러나 사전이 어떤 종류인가에 따라 그 사전이 담아내는 내용은 차이가 있을 수 있다. 우리나라의 경우 종합 국어사전이 단 한 번도 편찬된 적이 없기 때문에 조동일 박사와 같은 주장도 가능하지만 교육용으로서 규범 사전은 필요하다고 판단된다. 문제는 규범 사전을 지향하면서도 규범을 제대로 담아내지 못한 점이다. 다시 말하자면 규범 사전으로서 시작된 『표준국어대사전』이 규범 사전의 격식도 갖추지 못했으면서 마치 종합 국어사전의 방식으로 만들어짐으로써 그 정체성을 잃어버린 것이다.

가까운 일본의 경우 우리나라의 『표준국어대사전』의 전 3권 중 1권의 규모로 30여 권으로 된 국어사전을 편찬하여 이를 토대로 그들의 국어자산을 관리하고 있다. 언어란 그 민족문화의 정수라고 할 수 있듯이 그들 문화의 표상인 언어문화를 표준어이니까 보존하고 그렇지 않으면 내다 버리는 정책이어서는 안 된다.

올림말 문제

방언형의 올림말 선정

방언형의 올림말 선정을 위해 『표준국어대사전』에서는 일반 원칙과 세부 사항을 규정해 놓고 있다. 그러나 방언 올림말 선정 원칙과 규정을 미세하게 정해 놓았지만, 실제 각 지역별 방언 올림말의 뜻풀이나 선정 방식은 모호하거나 일관성을 잃어버린 경우가 많다.

『표준국어대사전』의 올림말 선정 기준에서 1항의 나)“비표준어는 널리 쓰는 것을 선별하여 수록하되, 대응하는 표준어와의 관계를 파악할 수 있도록 한다.”라는 기준과 1항 4)“방언을 지역별로 선별하여 수록한다.”라는 기준은 방언형 올림말 선정 기준의 무원칙의 결과라고 할 만하다. 예를 들어 ‘무말랭이’의 방언형은 매우 다양하여 그 방언 분화형은 아래와 같은데 과연 위와 같은 방언형의 올림말 선정 기준이 잘 지켜졌는지 살펴보자.

곤지, 골굼무꾸, 골굼무수, 무:마랭이, 무:말랭이, 무:우거리, 무고시레기, 무고자리, 무꾸말랭이, 무꼬자리, 무꾸검박, 무말래, 무말랭이, 무수가시레기, 무수고시래기, 무수꼬시래기, 무수꼬재기, 무수말래이, 무수말랭이, 무수말링갱이, 무수우거리, 무수채가지, 무시건채, 무시곽떼이,

무시오구레기, 무시오그락찌, 무시왁따지, 무시우거리, 무시우구리, 무
시쪼고래기, 무쏘래기, 무씨래기, 무오가리, 무우고시레기, 무우말랭이,
무우우거리, 뭇고자리, 뮈고자리, 뮈우말랭이, 속쓰랭기, 싱거리, 싱기
리, 오가리, 오그락찌, 오그래기, 와가리, 왁다리, 왁따지, 왁떼기, 쪼거
락찌, 쪼구래기

이들 방언 분화형을 모두 올림말로 싣는 방언사전의 경우와는 달
리 다양한 방언 분화형 가운데 가치 있는 방언 대표형을 어디까지 올
림말로 실을 수 있는가?『표준국어대사전』에서는 '무말랭이' 방언형
가운데 '무꾸', '무수', '무말랭이', '우거리',[18] '무고자리'[19]만이 올림
말로 등재되어 있다. 그러나 방언 올림말 선정 기준인 "해당 방언권
의 화자들이 널리 사용하는 어휘에 한정해서 올림말로 인정한다. 다
른 방언권에는 없는, 해당 방언권의 특징을 전형적으로 보여 준다고
판단한 어휘나 통시적으로 중요하다고 판단한 어휘에 한해서는 널리
쓰이지 않더라도 올림말로 선정할 수 있다."라는 기준에 의한다면
'곤지', '골굼무꾸', '무고시레기', '무꾸검박', '무수고시래기', '무수
꼬재기', '무수말랭이', '무수말링갱이', '무수곽떼이', '무시오구레
기', '무시오그락찌', '무시왁따지', '무시쪼고래기', '무쏘래기', '무우
고시레기', '뭇고자리', '속쓰랭기', '싱거리', '와가리', '왁다리', '왁따

....

18) **우거리** 명「1」방 '오가리01' 의 방언(함북). 「2」옛 '오가리01' 의 옛말.¶葫蘆條 박 우거리『동문유
해 하:4』.§
19) **무-고자리** 명방 '무말랭이' 의 방언(강원).

지', '왁떼기', '쪼거락찌'와 같은 방언 분화형 가운데 올림말로 실려야 할 예들이 있지만 실제로는 그렇지 않다.

"복합어의 경우에도, 한 요소만 방언형이고 나머지 한 요소는 표준어이면서 단어의 뜻이 두 요소의 뜻의 단순 결합인 경우—의미적 융합이 일어나지 않은 경우—에는 방언형 요소만 올림말로 등재한다."라는 규정에 따르더라도 '고시레기', '검박', '쪼거락지', '싱거리', '왁따지'나 '곤지'와 '골굼무꾸' 등이 올림말에서 제외되어 있어 규정과 실제는 서로 다른 모습을 보여 준다.

방언 올림말을 선정하는 일반 원칙인 "타 방언권의 화자가 대응하는 표준어형을 쉽게 유추하기 힘든, 단순 음운론적 교체형이 아닌 어형들에 한정해서 올림말로 인정한다."라고 규정하고 있지만 그러나 실제 사전에서는 이러한 일반원칙조차도 잘 지켜지지 않았음을 알 수 있다.

마구잡이로 방언형을 올림말로 등재

이 사전이 규범 사전이라고 할 때, 한글 맞춤법과 표준어 규정, 외래어 표기법, 국어의 로마자 표기법을 충실하게 반영할 의무가 있는데, 특히 올림말의 선정 원칙과 관련하여 표준어 규정에서 명시한 제1부 표준어 사정 원칙 중 제3장 어휘 선택의 변화에 따른 표준어 규정에서 '제3절 방언'의 규정에 의하면 제23항과 제24항에서 규정한 범위에서 벗어나는 방언형을 올림말로 취할 수 있도록 명시한 규정은 어디에서도 찾아볼 수 없다.

제23항에서는 "방언이던 단어가 표준어보다 더 널리 쓰이게 된 것은, 그것을 표준어로 삼는다. 이 경우, 원래의 표준어는 그대로 표준어로 남겨 두는 것을 원칙으로 한다."와 제24항에서는 "방언이던 단어가 널리 쓰이게 됨에 따라 표준어이던 단어가 안 쓰이게 된 것은, 방언이던 단어를 표준어로 삼는다."라는 두 규정을 검토해 볼 필요가 있다. 방언인 단어와 표준어의 사용 빈도의 우열에 따라 방언이 표준어보다 더 많이 사용될 경우 방언형을 표준어형과 함께 복수 표준어로 인정하며 방언형이 표준어형을 밀어낸 경우 방언형을 표준어로 인정한다는 말이다. 다시 말하자면 표준어와 대응되지 않는 방언형에 대한 규정은 없음에도 불구하고 이 사전에서는 방언형을 대폭 수용하고 있어 규범 사전으로서의 본질을 이탈하고 있다.

표준어 규정 제4절과 제5절 단수 표준어와 복수 표준어의 규정 또한 많은 문제를 안고 있다. 제25항에서 "의미가 똑같은 형태가 몇 가지 있을 경우, 그 중 어느 하나가 압도적으로 널리 쓰이면, 그 단어만을 표준어로 삼는다."라는 규정에서 "의미가 똑같은 형태"의 대상이 표준어만을 뜻하는지 방언도 포함하는지 불분명하다. 제25항에서 예시한 '-게끔, -게꿈', '고치다, 낫우다', '국물, 멀국/말국', '쌍동밤, 쪽밤', '아주, 영판', '언제나, 노다지', '-에는, -일랑' 등에서는 의미가 똑같은 형태의 대상에 방언도 포함하고 있는 것으로 판단된다.

여기서 "압도적으로 널리 쓰인다."라는 규정도 매우 불분명한 개념이다. 이상규(2006)의 방언 지도 제작기(Map Maker)를 활용한 〈도표 13〉에서 '부추'의 방언 분화형의 사용 빈도수를 보면 제25항의 규정

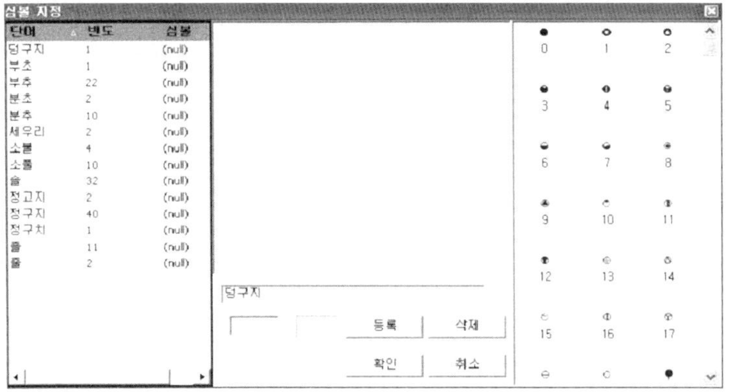

도표 13 | '부추'의 방언 분화형의 사용 빈도수

과 차이를 보인다는 사실을 알 수 있다.[20] 곧 '부추' 계열의 어휘는 35이고 '솔/소풀/졸' 계열은 59이며, '정구지' 계열은 44이다.

복수 표준어를 규정한 제26항 "한 가지 의미를 나타내는 형태 몇가지가 널리 쓰이며 표준어 규정에 맞으면, 그 모두를 표준어로 삼는다." 역시 '한 가지 의미를 나타내는 형태'의 대상이 표준어만을 뜻하는지 방언도 포함하는지 불분명하다. 예컨대 '것/해(내~, 네~, 뉘~)', '되우/된동/되게', '멀찌감치/멀찌가니/멀찍이', '벌레/버러지', 엿기름/엿질금', '옥수수/강냉이', '일찌감치/일찌거니', '제가끔/제각기' 등의 예에서는 '한 가지 의미를 나타내는 형태'의 대상에 방언도포함하고 있는 것으로 판단된다. 또한 '널리 쓰이며'의 한계도 불분

---

20) 이상규, 「방언 지도 제작기를 활용한 방언 지도 제작」, 『방언학』 2, 한국방언학회, 2005.

명하다. 앞에서 든 '부추'의 경우 복수 표준어를 규정하는 제26항에 따른다면 적어도 '부추', '정구지', '졸/솔' 형은 복수 표준어로 인정될 만하다.

'부추'의 방언 분화형 가운데『표준국어대사전』올림말로 등재된 낱말은 7개인데, '부추'를 제외한 6개의 낱말은 모두 방언형으로 처리하여 복수표준어로 인정하지 않았다.

부추[명] 〔식〕백합과의 여러해살이풀. 봄에 땅속의 작은 비늘줄기로부터 길이 30cm 정도 되는 선 모양의 두툼한 잎이 무더기로 모여난다. 8~9월에 긴 꽃줄기가 나와 산형(繖形) 꽃차례로 흰색의 작은 꽃이 핀다. 열매는 삭과(朔果)를 맺으며 익으면 저절로 터져서 까만 씨가 나온다. 비늘줄기는 건위·화상 따위에 쓰고, 잎은 식용한다. 중국과 인도가 원산지로 한국, 일본 등지에 분포한다. ≒구채01(韭菜)·난총01(蘭葱). (Allium tuberosum) 〔〈부초〈부치〈구방〉〕

분추01 [명][방] '부추'의 방언(강원, 경북, 충북).

정구지 [명][방] '부추'의 방언(경상, 전북, 충청).

졸02 [명]「1」[방] '부추'의 방언(충청).「2」[옛] '부추'의 옛말. ¶韭 졸《물보 상:3》/ 山韭 與家韭相類 但根白葉如燈心苗 山韭生深山中 驗其葉 一如家韭 不似燈心也 說者多以 졸 當韭 今驗 졸之結子 無仁不堪入藥 始知韭之決是 부치 而 졸 則恐是山韭也 孝文韭 諸葛韭 崔 仝《물명 3:6》.§

솔06 [명][방] '부추'의 방언(경상, 전남).

소풀 [명][방] 〔식〕'부추'의 방언(경상).

세우리 명방 '부추'의 방언(제주).

앞에서도 논의한 바와 같이 『표준국어대사전』에서 표준어 이외의 방언형의 올림말을 싣는 기준의 일관성을 찾아보기 힘들다. 또한 뜻풀이 정보 처리 방식에서도 '부추' 항에 〔식〕이라는 사전용 약호가 '소풀' 항에 다시 표시된 이유가 분명하지 않다.

방언형의 올림말 오류 사례

『표준국어대사전』에서는 '뜨시다'를 "뜨시다 형방 ① '따뜻하다'의 방언(강원, 경산). ② '뜨습다'의 방언(강원)"으로 풀이하면서 '더운밥'을 '갓 지어 따뜻한 밥.'으로 풀이하고 그 반의어를 '빤 찬밥'으로 풀이하고 있다. 『연세한국어사전』(1998)에서도 '더운물'을 올림말로, 그 반의어는 '찬물'로 처리하고 있다.[21]

온도 낱말은 '물리적 온도'와 '생리적 온도'에 따라 대립 체계를 보여준다. 천시권(1980: 9)이 제시한 온도 낱말의 상관 체계는 다음과 같다.

물리적 온도: 차갑다(찬-) 〉 미지근하다 〉 뜻뜻하다 〉 뜨겁다(뜨신-)

생리적 온도: 춥다(추운-) 〉 서늘하다 〉 따뜻하다 〉 덥다(더운-)

---

21) 『연세한국어사전』(1998)에서 '더운밥', '더운죽', '더운방' 등은 올림말로 실려 있지 않다.

이러한 온도 낱말의 대립 체계가 아래와 같이 지역마다 달라 다음의 예와 같은 방언 차이를 보여 준다.

표준어	충북 방언	경북 방언
더운밥(*추운밥)	더운밥	뜨신밥
더운물(*추운물)	더운물	뜨신물
더운죽(*추운죽)	더운죽	뜨신죽
더운 방(*추운방)	더운 방	뜨신 방

도표 14 │ 지역에 따른 온도 계열어의 차이

물리적 온도는 기체, 고체 또는 액체에 상관없이 '차다' 또는 '식다'와 결합하여 합성어를 형성한다. 그러나 충북 이북 지역에서는 '더운밥, 더운물, 더운죽, 더운 방'과 같은 낱말들이 실현되지만 경북 지역에서는 '뜨신밥, 뜨신물, 뜨신죽, 뜨신 방'으로 실현된다. 중부 방언에서는 생리적 온도 낱말인 '덥다'가 물리적 대상인 '밥, 물, 죽, 방' 따위와 합성되는 체계적 차이를 보여 준다. '더운밥 : 찬밥'과 같은 중부 지역어(표준어)의 낱말 대응은 온도 낱말의 체계적 대립을 벗어난 것이다.

다시 말하면 표준어의 대상 지역인 서울 지역의 조어 규칙이 모순된 체계를 반영하고 있다. '찬밥', '찬물'의 반의어는 '뜨뜻한 밥(경북 방언 뜨신밥)', '뜨뜻한 물(경북 방언 뜨신물)'이 되어야 합리적인 것이다. 만약 '더운밥', '더운물'의 합성 구조가 체계적이라면 그 반의어는 '*추운밥', '*추운물'이 되어야 합리적이다. 그런데 '더운밥',

‘더운물’의 반의어로는 ‘추운밥’, ‘추운물’이 아닌 ‘찬밥’, ‘찬물’이 대응되는데 이는 생리적 온도 계열어인 ‘덥다’의 반의어가 물리적 온도 계열어인 ‘차다’와 대응되는 불일치를 보여주고 있다. 따라서 서울 지역의 온도 계열어가 체계적이지 않음에도 불구하고 이를 표준어로 인정하여 올림말로 등재한 것은 명백한 오류이다. 이러한 오류는 거의 대부분의 국어사전이 범하고 있는 전형적인 잘못 가운데 하나이다.

‘떨어뜨리다’에 대한 방언형으로 ‘널쭈다’ 계통의 방언형이 있다. 2003년도 남북한방언검색시스템에 등재된 ‘떨어뜨리다’ 계열의 방언 분화형은 〈도표 15〉와 같다. ‘나르치다, 널짜다, 널쭈다, 네레쭈다, 네레추다, 네부치다, 네불치다, 네비치다, 넬치다, 떨구다, 떨어떠리다, 떨어띠리다, 떨어터리다, 떨우다, 떨추다, 떨치다, 떨쿠다’ 가운데 ‘널짜다, 널쭈다, 네부치다, 넬치다, 떨구다, 떨우다, 떨치다, 떨쿠다’는 『표준국어대사전』에 올림말로 등재되어 있다. 특히 ‘널짜다’와 ‘널쭈다’는 단순한 모음 교체형이고 ‘떨구다’와 ‘떨우다’는 접사의 차이일 뿐이다. 다시 말하면 ‘떨어뜨리다’ 형의 다양한 방언형 가운데 어떤 기준으로 올림말을 선정했는지 뚜렷한 기준을 찾아내기 힘들다. ‘떨어뜨리다’ 계열의 방언형은 크게 ‘떨어-’, ‘떨구다’와 ‘널쭈다’, ‘네불치다’ 계열로 구분된다.

떨+어 - 떨어떠리다, 떨어띠리다

떨구다 - 떨구다, 떨우다, 떨추다, 떨치다, 떨쿠다

남북한방언검색시스템	표준국어대사전
나르치다(전남)	
널짜다 (경남)(경북)	통방 '떨어뜨리다' 의 방언(경남).
널쭈다 (경남)	통방 '떨어뜨리다' 의 방언(경남).
네레쭈다 (강원)	
네레추다 (강원)	
네부치다 (전남)	통방 '떨어뜨리다' 의 방언(전남).
네불치다 (전남)	
네비치다 (전남)	
넬치다 (전남)	통방 '떨어뜨리다' 의 방언(전남).
떨구다(강원)	통 '떨어뜨리다' 의 잘못.
떨어떠리다 (전국)	
떨어띠리다(전국)	
떨어터리다 (전국)	
떨우다 (경남)	통방 '떨어뜨리다' 의 방언(경남).
떨추다(전남)	
떨치다(전남)	
떨쿠다(전남)	통북 (강조하여) 무엇을 떨어뜨리다. 락반이 일어날 수 있는 위험 개소의 돌을 미리 떨쿠는 사람은 우리 중대의 로동안전원 병철이다.≪선대≫ §

도표 15 │ '떨어뜨리다' 계열의 방언분화형과 뜻풀이

널쭈다 – 널짜다, 나르치다, 네레쭈다, 나레추다, 넬치다

네불치다 –네불치다, 베부치다, 네비치다

'떨구다(강원)'는 "통 '떨어뜨리다'의 잘못."으로 뜻풀이를 하고 '떨우다'는 "통방 '떨어뜨리다'의 방언(경남)."으로 뜻풀이를 한 기준과 이유가 무엇인가. '떨우다'는 '떨구다'의 'ㄱ' 탈락 현상에 지나지 않음에도 불구하고, '떨구다'는 '떨어뜨리다의 잘못'으로 '떨우다'는

방언형으로 뜻풀이를 한 이유가 분명하지 않다.[22]

 '자르다'의 방언형인 '동갈이다', '동갈내다'는 끊는 대상이 선인지 평면인지 아니면 입체인지에 따라 의미 차이를 보인다. 그런데 '동갈이다', '동갈내다'와 같은 방언형은 기존 사전의 올림말에서 제외되어 있다. 앞에서 살펴본 '널쭈다'와 함께 매우 중요한 방언형이 누락되어 있다. '썰다03'를 "동방 '켜다02'의 방언(경상)"으로 풀이하고 있는데 경상 방언에서는 '썰다'와 '켜다'는 분명한 의미 차이가 있다. 곧 '켜다'는 '켜를 지어서 썰다'는 의미가 있기 때문에 '썰다'를 단순히 "'켜다02'의 방언(경상)"으로 처리하기보다는 좀더 미세하게 뜻풀이를 해 주어야 한다. 이와 유사한 예로 방언형 '농구다'는 '가르다, 가리다, 노누다, 논구다, 농구다'와 같은 분화형이 있다. 그런데 이 '농구다'의 뜻풀이를 "농구다 동방 '나누다'의 방언(강원, 함경)."으로 함으로써 '가르다'의 의미가 배제되었다. 다시 말하자면 방언에서는 '농구다'가 '편을 갈라 지우다'라는 의미 곧 '가르다'의 "「3」 승부나 등수 따위를 정하다"라는 의미도 있음에도 불구하고 이를 배제한 뜻풀이가 되고 말았다.

 표준어가 아닌 방언도 언어 발달 과정을 설명하는 데 도움이 되는 예들이 많이 있다. 예컨대 '(연기가 나서 눈이) 내그랍다'라는 어휘는 '내굴(煙氣)'이라는 어근에 접사가 결합한 파생어인데 '내굴'을 올림

22) 기존 사전의 방언 올림말은 특별한 기준 없이 낱말적으로 동일한 계열의 여러 음운론적 교체형들을 모두 등재하고 있으나 『표준국어대사전』에서는 한 계열에서는 하나의 대표형만을 올림말로 등재하고 나머지 교체형들은 올림말로 인정하지 않는다.

말로 인정하지 않기 때문에 '내그랍다'라는 어휘의 생성과정을 설명하기 힘들다. '내(煙氣)'만 올림말로 처리하기 때문에 '내'의 고어형이며 지역 방언형인 '내굴'을 올림말로 올리지 않음으로 인해서 생겨나는 문제이다. 이처럼 지역적 제약성 때문에 상당수의 방언이 표준어에서 제외되어야 했다. 문화적 다원성 확보라는 측면에서 다양한 방언 가운데 사용자가 다수인 방언을 표준어에서 배제해야 하는 어떤 당위성도 찾을 길이 없다. 방언 어휘를 언어 자원으로 활용할 수 있도록 언어 정책 방향을 전환할 필요가 있다. 그렇지 않으면 까마득하게 내버려 둔 북쪽 우리말과 글을 어떻게 한 겨레말로 끌어안을 수 있다는 말인가.

남북 간의 방언형 올림말 차이

지역 간의 음운 현상의 차이 때문에 낱말의 기본형이 소멸하거나 잔존함을 보여주는 예가 있다. 경상도 방언에서 '솗다', [23] '겂다'라는 어휘는 매우 자연스럽게 사용되고 있지만 중부방언에서는 15세기 이후에 'ㅂ'의 탈락으로 인해 이들 기본형은 소멸되고 존재하지 않는다. '솗다'는 '귀찮게 하거나 성가시게 하여 마음이 편치 않거나 긴장하여 있다'라는 뜻이며, '겂다'는 '가루다'의 뜻이다. 그런데 중부 방언에서는 '솗아 〉 솔바 〉 솔아', '겂아 〉 갈바 〉 갈와'의 변화를 통해 기

---

23) 페롱 신부가 편찬한 『불한사전』(1869 : 9)에 '솔다' 라는 어휘가 보인다.

본형이 소멸되었으나 남부 방언에서는 '솔바죽겠다(귀찮아 죽겠다)', '갊아쓰면(拉書하면)', '갈찌마라(가루지 마라)'처럼 고어의 기본형이 고스란히 유지되어 있다. 그런데 '솗다'는 북의『조선어대사전』에서는 아래의 예처럼 올림말로 다루고 있으며, 남의『표준국어대사전』에서는 다음과 같이 북한어로 처리하고 있어 차이를 보인다.

> **솗다** 형북 「1」'솔다〔3〕'의 북한어. 「2」마음이나 가슴이 옹색하고 긴장하여 있다. ¶그만둬라. 집에서 사람이 쫓아가면 의원의 신세를 지는 병자가 마음이 솗아 견디겠니.《닻은 올랐다. 선대》§

또 하나의 예로 '연기煙氣'의 남북 방언 분포는 다음과 같다. 이 자료는 2003년 한민족 언어 정보화 사업의 결과인 '남북한방언검색시스템'의 자료이다.

〈남의 '연기' 방언형〉

품사: 명사

표준어: 내

방언형: 내2구2름1 〈경남〉(창원)〔2저조, 1고조〕

　　　내 〈경남〉(통영, 거제, 하동)

　　　냉기 〈경남〉(남해, 창원)

　　　네 〈제주〉(전역)

　　　앵기 〈경남〉(창원, 양산, 의령)

연개 〈경남〉(양산, 김해)

연구내이 〈경남〉(울산(울주))

연기 〈경남〉(거창, 사천, 함양, 산청, 합천, 함안, 진주, 남해, 창녕, 김

해, 고성, 의령)

영개 〈경남〉(하동)

〈북의 '연기' 방언형〉

품사: 명사

문화어: 내굴

방언형: 내 〈황해〉(옹진, 곡산, 평산, 송화, 수안, 안악, 연백, 재령), 〈함남〉(안

변, 원산, 함흥, 흥남), 〈강원〉(통천), 〈평남〉(양덕), 〈평북〉(의주, 내

구리 자성, 후창), 〈함북〉(길주, 경성, 경원, 종성, 회령, 명천, 무산,

청율, 회령),

내굴 〈평남〉(영원), 〈함남〉(고원, 북청, 함주, 함흥), 〈함북〉(성진, 학

성, 길주, 명천, 경성, 경흥, 경원, 청진, 부령, 종성, 무산)

냇내 〈황해〉(황주), 〈평북〉(벽동, 정주, 추산)

냉과리 〈평북〉(희천)

냉굴 〈평북〉(희천)

대체로 '연기'의 방언형은 '내', '내굴', '연기', '냉과리' 등의 분화
형으로 구성되어 있다. 한자어 '연기'에 대응되는 고유어형이자 방언
형은 '내'와 '내굴'이 있다. 남에서는 표준어로 '내'를, 북에서는 문

화어로 '내굴'을 올림말로 삼고 있다. 올림말을 '내'로 삼을 경우 '내굴', '내금', '내그랍다'와 같은 합성어의 어형 구성에 대한 설명이 쉽지 않을 뿐만 아니라 '내川'와 의미 구분이 힘들 수도 있다. 남에서는 '내'를 올림말로 삼으면서 '내굴', '내금'은 모두 방언형으로 처리하고 있지만 북에서는 '내굴'을 올림말로 '내'와 '내금'을 일반 올림말로 다루고 있다. 이처럼 남북이 방언 올림말의 처리 방식에서 상당한 차이를 보여준다.

띄어쓰기와 사잇소리 문제

어문 규범집인 '한글 맞춤법', '표준어 규정(1988년 문교부고시)'에서 별도의 심의 절차도 거치지 않고, 단어로 또는 단어로 처리한 것들을 구句로 처리하여 규범집과 『표준국어대사전』이 일치되지 않는 예들이 많이 있다.

국회 의원→국회의원, 그 곳→그곳, 그 동안→그동안, 그 때→그때, 그 중→그중, 우리 나라→우리나라, 끝음절→끝 음절, 첫음절→첫 음절, 소리나다→소리 나다

위의 예에서 일부는 '한글 맞춤법', '표준어 규정'에서 구로 처리되던 것을 임의로 단어로 처리한다든지, 단어인 것을 임의로 구로 처리하여 띄어쓰기의 일관성 면에서 볼 때 규범과 사전이 각각 다른 모습을 보임으로써 혼란을 야기하기도 한다.

구라면 띄어 쓰고 합성어이면 붙여 쓰면 되지만, 구인지 합성어인지 구분하기는 매우 어렵다. 그래서 구나 합성어로 간주되는 명사 연결체의 경우 규범의 띄어쓰기 항에 적용하기 힘들어 일일이 띄어쓰기 정보를 외든지 표기할 때마다 『표준국어대사전』을 찾아야 한다. '국립공원', '근린공원', '묘지공원', '자연공원', '체육공원', '해상공원', '해중공원'은 합성어로 처리하여 붙여 쓰지만 '도립^공원', '시립^공원', '군립^공원'은 『표준국어대사전』에 등재되어 있지 않다. 이런 부류는 대개 항상 띄어 쓰거나 유사한 예를 참조하여 띄어쓰기를 결정해야 하는데 '국립공원'을 따를지 '도립 공원'을 따를지 난감한 경우도 있다.

(가) 강변도로, 포장도로, 비포장도로, 고속도로
(나) 고가^도로, 간선^도로, 순환^도로, 산업^도로, 군용^도로, 도시^고속화^도로

(가)는 합성어로 인정하고 (나)는 구로 처리하는 이유가 무엇인가? 띄어쓰기 일관성의 잣대를 찾을 길이 없다. '비상시', '유사시', '평상시', '필요시'는 붙여 쓰고 '긴급 시', '위급 시', '위기 시', '불필요 시'는 띄어 쓰는 기준과 잣대도 또한 무엇인가.

『표준국어대사전』의 편찬 지침에 따르면, '-과, -계, -별, -산, -상, -식, -용, -적, -체, -풍, -화, -형'은 붙여 쓰기를 해야 하지만 '환상^열석, 약용^식물, 대형^화면' 등은 예외로 인정하고 있어 초중고교

교과서에서 띄어쓰기는 큰 문제거리다.

『표준국어대사전』의 편찬 지침에 따르면, 동양 고전의 책 이름은 붙여 씀을 원칙으로 한다고 해 놓고는『조선경국전』(1394),『조선문전』(1895)은 붙여 쓰고『조선 서지』(1894~1901),『조선어 문법』(1911),『조선 상고사』(1948)는 띄어 쓰고 있다.

특히 전문 용어의 경우 사잇소리 유무가 심각한 문제로 제기되고 있다. '극대값→극댓값, 극소값→극솟값, 근사값→근삿값, 기대값→기댓값, 꼭지점→꼭짓점, 대표값→대푯값, 절대값→절댓값, 진리값→진릿값, 최대값→최댓값, 최소값→최솟값, 함수값→함숫값' 처럼『표준국어대사전』에서는 사이시옷을 넣어야 한글 맞춤법 제30항 규정이 바르게 적용되는 것으로 처리하여 50여 년 동안 관행으로 사용해 오던 표기법을 바꾸지 않을 수 없게 되었다. 특히 '최대값, 최소값'의 경우 광복 후 오랫동안 수학교과서에서 면면히 이어져 온 표기법이다. 이와는 반대로 이 사전에서는 '반대말, 머리말, 인사말, 해님'은 사잇소리가 들어간 발음으로 사용되는데도 불구하고 오히려 사이시옷이 없는 표기만을 맞는 것으로 인정하고 있다.

올림말로 등재되지 않은 접사

한국 어문 규정에서 명시하고 있는 접미사가 상당 부분『표준국어대사전』의 올림말로 등재되어 있지 않다.『표준국어대사전』이 규범 사전이라면『한국 어문 규정집』에서 인용하고 있는 각종 단어나 접미사가 당연히 올림말이 되어야 함에도 불구하고 등재되지 않은 예가 많이 있다.

> 까마귀(깜-+-아귀), 마감(막-+-암), 비렁뱅이(빌-+-엉-+-뱅이), 쓰레기
> (쓸-+-에기), 도로(돌-+-오), 바투(밭-+-우), 자주(잦-+-우), 차마(참-
> +-아), 넋두리(넋+-두리), 옆댕이(옆+-댕이), 잎사귀(잎+-사귀), 늙정
> 이(늙-+-정이), 덮개(둪+-개)

위의 예들은 모두 『한국 어문 규정집』 28~30쪽에 실린 예들이다. 이들 가운데 '-아귀,' '-암', '-엉-', '-에기', '-오', '-우', '-아', '-두리', '-댕이', '-사귀', '-정이', '-개'와 같은 접사들은 이미 어간으로 굳어진 접사들이지만 조어 방법을 설명하는 예문에 활용된 것이라면 당연하게 『표준국어대사전』의 올림말로 등재되어야 옳다.

신어, 순화어, 전문어, 방언, 개인어 등재 문제

『한국 어문 규정집』에 따르는 규범 사전이라면 '신어, 다듬은 말(순화어), 전문어, 표준어로 규정되지 않은 방언, 개인어'는 『표준국어대사전』의 올림말로 등재되지 않아야 한다. 만일 이들을 올림말로 등재하려면 『표준국어대사전』의 이름을 바꾸든가 『한국 어문 규정집』의 규범(표준어 규정 제1장 총칙 부분)을 바꾸든가 선택해야 한다.[24]

---

24) 『표준국어대사전』의 「일러두기」 (1)에서 '일반어뿐만 아니라 전문어, 고유 명사'도 수록한다고 했다.

바케쓰(일bakesu) 명 '들통', '양동이'로 순화. 〔bucket〕

바켄(독Backen) 명 스키를 신을 때에, 구두를 고정시키기 위한 쇠고리.

가격^인덱세이션(價格indexation) 경 「1」＝물가 연동제(物價連動制). 「2」 산유국에서 원유 가격을 선진국의 인플레이션 상승률에 맞추어 인상하는 일.

스릴(thrill) 명 공연물이나 소설 따위에서, 간담을 서늘하게 하거나 마음을 졸이게 하는 느낌. '긴장감', '전율'로 순화.

덕^핀스(duck pins) 운 주로 소년들이 하는 구기로, 15.24미터 앞에 세워진 핀을 나무 공을 굴려 쓰러뜨리는 경기. 한 게임에 두 프레임을 실시하며 한 프레임에 3개의 공을 굴린다.

'바케쓰, 바켄, 가격인덱세이션, 스릴, 덕핀스'와 같은 외국에서 유입된 말들은 신어로 사용되는 시기 동안에 사용 실태를 면밀하게 조사하여 우리말로 정착된 것만 선정하여 국어사전에 실어야 한다. 그런데 현행 『한국 어문 규정집』에 의하면 외래어는 따로 사정한다고 규정되어 있으나 어떤 세부적인 사정원칙이나 규정이 없다. 다만 사전 편찬자의 임의로 또는 기존 사전에서 퍼 와서 싣는 것이 관행으로 되었다.

들―통0 2(-桶) 명 큰 들손이 달린 그릇. 쇠붙이나 법랑으로 만들며 밑바닥이 둥그스름하고 조금 우뚝하다.

양―동이(洋-) 명 한 손으로 들 수 있도록 손잡이를 단 들통. 함석, 구리,

주석, 알루미늄 따위로 만든다.

‘바케쓰’를 외국어로 규정하여 ‘들통’이나 ‘양동이’로 순화한다고 규정하면서까지 버젓이 올림말로 등재해 두었는가 하면 ‘바켄(독 Backen)’, ‘가격인덱세이션(價格indexation)’, ‘스릴(thrill)’, ‘덕핀스 (duck pins)’와 같은 외국어를 올림말로 실어두었다. 이런 외국어가 과연 외래어 수준으로 사용되는지 실태 조사를 한 연후에 외래어 심의 절차를 거쳐 사전에 싣는 것이 온당한 처사가 아닐까?

다음은 ‘두루마기’의 방언형인 ‘두루매기’, ‘후루막’ 등 다수의 방언 변이형이 어떤 기준도 없이 올림말로 올라와 있는 예이다.

두루마기 〔명〕 우리나라 고유의 웃옷. 주로 외출할 때 입는다. 옷자락이 무릎까지 내려오며, 소매·무·섶·깃 따위로 이루어져 있다. ≒ 주의 04(周衣)·주차의.

두루매기 〔명〕 ‘두루마기’의 잘못.

두루막 〔명〕 ‘두루마기’의 잘못.

후루막 〔명〕〔방〕 ‘두루마기’의 방언(경기).

후루매기 〔명〕〔방〕 ‘두루마기’의 방언(강원, 경기, 전남, 충청).

특히 ‘두루매기’, ‘두루막’은 ‘두루마기’의 잘못이라고 뜻풀이 하고 ‘후루막’, ‘후루매기’는 ‘두루마기’의 방언으로 처리하는 잘못을 저질렀다. 최남선(1963: 120)은 『朝鮮常識 風俗篇』卷4 「衣服類 周衣條」에서 두루마기의 어원을 '두루 막았다'로 풀이하고 옷 전체를 휘돌아서 다 막은 것을 나타낸다고 하고 있다. 두루마기의 방언 분화형은 '두루막'과 '후루막' 등 세 개의 계열로 '두루마기, 두루매기, 후루마기, 후루매기, 후리매' 등의 분화형이 있다. 그런데 '두루마기'의 명칭에 대해 몽고어의 'Xurumakči'와 대응된다고 보고 천시권(1976: 1)은 몽고어의 'Xurumakči' 또는 만주어 'kʰurumə'와의 혼태(blending)에 의한 차용어로 인정하고 있다.[25] '두루막'계의 방언 분화형은 '두루마기, 두루매기, 두루막, 둘막, 둘매기'가 있다. '두루막기'형은 강원도 대부분의 지역과 충북 충주, 단양 지역과 충남 공주 지역, 경남 대부분의 지역에 분포되어 있으며, '두루막'형은 강원도 양양, 정선, 삼척 지역과 경북 전역과 경남 일부 지역에 분포되어 있으며, '두루매기'형은 경기도 대부분 지역, 경기도와 인접한 강원도 지역, 전남 북 전역에 고루고루 분포되어 있다.

'후루막' 계열의 분포 지역은 다음과 같다. '후루막'형은 경기도 연천 지역에, '후루매'형은 경기도 양주 지역에 분포되어 있다. '후루매기'형은 경기도 연천, 부천, 이천, 강원도 원주, 충북 진천, 청원, 괴산, 충남 서산, 당진, 아산, 천안, 예산, 청양, 부여, 서천, 논산, 전북 정읍, 고창, 전남 영광 지역이다. 알타이어계에서 어두의 k/h 대응 관계에 대해 고노 로쿠로(河野六郎, 1441 : 45)도 12개의 어휘를 제시하고 있는데 이 두루마기를 나타내는 '후루매'형은 만주어의 '쿠

---

25) 천시권, 「두루마기고」, 『국어교육연구』8, 경북대 사범대, 1976.

루머'(『동문유해 상 55』, 『한청문감 권 11 : 4』)와 동계통어로서 어두 자음 'k/h'의 교체형인 차용어이다. '두루마기' 계열은 이 'Xuru/kuru'와 'x/k' 교체의 의한 '두루'가 의미상 유추되어 '두루 막았다'라는 뜻의 '두루＋막(塞)＋이(접사)'라는 조어형을 만들어 낸 것이다. 곧 차용형인 '후루매'가 실마리가 되어 의미 연상에 의한 새로운 꼴의 낱말이 만들어진 것이다. 어원적 차이에 의한 방언 분화형을 어떤 것은 '두루마기의 잘못'으로 어떤 것은 '두루마기의 방언'과 같이 뜻풀이를 한 근거가 무엇인가?

지명 표기의 오류

『표준국어대사전』이 『한국 어문 규정집』의 규정을 지키는 사전이라면 외국 인명이나 지명을 뚜렷한 기준도 없이 싣는 것은 앞에서 지적한 바와 같이 '표준국어' 사전으로서 월권을 하는 셈이다. 특히 동북 삼성의 지명은 현지 원음주의 표기를 원칙으로 하고 역사적으로 변한 지명은 우리식 한자음으로 표기하도록 규정하고 있다. 아마 두만강과 압록강 물줄기를 따라 여행을 해 본 사람이라면 현지에도 우리식 한자음을 상단에 그리고 한자 표기를 하단에 표기하고 있다는 사실을 다 알고 있다. 우리 동포들이 밀집해 있는 중국 지역에서도 현지 원음이 아닌 우리식 한자음 표기를 하고 있는데 왜 우리나라에서는 원음 표기를 고집하고 있는지 이해할 수 없는 일이다. 발해만渤海灣'을 "발해만渤海灣 명 〔지2〕 '보하이 만'의 잘못"으로 뜻풀이를 하고 있으며, '요동반도'도 "요동—반도遼東半島 명 〔지2〕 '랴오둥 반도'의 잘못"으로 뜻풀이를 하고 있다. 우리 고대사를 전면 부인하는 이러한 지명 표기 방식을 그대로 사전에 싣고 있다니 참으로 한심스러운 일이 아닌가?

여순0 2(旅順) 명 〔지2〕 '뤼순'의 잘못.

위해0 3(威海) 명 〔지2〕 '웨이하이'의 잘못.

대련0 2(大連) 명 〔지2〕 '다롄'의 잘못.

도문0 5(圖們) 명 〔지2〕 '투먼'의 잘못.

간도0 3(間島) 〔간:-〕 명 〔지2〕 「1」 '젠다오'를 우리 한자음으로 읽은 이

사진 3 | 함경도 회령 국경 건너편 해관과 삼합으로 가는 갈림길의 표지판.

름. 「2」=북간도02(北間島).

상해01(上海) 图 〔지2〕 '상하이'를 우리 한자음으로 읽은 이름.

백두-산01(白頭山) 图〔지2〕 함경도와 만주 사이에 있는 산. 창바이 산맥 (長白山脈) 동쪽에 솟은 우리나라 제일의 산이다. 최고봉인 병사봉에 있는 칼데라 호인 천지(天池)에서 압록강, 두만강, 쑹화 강(松花江)이 시작한다. 높이는 2,744미터. ≒백두02(白頭)·북악〔2〕·불함산(不咸山)·장백산(長白山).

장백-산(長白山) 〔一싼〕 图〔지2〕 =백두산01(白頭山).

발해만(渤海灣) 图〔지2〕 '보하이 만'의 잘못.

'여순, 위해, 대련, 도문'은 '-의 잘못'이라는 식으로 뜻풀이를 하였으며, '간도, 상해'는 '-를 우리 한자음으로 읽은 이름'이라는 뜻풀이를 하고 있다. 전자는 현지 지명을 원음으로 후자는 우리 한자음을 병용하는 것을 허락하고 있는데 그 기준도 모호할 뿐만 아니라 현지의 조선 동포들은 아직 우리 한자음으로 읽고 있는데 왜 남한에서는 우리 한자음을 부정하고 현지 원음을 강요하는지 알 길이 없다. 특히 '여순02旅順'은 "'뤼순'의 잘못"이라는 식으로 뜻풀이를 하고 있는 점은 도저히 용납될 일이 아니다. 여순 감옥에서 돌아가신 안중근 의사가 이러한 사실을 안다면 과연 뭐라고 하실까? 특히 우리 민족의 영산인 백두산을 장백산과 동의어로 처리하면서 백두산의 뜻풀이에는 '창바이'라 표기하고 있다. 그뿐만 아니라 '발해만'을 '보하이 만'의 잘못으로 뜻풀이를 함으로써 스스로 우리 역사를 부인하는 엄청난 잘못을 저지르고 있다.

제주도에서는 산이나 높은 언덕을 '오름'이라고 하는데 '거미오름, 검은오

사진 4 │ 다랑쉬오름(북제주군 구좌읍 세화리).

름, 금오름, 다랑쉬오름, 따라비오름, 성널오름, 아부오름' 등 재미있고 아름다운 이름이 많이 있다. 그런데 외국의 이름 모를 나라의 인명이나 지명은 수두룩한데 우리나라의 남쪽 외딴 섬, 제주도의 오름 이름은 왜 하나도 실리지 않았는지?『표준국어대사전』을 만든 사람들은 외국 사람들이었던 모양이다.

결국『표준국어대사전』은 사전의 이름이 잘못되었거나, 사전 편찬을 위한 일관된 기준이나 원칙이 없는 상황에서 사전 사업이 추진된 결과라는 결론이 나온다. 문제가 이쯤 제기되었다면『한국 어문 규정집』의 규범과『표준국어대사전』과의 관계를 더욱 긴밀하게 연결하여 진정한 '표준국어 대사전'으로 발전시키기 위해서 어떤 후속적인 보완이 필요한가 하는 문제는 더욱 분명해졌다. 한 가지 규범 사전으로서가 아니라 최소한 한 국가의 말글살이를 종합하기 위한 언어 창고로서의 종합 국어대사전 편찬 사업이 절실하다는 점을 강조해 둔다.

뜻풀이 체계의 오류와 불균형성

유의어, 반의어, 계열어, 하위어 등은 특히 뜻풀이의 균형적 체계성을 잃기 쉽다. 이들 어휘들은 시소러스를 활용하여 일정한 의미 관계를 이루는 어휘들을 서로 대조하여 뜻풀이의 균형을 맞추어야 한다. 하지만 사전 편찬 과정에서 뜻풀이를 담당하는 사람이 서로 다를 수 있기 때문에 실제로 사전에서 이 어휘들의 뜻풀이에는 많은 오류가 발견된다.

유의어의 뜻풀이 실태

『표준국어대사전』에서는 '유의어'를 "[명][어] 뜻이 서로 비슷한 말. ≒비슷한말·유어05類語."로, '비슷한말'은 "=유의어"로, '유어'는 "=유의어類意語"로 각각 뜻풀이를 하고 있다. 그런데 올림말로서 '비슷한말'과 풀이말로서 '비슷한 말'은 어떤 차이가 있는지 의문이다. 올림말인 '유의어', '비슷한말', '유어' 모두 순환적 뜻풀이 오류를 범하고 있다. 보다 수준 높은 사전이 되기 위해서는 이런 사소한 용어 문제에 이르기까지 세심하게 처리해야 할 것이다.

'다리'와 '교량'이라는 두 유의어를 『표준국어대사전』에서 어떻게 기술하고 있는지 살펴보자. 먼저 '다리'의 의미는 4가지이며, '교량'은 의미가 한 가지이고 이를 '다리'로 순화한다고 밝히고 있다.

다리 [명] 「1」물을 건너거나 또는 한편의 높은 곳에서 다른 편의 높은 곳으로 건너다닐 수 있도록 만든 시설물.「2」두 사물이나 사람 사이를 이어 주는 역할을 하는 것.「3」중간에 거쳐야 할 단계나 과정.「4」지위의 등급.

교량명 시내나 강을 사람이나 차량이 건널 수 있게 만든 다리. ‘다리’로 순화.

‘교량’의 뜻풀이와 ‘다리’의 제1의미와 유의적인 관계라면 이들의 뜻풀이는 적어도 일치해야 할 것이다. 그런데 ‘다리’의 제1의미는 “「1」물을 건너거나 또는 한편의 높은 곳에서 다른 편의 높은 곳으로 건너다닐 수 있도록 만든 시설물.”로, ‘교량’은 “시내나 강을 사람이나 차량이 건널 수 있게 만든 다리. ‘다리’로 순화.”와 같이 뜻풀이를 하고 있다. ‘다리’의 의미와 ‘교량’의 의미는 본 뜻풀이대로라면 분명히 차이를 보이고 있다. 분명하게 ‘다리’의 의미인 ‘높은 곳에서 다른 편의 높은 곳으로 건너다닐 수 있도록 만든 시설물’의 뜻으로 ‘교량’이라고 하지는 않는다. 이미 ‘교량’의 뜻풀이 속에서 ‘다리’라는 어휘가 사용되고 있는데 왜 ‘교량’을 ‘다리’로 순화하는가?

유의어의 유형 가운데에는 한자어와 고유어 간의 유의 관계 어휘가 다수를 차지하고 있다.

밥01명「1」쌀, 보리 따위의 곡식을 씻어서 솥 따위의 용기에 넣고 물을 알맞게 부어, 낟알이 풀어지지 않고 물기가 잦아들게 끓여 익힌 음식. ≒반식02(飯食).「2」끼니로 먹는 음식.「3」동물의 먹이.「4」나누어

가질 물건 중 각각 갖게 되는 한 부분. 「5」남에게 눌려 지내거나 이용만 당하는 사람을 비유적으로 이르는 말. 「비」「2」식사03(食事). 「높」「2」진지01.

진지 몡 '밥01〔2〕'의 높임말.

'밥'과 '진지' 간의 유의적 관계는 '밥'의 "「2」끼니로 먹는 음식."에 대한 높임말로서의 관계이다. '할머니(예사말)'와 '할망구(낮춤말)'와 같은 짝에서도 유의적 관계를 확인할 수 있다.

반의어의 뜻풀이 실태

반의어는 그 뜻이 서로 정반대되는 관계에 있는 말을 뜻한다. 한 쌍의 말 사이에 서로 공통되는 의미 요소가 있으면서 동시에 서로 다른 한 개의 의미 요소가 있어야 한다. '남자'와 '여자', '총각'과 '처녀', '위'와 '아래', '작다'와 '크다', '오다'와 '가다' 따위이다.

먼저 '남자'와 '여자'의 『표준국어대사전』 뜻풀이 사례를 들어 보자.

남자02(男子) 몡 「1」남성(男性)으로 태어난 사람. =남02(男) 「2」사내다운 사내. 「3」한 여자의 남편이나 애인을 이르는 말. 뺸 1. 여자 02

여자02(女子) 몡 「1」여성(女性)으로 태어난 사람. 「2」〔역〕 신라에서, 궁내성에 속하여 침방(針房)에서 바느질하는 일을 맡아보던 나인. 뺸 1. 남자02

'남자'의 뜻풀이와 '여자'의 뜻풀이를 살펴보면 체계적으로 불균형을 보인다. 「1」의 뜻풀이는 동일하지만, '남자'의 「2」의 뜻풀이는 그 자체가 동어 반복의 오류를 지닐 뿐만 아니라 '여성'에서는 이에 대응되는 뜻풀이가 없다. 이것은 남성 우월주의의 사회적 편견이 반영된 결과라 볼 수 있다. 특히 '남자'의 「3」의 뜻풀이인 "한 여자의 남편이나 애인을 이르는 말"에 대응되는 뜻풀이가 '여성'에 없다는 것은 두 대립어의 뜻풀이가 체계상 균형이 일그러져 있음을 단적으로 보여주는 것이다.

'밀물'과 '썰물'은 『표준국어대사전』에서는 '참조' 어휘로 처리했으나 방향적 대립 관계를 보이는 대립어로 처리할 수도 있다.

> **밀물01** 명 〔지1〕 조수의 간만으로 해면이 상승하는 현상. 간조에서 만조까지를 이르며 하루에 두 차례씩 밀려들어 온다. ＝창조05(漲潮)〔「밀믈(용가)←밀-＋-ㄹ＋믈」〕 참 썰물
>
> **썰물** 명 〔지1〕 달의 인력(引力)으로 바닷물이 밀려나가서 해면이 낮아지는 현상. 또는 그 바닷물. ＝고조19, 귀조02, 낙조02, 낙조류〔2〕, 퇴조02 참 밀물01

'밀물'과 '썰물'의 뜻풀이를 비교해 보면 '〜하는 현상'으로 기술되어 있는데 현상의 개념이 "해면이 상승하는"과 "바닷물이 밀려나가서 해면이 낮아지는"으로 체계적 균형이 맞지 않다. '해면이' 상승하느냐 낮아지느냐에 따라 서로 대립을 보이는데, '썰물'의 경우 '바닷

물이 밀려나가서'는 군더더기 풀이라고 할 수 있으며 이러한 요인은 얼마든지 더 장황하게 설명할 수 있다. 곧 '밀물'은 "조수의 간만으로"가 "해면이 상승하는 현상"의 원인이 되며, '썰물'은 "달의 인력引力으로 바닷물이 밀려나가서"가 "해면이 낮아지는 현상 또는 그 바닷물."의 원인으로 설명되어 있다. 이것은 분명히 체계적인 균형을 이루지 못한 것이다. 또한 '밀물'의 뜻풀이에서 "간조에서 만조까지를 이르며 하루에 두 차례씩 밀려들어 온다."와 같은 것은 백과사전식 뜻풀이인데 '썰물'에는 이러한 부가 설명이 없어 체계상 균형이 깨어졌다.

남북 간에 대립쌍이 다른 반의어의 뜻풀이 예를 살펴보자.

남쪽: 내리사랑 ― 치사랑
북쪽: 내리사랑 ― 올리사랑

내리–사랑 명 손윗사람의 손아랫사람에 대한 사랑. 특히, 자식에 대한 부모의 사랑을 이른다. 반치사랑.

치–사랑 명 손아랫사람이 손윗사람을 사랑함. 또는 그런 사랑. 반내리사랑.

올리사랑 명북「1」윗사람에 대한 아랫사람의 사랑. 「2」부모에 대한 자식의 사랑.

'내리사랑'에 대응되는 '치사랑'과 '올리사랑'의 뜻풀이를 비교해 보면, 우선 '치사랑'은 "손아랫사람이 손윗사람을 사랑함"이라는 사랑하는 행위와 "또는 그런 사랑"이라고 하여 그 대상 자체까지를 구분해서 뜻풀이를 하였다. 반면에 북쪽의 '올리사랑'의 경우는 '내리사랑'에 대응시켜 "「1」윗사람에 대한 아랫사람의 사랑.「2」부모에 대한 자식의 사랑."으로 뜻풀이를 하고 있다.

다음으로는 반의어의 뜻풀이가 잘못된 경우를 살펴보자.

위01 명 「1」어떤 기준보다 더 높은 쪽. 또는 사물의 중간 부분보다 더 높은 쪽. 「2」길고 높은 것의 꼭대기나 그쪽에 가까운 곳. 「3」어떤 사물의 거죽이나 바닥의 표면. 「4」신분, 지위, 연령, 등급, 정도 따위에서 어떠한 것보다 더 높거나 나은 쪽. 「5」글 따위에서, 앞에서 밝힌 내용. 「6」강 따위의 물이 흘러가는 반대 방향이나 부분. 「7」시간적 순서가 앞에 오는 것. 「8」(주로 '위에' 꼴로 쓰여) 어떤 일이나 조건 따위에 의하여 특징지어지는 테두리나 범위. 「9」(주로 '위에' 꼴로 쓰여) 어떤 것의 바깥이나 이외. 맨「1」아래01〔1〕. 맨「4」아래01〔2〕. 맨「5」아래01〔4〕. 〔묭〈석상〉〕

아래01 명 「1」어떤 기준보다 낮은 위치. 「2」신분, 연령, 지위, 정도 따위에서 어떠한 것보다 낮은 쪽. 「3」조건, 영향 따위가 미치는 범위. 「4」글 따위에서, 뒤에 오는 내용. 「5」'음부07(陰部)'를 완곡하게 이르는 말. 맨「1」위01〔1〕. 맨「2」위01〔4〕. 맨「4」위01〔5〕. 〔아래〈용가〉〕

'위'와 '아래'는 부분적 반의어 관계이다. '위'의 소「1」, 「4」, 「5」와 '아래'의 「1」, 「2」, 「4」가 각각 대응 관계를 보이고 있다. 먼저 '위'의

「1」의 뜻풀이는 "어떤 기준보다 더 높은 쪽. 또는 사물의 중간 부분보다 더 높은 쪽.", '아래'의 「1」의 뜻풀이는 "어떤 기준보다 낮은 위치."로, 전자는 '방향'만을 후자는 '위치'만을 나타내어 뜻풀이가 둘다 체계적인 불균형을 보이고 있다. '위'나 '아래'는 '방향'과 '위치'의 의미를 모두 가지고 있기 때문이다. '위'의 「4」와 '아래'의 「2」는 비교적 체계적인 뜻풀이가 되었으나 전자는 "어떠한 것보다 더 높거나 나은 쪽"으로 후자는 "어떠한 것보다 낮은 쪽"으로 뜻풀이를 한 것은 균형이 맞지 않은 것이다. 후자를 '어떠한 것보다 더 낮거나 못한 쪽'으로 고쳐야 뜻풀이의 균형이 맞다. '위'의 「5」와 '아래'의 「4」는 뜻풀이가 둘 다 잘 되어 있다. '위'의 「6」, 「8」의 뜻풀이는 불필요한 것이다.

넓다 혱 「1」면이나 바닥 따위의 면적이 크다. 「2」너비가 길다. 「3」마음 쓰는 것이 크고 너그럽다. 「4」내용이나 범위 따위가 널리 미치다. 반「1」좁다01〔1〕. 반「3」좁다01〔2〕. 반「4」좁다01〔3〕. 〔넙다〈석상〉〕

좁다01 혱 「1」너비나 공간이 작다. 「2」마음 쓰는 것이 너그럽지 못하고 옹졸하다. 「3」내용이나 범위 따위가 널리 미치지 아니하다. 반「1」넓다〔1〕. 반「2」넓다〔3〕. 반「3」넓다〔4〕. 〔좁다〈석상〉〕

'넓다'와 '좁다'는 정도 반의어로서 '넓다'의 「1」,「2」와 '좁다'의 「1」의 뜻풀이가 서로 대응된다. 그런데 '넓다'에서는 '면적'과 '너비, 폭'의 의미를 별도로 뜻풀이 하고 있으나 '좁다'에서는 이것을 하나로 뭉쳐서 뜻풀이를 함으로써 체계의 균형을 깨뜨리고 있다.

가르치다01 통 (1)「1」지식이나 기능, 이치 따위를 깨닫거나 익히게 하다.「2」그릇된 버릇 따위를 고치어 바로잡다.「3」교육 기관에 보내 교육을 받게 하다. (2)「1」상대편이 아직 모르는 일을 알도록 일러주다.「2」사람의 도리나 바른길을 일깨우다.

배우다01 통 「1」새로운 지식이나 교양을 얻다.「2」새로운 기술을 익히다.「3」남의 행동, 태도를 본받아 따르다.「4」경험하여 알게 되다.「5」습관이나 습성이 몸에 붙다.

한편 '가르치다'와 '배우다'는 방향 대립어인데, 『표준국어대사전』에서는 별개의 단어로 다루고 있다.

이처럼 『표준국어대사전』에서는많은 반의어를 반의 관계로 다루지 않음으로 인해 뜻풀이의 체계적 균형을 잃는 경우가 매우 많다. 이러한 문제를 극복하기 위해서는 어휘들의 의미망을 체계화할 필요가 있다. 이들 어휘망을 상호 패싯facet(대용량 시소러스를 효율적·체계적으로 구축하고 관리하기 위한 의미 속성 표기법의 한 요소)으로 연결하여 뜻풀이의 체계적 균형을 맞추면 사전의 완성도를 높일 수 있을 것이다.

계열어의 뜻풀이 실태

'계열어'라는 단어는 『표준국어대사전』에 올림말로 등재되어 있지도 않다. 온도 어휘나 색상 어휘 등 정도 차이에 의해 하나의 어휘 사슬을 형성하고 있는 말의 무리를 '계열어'라고 할 수 있다. 계열어를 이루는 무리말의 형성 조건은 여러 가지가 있을 수 있다.

'그끄저께-그저께-어제-오늘-내일-모레-글피-그글피'와 같이 오늘을 중심으로 시간의 흐름에 따른 점층적 내지는 점강적 말무리나 병렬적 말무리도 계열어라고 볼 수 있다.[26]

그-끄저께「I」명 그저께의 전날. 오늘로부터 사흘 전의 날을 이른다. ≒삼작일 · 재재작일.「II」부 그저께의 전날에.

그저께「I」명 어제의 전날. ≒거거일 · 재작02(再昨) · 재작일 · 전전날〔2〕.「II」부 어제의 전날에. 㽅그제01. 〔〈그적긔〈그젓긔〈박언〉←그+적+긔〕

어제「I」명「1」오늘의 바로 하루 전날. ≒어저께「I」· 작일(昨日).「2」지나간 때.「II」부 오늘의 바로 하루 전에. ≒어저께「II」. 참 내일. 〔어제 「석상」〕

오늘「I」명「1」지금 지나가고 있는 이날. ≒금일02(今日)〔1〕.「2」＝오늘날.「II」부 지금 지나가고 있는 이날에.

내일(來日)「I」명「1」오늘의 바로 다음날. ≒명일03(明日).「2」다가올 앞날.「II」부 오늘의 바로 다음날에. 참 어제01.

모레「I」명 내일의 다음 날. ≒내일모레〔1〕· 명후일 · 재명일.「II」부 내일

<hr>

26) 이상규,「계열어의 방언 분화 양상」,『추상과 의미의 실재』, 박이정, 1988.

의 다음 날에. 〔〈모뢰〈모릐〈번박〉〕

글피 몡 모레의 다음 날. ≒삼명일02(三明日). 〔글픠 〈박언〉〕

그-글피 몡 글피의 그 다음날. 오늘로부터 나흘 뒤의 날을 이른다.

　날의 앞과 뒤를 나타내는 말무리는 '오늘'을 기준으로 하여 점층, 점강의 방식으로 날의 선후 관계를 계열화하여 뜻풀이를 하고 있다.

　12간지의 사례를 통해 계열어 뜻풀이의 체계성 여부를 검토해 보자. 간지는 천간天干과 지지地支로 구분되며 십간十干과 십이지十二支 또는 간干과 지支를 조합한 것을 이르는 말이다.

　자10(子) 몡 〔민〕「1」십이지(十二支)의 첫째. 쥐를 상징한다.「2」=자방02(子方).「3」=자시03(子時)〔1〕.「4」=자시03〔2〕.

　축05(丑) 몡 〔민〕「1」십이지(十二支)의 둘째. 소를 상징한다.「2」=축방01(丑方).「3」=축시01(丑時)〔1〕.「4」=축시01〔2〕.

　인13(寅) 몡 〔민〕「1」십이지의 셋째. 범을 상징한다.「2」=인방02(寅方).「3」=인시04(寅時)〔2〕.

　묘01(卯) 몡 〔민〕「1」십이지의 넷째. 토끼를 상징한다.「2」=묘방01.「3」=묘시01(卯時)〔1〕.「4」=묘시01〔2〕.

　진04(辰) 몡 〔민〕「1」=진시01(辰時)〔1〕.「2」=진시01〔2〕.「3」=진방01(辰方).

　사06(巳) 몡 〔민〕「1」십이지의 여섯째. 뱀을 상징한다.「2」=사방02(巳方).「3」=사시02(巳時)〔1〕.「4」=사시02〔2〕.

오05(午) 명 〔민〕 「1」십이지의 일곱째. 「2」＝오방03(午方). 「3」＝오시04(午時)〔1〕. 「4」＝오시04〔2〕.

미09(未) 명 〔민〕 「1」십이지의 여덟째. 양을 상징한다. 「2」＝미방. 「3」＝미시02(未時)〔1〕. 「4」＝미시02〔2〕.

신04(申) 명 〔민〕 「1」십이지의 아홉째. 원숭이를 상징한다. 「2」＝신방01. 「3」＝신시01〔1〕. 「4」＝신시01〔2〕.

유03(酉) 명 〔민〕 「1」십이지(十二支)의 열째. 「2」＝유방02(酉方). 「3」＝유시03(酉時)〔1〕. 「4」＝유시03(酉時)〔2〕.

술08(戌) 명 〔민〕 「1」십이지의 열한째. 개를 상징한다. 「2」＝술방. 「3」＝술시〔1〕. 「4」＝술시〔2〕.

해09(亥) 명 〔민〕 「1」십이지의 열두째. 돼지를 상징한다. 「2」＝해방01(亥方). 「3」＝해시01(亥時)〔1〕. 「4」＝해시01〔2〕.

'자-축-인-묘-진-사-오-미-신-유-술-해'의 열두 간지는 일종의 순환적 계열 관계의 말무리이다. 이들 주의(Primary meaning) 뜻풀이는 "십이지의 00째. 0를 상징한다."라는 방식으로 이루어져 있다. 그러나 '진'의 경우 "「1」＝진시01(辰時)〔1〕"로 처리하여 순환적 뜻풀이를 하였으며, '오'와 '유'는 "십이지의 00째. 0를 상징한다."에서 '0를 상징한다.' 부분이 빠져 있어 전체 계열어의 어느 말무리와 달리 뜻풀이의 체계적 균형을 잃은 모습이다.

이처럼 사전의 구조를 미시적으로 관찰하면 상당한 문제점이 발견된다. 이러한 이유는 올림말을 서로 다른 사람이 따로따로 집필하여 함께 모으는 수작업의 방식에서 기인된 결과로 어쩌면 피치 못할 일이라고도 할 수 있겠으나 변명에 지나지 않는다.

다의어의 뜻풀이 실태

다의어의 관계에 있는 말을, 소리는 같으나 뜻이 다른 동음이의어 同音異義語로 처리하는가 하면 어떤 경우에는 같은 단어의 다의적 용법으로 처리하여 사전 편찬 기술상의 차이를 보여 주기도 한다. 특히 일반어로도 사용되는 전문 용어 '핵'이라는 다의어는 몇몇 사전에서 그 뜻풀이 방식에 차이가 난다.

핵(核)〔핵만〔행-〕〕 명 ① 사물이나 현상의 중심. ¶{핵으로} 삼다/사원들은 사장을 {핵으로} 똘똘 뭉쳤다.§ ②〔군〕＝핵무기. ¶{핵} 개발/{핵} 공격/{핵} 확산.§ ③〔물〕＝원자핵(原子核). ④〔생〕생물 세포의 중심에 있는 공 모양의 소체(小體). 핵막으로 싸여 있으며, 그 속에 가득 찬 핵액에는 염색사(染色絲)와 인(仁)이 들어 있다. 세포 작용의 중추가 되며, 세포 분열에 관계한다. ≒세포핵. ⑤〔식〕과실의 종자를 보호하고 있는 단단한 부분. 과실의 내과피가 굳어진 것으로 매실, 복숭아 따위에 있다. ⑥〔지1〕지구의 중심핵. 지표(地表)에서부터 깊이가 약 2,900km 이상인 부분으로, 외핵(外核)과 내핵(內核)으로 나뉜다. ≒코어01(core)〔3〕 ⑦〔화〕유기 화합물을 구성하는 고리. 벤젠핵 따위가 있다. 참 환11(環).

핵 명 ① 사물의 중심이 되는 알맹이. ‖ 기계공업을 ~으로 하는 중공

업. § (＝) 핵심①. ②'어떤 사물현상의 중심이 되고 가장 본질적인 측면을 이루며 다른것들의 존재, 발전을 규정하는 역할을 하는것'을 비겨 이르는 말. | 로동계급의 계급의식은 공산주의사상에서 핵을 이룬다. § ③'사람들을 조직의 두리에 묶어세우고 이끌고나가는 중추적역할을 하는 존재'를 비겨 이르는 말. ④〔생물〕굳은씨열매의 속껍질. ⑤ ＝ 세포핵. ⑥ ＝ 원자핵. ‖ 열~. ~무기. ~전쟁. § ⑦〔수학〕f(x)를 f(x,y) f(y)dy로 보내는 적분 변환에서의 함수 k(x, y).【185】核

핵(核) 명① 사물의 중심이 되는 알맹이. ②「생」세포의 중심에 있는 공꼴의 작은 몸으로서 생활기능의 으뜸이 되는 물건. ③「식」열매의 속의 씨를 보호하는 속껍데기. ④「물」'원자핵'의 준말. ⑤ '핵무기'의 준말.

핵(核) 명① 사물의 중심. ②【cell nucleus】〔생〕생물 세포의 중심에 있는 소체(小體). 핵막(核膜)으로 싸여 있으며, 내부에 가득 찬 핵액(核液) 중에는 염색사(染色絲)와, 한 개 또는 여러 개의 인(仁)이 있음. 핵분열로 증가하며 분열시에는 여러 가지의 형태를 취함. 세포의 생활 기능의 중추이며 유전에 관계됨. 세포핵. ③〔식〕어떤 종류의 과실의 종자를 보호하고 있는 단단한 부분. 과실의 내과피(內果皮)가 경화(硬化)한 것임. 매실·복숭아 등의 종자 따위. ④〔물〕'원자핵'의 준말. ‖ ～ 폭발. ⑤〔지〕지구의 중심핵. 지구 내부의 약 2,900km 이상 깊은 부분으로, 외핵(外核)과 내핵(內核)으로 나뉨. ⑥ ＝ 핵무기. ‖ ～ 폐기.

아래의 〈도표 16〉과 같이 4종의 사전에서는 일반어 뜻풀이와 전문어 뜻풀이의 가짓수에 차이를 보이고 있다.

	『표준』	『조선』	『우리말』	『금성』
일반어	1	3	1	1
전문어	6	4	4	5

도표 16 | 사전에 따른 뜻풀이의 가짓수 차이

『조선말대사전』에서는 일반어로서의 '핵'의 뜻풀이를 3가지로 구분하여 남쪽에서 나온 사전 3종보다 더 충실한 뜻풀이를 하여 차이를 보여 준다. 그리고 전문 용어로서의 뜻풀이에서도 사전별로 큰 차이를 보여 준다. 『표준국어대사전』에서는 〔화〕 분야의 전문어로, 『조선말대사전』에서는 〔수〕 분야의 전문어로서의 뜻풀이가 들어가 있어 체계면에서 차이를 보여 주고 있다. 『표준국어대사전』에서는 "② 〔군〕=핵무기. ¶{핵} 개발/{핵} 공격/{핵} 확산.§ ③ 〔물〕=원자핵(原子核)."과 같이 군사 전문 용어와 물리 전문 용어로서 개념을 달리하여 뜻풀이를 하였으나, 『조선말대사전』에서는 한 가지 개념으로 뜻풀이를 하여 차이를 보인다.

상위어와 하위어의 뜻풀이의 사례

어휘소의 의미 관계가 상하의 계층적 구조로 되어 있는 것을 상하 관계(hyponymy)라 한다. 이 관계에서 더 특수한 의미를 지닌 어휘소

가 더 일반적인 의미를 지닌 어휘소에 포함되는데, 일반적 의미의 어휘소를 상위어(hyperonym)라 하고 특수 의미의 어휘소를 하위어(hyponyms)라 한다. 『표준국어대사전』에는 '상위어'와 '하위어'라는 낱말 그 자체가 올림말로 등재되어 있지 않다.

'참새'는 '동물계'에 속하고 동물계 아래의 23개 문 중에서 '척색동물문脊索動物門'에 속한다. 그 가운데 '조강鳥綱'에 속하며 이는 다시 '참새목'의 '참샛과'에 속한다. 그런데 아래의 연관된 올림말을 아무리 살펴보아도 이들이 '종-속-과-목-강-문-계'의 분류 체계에 맞는 뜻풀이라고 볼 수 없다. 특히 올림말 '참샛과'의 뜻풀이에서 사용되는 '참새목'은 올림말로 올라와 있지도 않다. 『표준국어대사전』이 이처럼 구멍 뚫린 누더기와 같은 모습이다.

동물(動物) 몡「1」〔생〕생물계의 두 갈래 가운데 하나. 현재 100만~120만 종이 알려져 있고 그 가운데 약 80%는 곤충이 차지한다. 원생동물부터 척추동물까지 23개 문(門)으로 분류된다. 주로 유기물을 영양분으로 섭취하며, 운동, 감각, 신경 따위의 기능이 발달하였다. 소화, 배설, 호흡, 순환, 생식 따위의 기관이 분화되어 있다.「2」사람을 제외한 길짐승, 날짐승, 물짐승 따위를 통틀어 이르는 말. 참식물02.

새03 몡 〔동〕「1」몸에 깃털이 있고 다리가 둘이며, 하늘을 자유로이 날 수 있는 짐승을 통틀어 이르는 말.「2」=참새01. 〔새〈용가〉〕

참샛-과 (一科) 몡 〔동〕조강 참새목의 한 과. 대체로 부리가 짧고 뾰족하며 숲, 들, 인가 부근에 살면서 주로 식물질을 먹으나 번식기에는 곤

충 같은 동물질도 먹으며 번식기 이외에는 대체로 무리 생활을 한다. 오
스트레일리아를 제외한 전 세계에 1천여 종이 분포한다. 참새, 섬참새
따위가 있다. (Passeridae)

참-새01 명 〔동〕 참샛과의 새. 몸은 다갈색이고 부리는 검으며 배는 잿
빛을 띤 백색이다. 가을에는 농작물을 해치나 여름에는 해충을 잡아먹
는 텃새이다. 인가 근처에 사는데 한국, 일본, 중국, 대만 등지에 분포한
다. ≒빈작(賓雀)·새03〔2〕·와작02(瓦雀)·의인작(依人雀)·황작(黃雀)〔1〕
(Passer montanus) 〔〈춤새〈번소〉←춤＋새〕

'진달래'라는 꽃은 '종자식물'이면서 '속씨식물'이고 또 '쌍떡잎식
물'이며 '철쭉과'에 속하는 '낙엽 활엽 관목'이다. 그러나 '진달래'와
관련되는 올림말의 뜻풀이를 아무리 살펴보아도 이러한 상하위 관계
를 파악할 수 있는 적절한 정보가 부족하다. 즉 '식물계-종자식물-속
씨식물-쌍떡잎식물-철쭉과-진달래'로 내려오는 분류도에서 '종자식
물'과 '속씨식물'은 '종자식물문'과 '속씨식물문'과 '속씨식물강'이라
고 봐야 할지 다른 분류 기준이 있는지 불분명하다. 또 '쌍떡잎식물
아강'이 있다면 그보다 상위에는 어떤 '강綱'이 있는지, '쌍떡잎식물
아강'과 '철쭉과'의 사이에는 어떤 '목目'이 있는지, '철쭉과'와 '진달
래'(種) 사이에 어떤 '속屬'이 있는지 등의 정보를 찾을 길이 없다.

종자-식물(種子植物) 명 〔식〕생식 기관인 꽃이 있고 열매를 맺으며, 씨로
번식하는 고등 식물. 겉씨식물과 속씨식물로 나눈다. 세계에 약 25만

종이 분포한다. ≒관정유배식물·꽃식물·씨앗식물·현화식물. ⓐ 유관 유배 식물. ⓟ포자식물. (Spermatophyta)

속씨-식물(一植物) ⓜ 〔식〕꽃식물 가운데 밑씨가 씨방 안에 싸여 있는 식물. 쌍떡잎식물과 외떡잎식물로 크게 나누는데, 감나무·버드나무·벚나무·밤나무·진달래·국화·벼·난초·백합 따위 대부분의 종자식물이 이에 해당한다. ≒피자식물.

쌍떡잎-식물(雙一植物) ⓜ 〔식〕속씨식물의 한 아강(亞綱). 떡잎이 한 개 있는 외떡잎식물에 대응되는 말로, 마주 붙어 난 두 개의 떡잎이 있고 줄기가 비대하며 잎맥은 그물 모양이다. 국화, 도라지 따위가 있으며 약 16만 5000종으로 구성된다. ≒쌍자엽식물. ⓐ뭇떡잎식물.(Dicotyledoneae)

철쭉-과(一科) 〔一꽈〕 ⓜ 〔식〕쌍떡잎식물 통꽃류의 한 과. 관목 또는 소교목이며 전 세계에 1,900여 종이 분포한다. 우리나라에는 들쭉나무, 진달래, 산철쭉, 철쭉나무 따위의 30여 종이 자란다. (Ericaceae)

진달래 ⓜ 〔식〕철쭉과의 낙엽 활엽 관목. 높이는 2~3미터이며 잎은 어긋나고 긴 타원형 또는 거꾸로 된 피침 모양이다. 4월에 분홍색 꽃이 잎보다 먼저 가지 끝에 피고 열매는 삭과(朔果)로 10월에 익는다. 정원수·관상용이고 산간 양지에서 자라는데 한국, 일본, 중국, 몽골 등지에 분포한다. ≒두견(杜鵑) 「2」두견화(杜鵑花)·산척촉(山躑躅) 「2」진달래꽃 01, 진달래나무. (Rhododendron mucronulatum) 〔〈진돌러〈진돌외〈백련〉〔←진〔〈眞〉＋돌외〕/진돌위〈훈몽 〉〔←진〔〈眞〉＋돌위〕〕

순환 정의의 문제

임지룡(2006)은 '화'와 관련된 어휘를 '골, 노여움, 부아, 분, 분노, 성, 약, 역정, 짜증'으로 구분하고 있다. 그런데 이들 어휘의 뜻을『표준국어대사전』을 이용해 찾다 보면 매우 재미있는 현상을 발견할 수 있다.

> 골01 몡 비위에 거슬리거나 언짢은 일을 당하여 벌컥 내는 화.
>
> 노여움 몡 분하고 섭섭하여 화가 치미는 감정. ≒노혐(怒嫌).
>
> 부아 몡 「1」노엽거나 분한 마음.
>
> 분13(憤/忿) 몡 억울하고 원통한 마음. ≒분심02(憤心).
>
> 분노(憤怒) 몡 분개하여 몹시 성을 냄. 또는 그렇게 내는 성. ≒분에(憤恚).
>
> 성01 몡 노엽거나 언짢게 여겨 일어나는 불쾌한 감정.
>
> 역정03(逆情) 몡 몹시 언짢거나 못마땅하여서 내는 성. ≒역증02(逆症).
>
> 짜증 몡 마음에 꼭 맞지 아니하여 발칵 역정을 내는 짓. 또는 그런 성미.
>
> 화06(火) 몡 몹시 못마땅하거나 언짢아서 나는 성.

'화'와 관련된 유의어는 9개인데 이들의 뜻풀이를 대비해 보면 '골, 노여움'은 '화'로 풀이하고 있으며, '분노, 역정, 화'는 '성'으로 풀이하고 있다. 또한 '부아'와 '성'은 '노엽다'(노여움)를 바탕으로 '노여움'은 '분'과 '화'를 바탕으로 풀이하고 있다. 결국 '화'와 관련된 단어들의 뜻풀이는 유사한 의미를 반복 사용한 순환 정의로 이루어져 있어 사전 뜻풀이의 한계를 드러내고 있다.

국어의 곳간 채우기 I: 각종 자료

우리 민족은 사계절의 기후 변화가 뚜렷한 환경에 적응해오면서 일상생활을 위해서도 매우 치밀한 준비를 해 온 전통이 있다. 이른 봄이면 1년 동안 먹을 장을 담그고 또 가을이 오면 삼동 동안 먹을 김장을 담그는 일이 가정 일상사에서 매우 큰 비중을 차지하였다. 이러한 전통은 우리 민족의 식생활 문화가 다른 민족에 비해 매우 독특한 방식으로 발전되도록 해 주었다. 냉장고가 없던 시대에도 음식물을 오래 갈무리하는 비법을 터득해 온 것이 그 일례이다. 특히 김치와 같이 삭혀서 먹는 음식을 만드는 기술은 세계에서 가장 앞선 것으로 선조들의 뛰어난 삶의 지혜가 배어 있는 것이다.

1년 동안 내내 장맛이 변하지 않도록 볕이 나면 장독을 열어 두고 또 이슬비라도 내리면 얼른 장독을 닫으며 관리해 온 이러한 문화적 전통은 은근하게 1년을 기다리는 끈기와 저력을 길러준 것이리라. 그런데 최근에 이러한 준비성 있었던 지난 삶의 방식이 급격하게 사라져 가고 있다. 내일이 없는 도시 생활로 내몰려 사는 산업 자본주의적 삶의 환경 탓인지는 모르지만 내일 어떻게 되든 나 몰라라라하는 삶의 방식에 언제부터인가 익숙해져 가는 듯하다.

그 하나의 예로 우리 일상 언어의 곳간이 텅 비어 있다. 어느 날부

턴가 기초가 부실한 조급하고 성급한 개발 독재의 성과에 길들여진 나머지 우리 고유 문화와 전통이 허물어져 가고 있다. 불과 7년 만에 급조하여 만든 『표준국어대사전』에는 실리지 않은 우리말이 매우 많다. 소설을 읽다가 또는 시를 읽다가 모르는 어휘가 있으면 으레 국어사전을 펼쳐들지만 사전에 실리지 않은 말이 많아 실망했던 경험이 적지 않다.

일본은 메이지(明治) 시대부터 방언을 수집하고 언론에 보도되는 신조어(새로운 어휘)를 매년 수집해서 30권짜리 '국어대사전'을 만들어 언어의 곳간에 가득 담아 두고 있다. 어렵사리 만든 우리나라의 『표준국어대사전』의 잘못을 답습할 것이 아니라 이제부터라도 국민이 알고자 하는 모든 언어 자료를 차근차근 수집 정리하여 일상 언어의 곳간을 채워야 한다. 지금이라도 더 늦기 전에 남북한의 지역 방언(재외 동포의 방언)을 수집하고 또 전문 용어, 분야별 용어, 계층어, 문학어 등 광범한 언어를 수집 정리하여 텅 빈 언어의 곳간을 채워 넣는 일에 골몰해야 한다. 이 일은 바로 오늘을 살아가는 우리가 해야 한다.

우리 말과 글의 범위와 유산을 폭넓게 파악해서 새로운 올림말을 많이 발굴하고 그 뜻을 밝혀서 우리 말글의 유산을 더욱 풍부하게 꾸려 나가도록 해야 할 것이다. 기존의 여러 종류의 사전을 베껴 국어사전의 어휘 수만 늘리는 방식이 아니라 많은 문헌 자료 조사와 현장 조사를 통해 새로운 어휘를 발굴해서 사전에 실어야 할 것이다. 우리나라가 현재 전 세계 경제 11위 국가라고 하지만 영국의 옥스퍼드 대사전에 한국문화와 관련된 어휘가 ‘김치’, ‘온돌’, ‘불고기’, ‘막걸리’, ‘시조’, ‘양반’, ‘한글’, ‘태권도’와 같은 소수 어휘밖에 없다는 사실은 무척 부끄러운 일이 아닐 수 없다.

‘한류’ 열풍이 불고 있다고 호들갑을 떨지만 진정으로 우리 문화의 속살을 남들이 이해할 수 있는 환경과는 거리가 멀다. 국어대사전을 만들기 전에 각종 다양한 사전이 미리 만들어져야 한다. 문학 사전, 옛말 사전, 한국학 사전, 방언사전, 외래어 사전, 동의어 사전, 동음어 사전, 반의어 사전, 계열어 사전, 하위어 사전 등의 사전이 충실하게 간행되어야 한다. 프랑스 국립국어연구원(Institut National de la Langue Française)에서 최근 『프랑스어 지역특유어법 사전』[27]을 간행했듯이 구두어 사전의 간행도 필요하다.

특히 새로운 어휘를 찾아내기 위해서 문헌 자료와 구술 자료를 충실하게 상고할 필요가 있다. 조동일 교수는 문헌 자료에 나타난 어휘의 사례를 다음과 같이 들고 있다.

> 『삼국유사』「二惠同塵」에서 ‘惠空… 負簣歌舞於市巷 號負簣和尙 所居寺因名夫蓋寺 乃簣之鄕言也’라고 했다. 혜공이라는 승려의 파격적인 거동을 전한 말이다. ‘簣’는 삼태기를 뜻하는 한자이다. ‘부개夫蓋’는 ‘삼태기’를 뜻하는 우리말이라고 본문에 설명되어 있고, 지금도 쓰이고

---

27) Rézeau ed., Dictionnaire des régionalismes de France, Bruxelles:De Boeck, Duclot, 2001. 널리 알려지지 않은 어휘나 용법이 과거의 문헌에 등장한 전례를 찾아내고, 그런 의미로 오늘날 어느 지방 구두어로 사용되며 사용자가 어느 정도 되는지 지도와 통계를 작성해 나타냈다.

있다. 국립국어원의 『표준국어대사전』(두산동아, 1999. 이하 『사전』)에는
이 말이 없다. 『악학궤범』의 「鄭瓜亭曲」에서 '니미 나를 ᄒ마 니ᄌ시니
잇가'의 'ᄒ마'는 후대의 문헌에 계속 나온다. 홍대용의 『을병연행록』을
보면 '대인들이 닉당의 홈아 나와시리라 ᄒ거늘'이라는 말이 있다. (소재
영 외 주해, 『을병연행록』, 태학사, 1997, 360면) '하마'는 '벌써'의 뜻으로
쓰이는 말이다. 『사전』에서는 "하마2 : '벌써'의 방언(강원, 경상, 충북)"
이라고만 하고, 이런 용례를 들지 않았다. 『시용향악보』의 「相杵歌」의
한 대목이 '게우즌 바비나 지어'이다. 『표준국어대사전』에는 '게궂다'는
올림말이 없고 단지 '개궂다'를 '짓궂다'의 방언(경북)으로 처리하는 오
류를 범하고 있다. 또 옛말로 '게욷다'를 올림말로 올려 놓았으나 그 뜻
풀이를 옛 게접스럽고 궂다.'로 하여 적절하지 않다. 『을병연행록』에는
'오늘 뭇거지는 궁ᄌ를 위홈이라', '이런 못거디를 당ᄒ야 한 귀롤 나오
디 못ᄒ니 극히 붓그려 ᄒ노라'라는 말이 있고,(272 · 522면) 이상화의
시 「나의 침실로」에는 '마돈나 지금은 밤도 모든 목거지에 다니노라'라
는 말이 있다. 여기에서 '뭇거지', '못거디', '목거지'는 모두 같은 말로
서, '사람들이 모여 잔치하고 노는 행사'라는 뜻으로 지금도 쓰이는 말
이다. 『사전』에 수록은 되어있지만, 이런 좋은 용례를 하나도 들지 않았
다. 『을병연행록』에서 다른 예를 더 찾아보자. '예서부텨 밥 먹기롤 닛
고, 며리 외입ᄒ야 든니니'라고(53면) 한 '외입'은 '誤入'이 '딴 짓하고
다닌다'는 것으로 변한 말이며, 지금도 흔히 쓰인다. 그러나 『사전』의
'오입'에는 이런 뜻이 없다.

'흠션ᄒᄂ 무옵을 이긔디 못ᄒ나'(553면)에 보이는 '欽羨'은 한자어이지

만, 구두어로 널리 사용한다. 『사전』에서는 '**흠선**(欽羨) 명 우러러 공경하고 부러워함'이라고 되어있는데, '공경하고'는 빼고 '부러워하면서 질투함'이라고 해야 한다.

새로운 어휘를 구술 자료에서도 두루 찾아야 한다. 『구비문학대계』나 최근의 생애 기술 자료들이 많이 나오고 있으므로 이들 자료에 생생하게 반영되어 있는 방언형을 가려내어 활용할 필요가 있다.[28]

국어의 곳간 채우기 II: 한자어

『표준국어대사전』의 올림말 가운데 약 70%가 한자어이다. 종래 간행된 여러 사전에서 올림말을 모아본 결과, 없어야 할 한자어는 그대로 두고 있어야 할 한자어는 없다는 사실이 발견된다. 『표준국어대사전』에 이르기까지 모든 국어사전이 어느 하나 예외 없이 이런 잘못을 청산하지 못하고 있다.

아래와 같이 『표준국어대사전』에 단순한 한자의 오류도 여기저기에서 발견되며, 한자음의 오류 또한 적잖게 발견된다. 물론 이러한 예들은 수정 보완한다면 큰 문제가 되지 않는다.

---

28) 조동일, 「국립국어원에 바란다」, 국립국어원 정책토론회 발표문, 2006.

표준국어대사전		수정안
횡단 구배(橫斷 句配)	→	횡단구배(橫斷 勾配)
가종(歌鐘)=특종(特鐘)	→	가종(歌鍾)=특종(特鍾)
황종(黃鐘), 응종(應鐘)	→	황종(黃鍾), 응종(應鍾)
만주 지안 현(輯安縣)	→	만주 지안 시(集安市)

한자의 어원에 대한 무지함 때문에 올림말의 뜻풀이가 잘못된 곳도 많다. 오랜 유래를 갖춘 전통적 의미가 있어도 말하지 않고, 근대 이후 일본에서 다시 규정한 뜻만 적거나 서양말의 번역어로 여긴 것도 흔히 볼 수 있다.

사전이 오늘날 사용하는 말의 혼란상을 그대로 보여 주기나 할 뿐, 민족문화의 유산을 계승하는 임무를 망각하고 있는 것이다. 오랜 기간 많은 노력으로 이룩한 것들을 무위(無爲)로 돌리는 횡포를 자행하는 것이다. 한 나라의 문화 역량은 어휘 총수로 측정된다. 소중한 우리 민족의 언어 유산을 포기하거나 없애 가난을 자초하는 것은 잘못이다. 자국의 언어를 모두 수록한 방대한 사전을 나라마다 다투어 출간하고 있다. 영어 사전에서 라틴어의 유산을, 터키어 사전에서 아랍어의 유산을 돌보는 것과 같은 이유로 우리가 만들어야 하는 국어대사전은 한자어를 찾아 수록하는 작업 역시 충실하게 해야 한다. 이것은 한글 전용 여부와 무관한 일이다.

국어의 곳간 채우기 III: 방언

한 개별 국가에서 언어의 분열을 막기 위해 권위 있는 언어 규범으로서 표준어를 규정하는 일은 언어 사용 효율성을 높이기 위한 적절한 수단이다. 우리나라 '표준어 사정 원칙' 제1장 총칙에서는 "표준어는 교양 있는 사람들이 두루 쓰는 현대 서울말로 정함을 원칙으로 한다."라고 규정하고 있으며, 북쪽의 문화어는 평양 지역말을 규범으로 삼고 있다. 같은 민족끼리 이처럼 서로 다른 규범의 틀을 갖는 것은 통일을 맞이하는 데에 여러 가지 문제점을 안고 있다. 특히 남북 모두 특정 지역 언어를 규범의 기준으로 삼고 있다는 사실은 지역적 대치가 정치적 혹은 권위적 갈등과 대치로 영속화될 잠재성을 지니고 있음을 의미한다. 한 민족의 단일 언어가 두 가지 어문 규범을 토대로 존재할 수는 없다. 향후 행정 수도가 이전되었을 경우나 통일이 되었을 경우에는, 이와 같이 지역 언어를 규범어로 정하는 현행 표준어 규정은 상당한 저항을 받게 될 것이 틀림 없다.

과거 표준어 정책의 가장 큰 오류는 지역 방언을 내친 점이다. 서울말이 아니라는 이유로 지역 방언은 변방으로 내몰려 소멸의 길을 걷게 되었다. 반면에 물밀듯이 밀려오는 외국어와 외래어, 전문 용어들이 모국어의 낱말을 거의 몰아내는 상황에서, 지역 방언을 외국어를 순화한 낱말보다 더 홀대한 일은 문화 민족의 자존심을 크게 상하게 하는 일이라 아니할 수 없다. 그런데 문제는 이러한 상황조차도 제대로 인식하지 못하고 서울말이 제일이라는 우월 의식을 가진 이들이 많이 있다는 사실이다. 권위적 사회의 유산인 '서울중심주의'를 표방하는 가장 큰 문화적 동력은 '서울 지역 중심'의 표준어 정책이라고 할 수 있다. 서울말이 아닌 지역 방언은 버려야 할 대상으로 혹은 잘못된 말로 치부해 왔다.

그 예로 『표준국어대사전』에서의 '두루마기'의 방언형의 분포와 방언형에 대한 뜻풀이의 내용에 대해 살펴보자.

〈도표 17〉은 한국정신문화원에서 조사한 『한국방언자료집』의 '두루마기' 방언형 자료를 필자가 개발한 방언 지도 제작기(Map Maker)를 활용하여 방언 분화형의 사용 빈도를 조사한 것이며, 그 방언 분화형 가운데 『표준국어대사전』에서 올림말로 삼아 뜻풀이를 한 내용을 정리한 것이다. 『표준국어대사전』에서는 '두루마기'를 표준어 올림말로 삼고 '두루막'과 '두루매기'는 '두루마기'의 잘못으로 처리하면서 '두리매기', '둘매기'와 '후루막', '후루매', '후루매기'를 방언 올림말로 등재하고 있다. 그러나 이와 같이 임의로 방언형으로 취급하거나 혹은 잘못된 올림말로 처리하는 일은 『표준국어대사전』의 올림말 선정 규정과는 다르다. 따라서 방언형의 올림말 선정을 위해서는 현실적인 방언 분포와 낱말들의 역사적 형성 과정을 고려하지 않을 수 없다. 곧 다양한 방언형—어원적 분화형과 형태론적 분화형, 음운론적 분화형—가운데 그 대표형을 선정하기 위해서는 방언 지도의 분포와 사용 빈도를 고려해야 한다.

어원적 분화형의 대표형을 선정하는 예로 다시 '두루마기' 방언형을 살펴보자. '두루마기'의 방언 분화형은 어원적으로 크게 '두루막',

방언형	사용빈도	『표준국어대사전』에서 선택한 올림말
두루마기	27	
두루막	30	명 '두루마기'의 잘못.
두루매기	75	명 '두루마기'의 잘못.
두르막	1	
두르매기	2	
두리매기	1	명방 '두루마기'의 방언(경남)
두매기	1	
둘막	1	
둘매기	1	명방 '두루마기'의 방언(전남, 평북)
둘뫼기	1	
후루마기	1	
후루막	1	명방 '두루마기'의 방언(경기).
후루매	1	명방 '두루마기'의 방언(강원, 함남).
후루매기	23	명방 '두루마기'의 방언(강원, 경기, 전남, 충청).

도표 17 | '두루마기'의 방언형과 뜻풀이

'두루마기', '후루막' 계열로 구분된다. '두루막' 계열에서는 음절 축
양형인 '둘막'과 '두루막＋이(접사)' 결합형 가운데 접사 결합형이 가
장 많이 분포되어 있다. 따라서 '두루마기'를 올림말로 삼더라도 '두
루막', '두르막', '둘막'형에 대한 방언 분화형에 대한 예상이 가능하
다. 다음으로는 '두루마기'형에서 움라우트가 적용된 '두루매기'형은
올림말로 삼더라도 모음 교체형 '두르매기', '두리매기'형과 축약형
'둘매기', '둘뫼기', '둘미기'형을 충분히 예측할 수 있다. 사실 '두루
매기'는 분포가 매우 광범하다. '두루마기'의 사용 빈도는 27회이고
'두루매기'는 75회이다. 따라서 움라우트('i'모음 역행 동화)가 적용

어원 분화형	사용빈도	방언 분화형	사용빈도
두루막	30	두르막	1
		둘막	1
두루마기	27	두루매기	75
		두르매기	2
		두리매기	1
		두매기	1
		둘매기	1
		둘뫼기	1
후루막	1	후루매기	23
		후루마기	1
		후루매	1

도표 18 | '두루마기'의 어원적 방언 분화형

된 '두루매기'를 '두루+마기'의 방언 분화형의 올림말로 선정해야 할 것이다. 그런데도 불구하고 '두루매기'를 방언형으로 인정하지 않고 '두루마기'의 잘못'으로 처리하면서 '후루매기'는 방언형으로 처리하고 있는데 이는 계열적인 균형을 이루지 못한 결과이다. 따라서 '두루막'이나 '두루마기'를 표준어의 대표형으로 삼고 '두루매기', '후루매기'를 방언형의 올림말로 선정해야 한다.

형태론적 분화형의 대표형을 선정하는 예에 대해 살펴보자. '키'의 방언 분화형이 '치', '쳉이', '챙이', '칭이', '치이' 등이 있을 수 있는데 이들 가운데 '치'는 '키'의 구개음화형임을 예측할 수 있다. 그런데 '쳉이' 형은 방언 분포 지역이 광범할 뿐만 아니라 '-엥이'라는 접사가 결합한 파생어이다. 물론 '챙이', '칭이', '치이'와 같은 형태는

단순한 음성 교체형이기 때문에 방언 올림말에서 제외할 수 있으나 '챙이'를 방언형의 올림말로 올리기 위해서는, '키'에 구개음화가 적용된 '치'는 예측이 가능한 형태이지만 '치'도 '챙이'와 함께 방언 올림말로 삼는 것이 좋다.

음운론적 분화형의 대표형을 선정하는 예에 대해 살펴보자. '밀기울'은 '밀+기울'의 복합어이다. '밀기울'에 대해서『표준국어대사전』은 '기울'과 '밀기울'만 올림말로 등재하고 있다. 특히 '기울'은 '밀기울'과 동의어이지만 표준어 올림말인 "기울01 圀 밀이나 귀리 따위의 가루를 쳐내고 남은 속껍질."로만 실려 있다. 그러나 '기울'에 대해서는 '기울'이 구개음화한 '지울', '기울'의 고어형 '지불(〈지불)', '지불+-이(접사)', '지불+-아기(접사)' 등 복잡한 방언 분화를 보여 주고 있다. 그런데 방언 분화형 가운데 구개음화나 고어형 등 음운론적 요인에 의한 것은 예측이 충분히 가능하다. 따라서 단순 교체형이나 예측 가능한 음운론적 분화 형태는 대표형에서 제외될 수 있다. 그러나 '기울'의 방언형 중 '허께미', '협데'와 같이 어원이 다른 방언형은 올림말에서 제외되어야 할 이유를 찾기 힘들다.

표준어가 아니라는 이유로『표준국어대사전』에 실리지 못했지만 지역 문화와 밀접한 관련이 있는 다수의 방언 낱말들이 있다. 예를 들면 호남 방언에는 '점드락(하루 종일)', '짬맨다, 쨈맨다(매다, 묶다)', '찝어깐다(꼬집다)', '자빠지다(넘어지다)', '둔너다(눕다)', '인나다(일어나다)', '포도시(겨우)', '팜나(항상, 밤낮)', '탁앴다(닮았다, 탁했다〔친탁했다, 외탁했다〕)', '쌨다, 겁나다(많다)', '뜽금없이(갑자기)', '솔찬히(상당히)’, ‘죄다(모두)’, ‘맥없이/매럽시(그냥)’, ‘육장(계속)’, ‘대번에(바로)’, ‘내동(내내)’, ‘겁나게(아주, 매우)’, ‘엘라(오히려)’, ‘머냐(먼저)’ 등이 있다. 영남 방언에는 ‘개밥띠디기(땅강아지)’, ‘고자베기(뿌리 썩은 것)’, ‘곰백상이(진드기)’, ‘까시게사랭이(씀바귀)’, ‘깐치나물(도깨비나물)’, ‘남자리(잠자리)’, ‘내비(관계치 말고, 관심 없이)’, ‘넉삼(부추겨 주니까 필요 이상으로 하는 과잉 행동)’, ‘노네각시(노래기)’, ‘디리끼(전에)’, ‘땅깨비(방아깨비)’, ‘만년에(때문에)’, ‘말밤씨(마름)’, ‘말방나물(민들레)’, ‘매착없다(쓸데없는 소리를 함부로 하는 경향이 있다)’, ‘벌로(건성으로, 속내를 모른 채)’, ‘붕금(은근히 부추기거나 쓸데없이 남의 일에 끼어듦)’, ‘비실꽃(맨드라미)’, ‘사기풀(억새풀)’, ‘삭따구리(삭정이)’, ‘상그랍다(칼이나 낫 따위의 날이 날카롭다, 길이 좁고 가팔라서 위태위태하다)’, ‘새뚝(양미간을 찌푸릴 때 생기는 세로 주름)’, ‘수시껀(한동안, 한참)’, ‘신바리(그리마)’, ‘싫다(싫다)’, ‘어간(기)’, ‘언가이(어지간하게)’, ‘에나가(진짜냐)’, ‘오좀찔게(사마귀)’, ‘잉그러기(불 지피는 나무, 불살개)’, ‘존주라다/잔주리다(몸조리하다, 절약하다)’, ‘질루나무(찔레)’, ‘짜드러(많이)’, ‘쪼대흙(찰흙)’, ‘언치:다(체하다)’, ‘터구(안개)’, ‘홍고래비(방아깨비 암놈)’, ‘내:나(이미 알고 있는 바와 같이)’ 등 지난 시절에 어머니가 들려 주시던 추억어린 말씨들이 무척이나 많다. 자라나는 아이들이 이런 낱말들의 말뜻이 무엇이냐고 묻는다면 어떻게 해야 할까? 방언이니까 그런 말을 사용하지 말라고 대답해야 할 것인가?

방언은 지역의 문화와 전통과 관련 있는 언어 유산으로서 무한한 가치를 지닌 것이 아닐 수 없다. 어문 규범을 중심으로 한 대부분의 사전에서 이들 낱말은 방언이기 때문에 대체로 올림말로서 고려되지 않았다. 지역 사람들의 일상의 모습과 의식이 반영되어 있는 지역 방언형을 대표하는 형태는 비록 사용자의 수가 적거나 시용 지역의 범위가 제한되어 있더라도 국어사전에 등재해서 많은 사람들이 이해하고 사용할 수 있도록 배려해야 할 것이다.

더군다나 국어사전뿐만 아니라 방언사전에도 등재되지 않은 방언 낱말에 대한 의미를 확인할 수 없는 현실은 더욱 심각한 문제이다. 박용철의 시 「희망과 절망은」의 "희망과 절망의 두 등처기 사이를/ 시계추와 같이 건네질하는 마음씨야"에서 전남방언에서 '언덕'의 의미를 지닌 '등처기', 이상화의 시 「방문거절」에서 "방두께 살자는 영예여! 너거든 오지 말어라"에서 '소꿉질'의 의미를 지닌 '방두께', 최명희의 『혼불』에 나타나는 '옴시레기'와 같은 낱말은 남한의 『표준국어대사전』에서도 북한의 『조선어대사전』에서도 찾아볼 길이 없다.

언어의 분열을 막는다는 명목으로 시행되어 온 표준어 중심의 언어 정책이 사전 편찬에까지 영향을 미쳤다. 표준어가 아닌 지역 방언을 올림말로 선정하는데 많은 제약이 있었고, 따라서 표준어를 중심으로 한 사전 편찬의 결과 다양하고 풍족한 우리 민족의 언어 유산을 하나하나 잃어왔다. 민족어는 다양한 방언, 곧 지리적 계층적인 분화형의 총합이다. 그런 측면에서 우리 민족의 언어문화 자산인 방언과 일상 용어를 대폭 수용하도록 하는 언어 정책이 절실하다.

사전은 현재와 과거를 잇는 징검다리

『표준국어대사전』을 들여다 보면 일러두기(1)에서 "일반어뿐만 아니라 전문어, 고유 명사도 수록한다"는 매우 무책임한 단서를 달아두고는 아무 짝에도 쓸모없는 외국어나 전문어 또는 고유 명사를 너무나 많이 싣고 있다. 사용 빈도가 아주 적은 이런 올림말은 별도의 사전으로 처리해야 함에도 불구하고 '일반어'와 함께 마구 섞어 놓았다.

사전은 '일반어'를 효율적으로 찾아볼 수 있도록 배려하는 것이 우선 과제이다. 그러나 일반어를 찾아 수록하는 데 힘쓰지 않고 '-의 잘못'이라는 식의 뜻풀이를 단 방언 올림말이나 전문어 또는 고유 명사로 항목을 늘이고 분량만을 키웠다. 일반어를 어떻게 많이 싣는가라는 본질적인 문제는 뒤로 밀어두고 국어사전을 백과사전처럼 만드는 잘못을 답습하여 겉치레만 요란하게 했다.

또한 사전은 어떻게 하든 말뜻만 풀이하면 되는 것은 아니다. 뜻이 생기고 변천해 온 내력을 밝혀야 한다. 어느 어휘가 언제 처음 쓰이고, 다음 어느 문헌에서 뜻이 달라졌는지 설명해야 한다. 항목 하나하나가 어휘사여야 한다. 옥스퍼드 사전이 세계적인 권위를 갖는 이유는 철저하게 개별 어휘의 변천사를 반영하고 있기 때문이다.

표준어 범주에 들어가지 않은 말은 방언이니까 홀대해도 그만이라는 옹졸한 생각을 가지고는 국어대사전을 만들 수 없다. 국어대사전은 표준어 사전일 수 없다. 표준어인지 옛말인지 방언인지 가리지 않고, 고유어와 한자어를 차별하지 않고, 모든 국어를 포괄하는 사전이

국어대사전이다.

국어사전은 낱말의 뜻과 쓰임새 외에도 규범에 따른 표기나 발음을 정확하게 제공해야 한다. 뿐만 아니라 여러 가지 문법적인 정보나 문장 호응 관계의 제약과 같은 고급 정보와 어원 풀이 등의 정보도 제공해야 한다.

규범 사전에서 올림말은 규범에 맞는 말이 그 대상이 되어야 할 뿐만 아니라 규범에 맞지 않더라도 언중들이 사용하면서 자주 틀리는 낱말도 등재하여 규범에 맞는 말을 찾아보게 해야 한다. 그리고 규범이 정해 놓은 다양한 낱말이 사전에 등재되어 있어야 한다. 곧 사전은 그 나라의 언어 규범과 뗄 수 없는 긴밀한 관계를 맺고 있다. 일제 치하에서 벗어나기 위한 민족 운동으로서 국어 운동을 펼치던 선각자들이 한편으로는 '큰사전' 편찬 사업을 추진하면서 다른 한편으로는 국어연구의 터전을 마련해 주었다. 그러나 우리말 규범과 우리말 사전은 처음부터 별개로 추진되어 왔기 때문에 지금도 규범과 사전은 상당한 거리가 있다고 할 수 있다. 국가 기관인 국립국어원에서 1999년에 『표준국어대사전』을 간행함으로써 국어 민간단체나 전문 사전 출판사가 이끌어 오던 대사전 사업은 경쟁력을 잃고 중도에 도산하지 않을 수 없는 상황이 되었다.

2003년 국정 감사에서 신기남 의원이 『표준국어대사전』의 1,200여 곳에 오류가 있다는 사실을 지적한 후에 국립국어원에서는 지적된 문제점에 대해 몇 차례 정정하여 정오표에 반영하였지만 여전히 사전 체계의 균형이라는 측면에서 많은 오류를 안고 있다. 그러나 최

근 2008년까지『표준국어대사전』에 나타나는 전반적인 문제점을 종
합적으로 수정하는 작업을 진행하고 있어 그나마 다행스럽다. 앞으
로 이 사전이 보완되어 국가적인 규범 사전으로 신뢰받는 날이 올 것
으로 기대한다.

　사전은 마치 물을 정화하듯이 새로 사용하는 말을 모아서 신어新語
사전으로 만들고 이를 규정에 맞도록 다듬어 사전에 실어 담아 사용
하다가 시간이 지나 사용하지 않는 말은 배출하여 고어古語사전으로
넘겨주어야 한다. 이것이 사전 관리의 기본 원리이다. 그러나 신어新
語를 빠짐없이 수집하고 이를 규정에 맞도록 잘 다듬어 사전에 올리
는 작업은 결코 간단하지 않다. 무엇보다 사전은 지금까지 나온 책을
읽거나 대화를 나누다가 모르는 말을 제대로 찾아볼 수 있도록 만들
어야 한다. 국내외의 독자가 여러 사전을 이것저것 뒤지다가 찾으려
던 정보를 찾지 못하고 지치도록 해서는 안 된다. 사전이 미비한 탓
에 과거와 현재가 단절되고, 문화의 전승과 발전이 중단되어서는 안
된다.

웹 기반 사전 편찬 기술은 국가 발전 전략

　2000년대 한국 사회에는 정보 기술 강국으로 가는 기적적인 일이
진행되었다. 소위 초고속 정보망이 전 국토를 연결하는 사업이 진행
된 것이다. 전 세계에서 가장 앞서는 정보 기술의 강국으로 가는 정

보 고속도로가 구축되었다. 초고속 정보망 구축 사업은 IT, CT, NT, AT 등 다양한 정보 기술의 발전을 앞당기는 견인차 역할을 해 왔다. 그 이후 다양한 동영상 콘텐츠를 비롯하여 용량이 많은 자료가 다량 생산·유통됨으로써 어지간한 초고속 정보망으로는 소통의 어려움이 있을 정도이다.

이제 한국어를 단순한 의사소통의 한 수단으로만 연구할 것이 아니라, 자연 언어로서의 특성을 기계적으로 처리하여 다양한 기술 창출과 학문 발전을 기대할 수 있는 자원으로서 다루어야 한다.

사전이란 인간의 언어 자산을 처리하는 전통적인 방식이라고 할 수 있다. 과거 사전 편찬은 주로 수작업으로 이루어져 왔다. 올림말을 카드로 만들어 순서대로 배열하고 올림말을 중심으로 문법 정보, 품사 정보, 뜻풀이, 어원 정보, 용례 등을 여러 사람이 나누어서 기술하는 방식으로 사전을 만들었다. 그러나 최근에는 사전 편찬의 방식도 컴퓨터를 활용하여 대량의 말뭉치를 구축하여 활용함으로써 더욱 높은 수준의 사전으로 완성도를 높이는 쪽으로 발전되고 있다. 그 뿐만 아니라 시소러스나 온톨로지와 같은 낱말 의미망을 활용하여 컴퓨터가 미리 어휘의 뜻풀이에 도움을 줄 수 있는 연산 기법을 도입하려는 노력이 진행 중이다. 더불어 웹상에서 어휘나 문장의 의미를 기계적으로 처리할 수 있는 방안을 연구하려는 웹시맨틱스Web Semantics에 대한 연구도 시도되고 있다.

사전 편찬의 완성도를 높이기 위해 컴퓨터를 활용하는 하나의 방안으로, 기존 사전의 올림말이나 뜻풀이 체계의 불균형 유형을 검토하고 이를 토대로 하여 개념, 관계, 속성을 자동으로 추출하는 온톨로지 기반 연구의 가능성을 제시하고자 한다. 시소러스의 기법으로 올림말의 선정이나 균형적 배치의 문제를 해결할 수 있다.

주석 말뭉치 구축은 자연 언어 처리를 위한 기초 작업이라고 할 수 있는데, 21세기 세종계획을 중심으로 형태, 구문, 의미 분석이 가능한 태그를 부착한 말뭉치를 구축하여 이를 사전 편찬에 실제로 이용하고 있는 단계이다.

한국과학기술원(카이스트)에서는 코어넷CoreNet 개념을 기반으로 한, 다국어(한·중·일) 어휘망 구축 작업이 진행되고 있다. 그 외에 단일어 사전과 기존의 워드넷을 이용한 방식으로서, 어휘들의 개념의 관계를 연결시켜 만든 어휘 데이터베이스인 한국전자통신연구원(ETRI) 어휘망 구축 사업이 있다. 부산대학교 코렉스KorLex는 워드넷을 영한 번역으로 구축한 것으로 다국어 사전 편찬의 방식을 모색하고 있다. 오름정보에서는 40만 용어 이상의 국내 최대 시소러스인 넥서스베이스NexusBase를 구축하고 있으며, 앞으로 다국어 시소러스 형태로 구축할 예정이라고 한다.

사전 편찬 작업이 수작업으로 진행될 경우 수십만이나 되는 올림말의 선정에서부터 이들에 대한 뜻풀이를 한 개인이 할 수도 없고 설사 한 개인이 한다 하더라도 이들의 체계적 균형을 맞추기란 거의 불가능한 일이다. 정도의 차이만 있을 뿐 종래의 수작업으로 이루어진 사전은 이러한 체계의 불균형이라는 근본적인 문제를 모두 안고 있다. 그러나 최근 정보화 기술의 발달로 인해 이러한 체계의 불균형을 어느 정도 극복할 수 있는 방안으로서 시소러스나 어휘망 연구가 진행되고 있다. 일본 국립국어연구소의 경우 일찍부터 시소러스 연구를 기반으로 하여 사전 편찬 기술의 체계적 균형을 맞추는 노력을 해 왔다. 그러나 우리나라의 경우 『표준국어대사전』 간행 사업 이후 사전 편찬 기술의 향상을 위한 노력이 거의 없었다고 할 수 있다. 최근 남북이 공동으로 추진하고 있는 『겨레말큰사전』의 편찬 사업을 위해서도, 그리고 『표준국어대사전』의 보완 작업을 위해서도 사전 편찬 기술의 향상을 위한 노력이 불가피한 상황이다.

국가 사전의 완성도는 그 나라의 국력과 비례한다. 최근 한국어가 세계어의 문턱에 진입하였다. 세계지적재산권기구(WIPO) 제43차 총회에서 한국어를 국제 공개어로 인정한 것이다. 또한 한국어를 배우려고 하는 국내외 외국인이 급증하고 있다. 이제 한국어 사전을 국내인만을 위한 것이 아니라 한국어를 배우려는 외국인을 지원할 수 있는 웹기반 다국어사전으로 발전시켜야 할 때다. 학계의 노력과 함께 국가에서도 국가 발전 전략의 일환으로 적극적인 재정 지원이 필요하다.

4

식민 국어에서 세계 언어로

황국 식민화 정책과 조선어

조선조 후기 양반과 상민들이라는 이분법적 계층 구도의 모순과 한문과 언문諺文이라는 소통 양식의 가치가 격렬하게 충돌되는 혼란 속에서 일제 식민지 시대로 진입하게 되었다. 일제 식민지화는 이러한 암흑을 뚫고 새로운 근대성의 판타지로 다가설 수 있는 충분한 무대 장치가 되었던 것이다.

일본은 황국 식민화 정책의 서막이 된 메이지 유신으로 천황을 중심으로 한 국가주의로 일체 단결하는 것이 지상 과제였다. 지방을 배회하던 무사들의 불평과 불만을 식민 제국 건설의 선봉자로서 투신하도록 유도함으로써 아시아 신제국주의 건설의 꿈은 하나씩 열매를 맺었다. 무사 계급인 낭인들은 유럽을 모델로 하는 일본 근대화의 꿈과 중상주의를 상품으로 하여 아시아의 내면 속으로 깊숙하게 파고

들었다. 그들의 국가주의의 상징이 바로 '국어國語'와 '국자國字'였다. 발 빠르게 동경을 중심으로 한 말씨를 표준어로 상정하고 동아시아의 선민으로 자처하면서 그들의 근대화의 발전 모델을 식민국가에 이식하기 시작하였다.

이러한 대외적 분위기 속에서 오랫동안 한문 문화권에 젖어 있던 조선은 일본의 근대화적 모델을 거부할 수 없는 국면으로 접어들 수밖에 없었다. 최근까지 한자를 사용하지 않으면 나라가 망할 것이라는 추단을 하는 이들이 많은 것을 보면, 그 당시에 한문체에서 순한글 문체로의 전환을 사회적으로 수용했다는 사실은 놀라운 일대 변혁이 아닐 수 없다.

순한글 문체로의 전환에 필수적으로 전제되는 일은 한글 표기와 정서법의 통일을 위해 언어를 표준화하는 일이었다. 그래서 일본의 표준어 제정의 원리를 그대로 복사함으로써, 일본의 식민지 수탈에 대한 비판과는 무관하게 서울 중심의 표준어 정책이 우리나라 국민들에게 수용되게 되었다. 당시 민족주의자들의 한글 운동이 민족 구국운동이라는 사실에 대해 지금까지 아무 비판없이 수용되어 왔다. 그러나 실상 한글 운동이 나라찾기 운동인 동시에 식민지에 반대하는 운동이라고 이데올로기화하기까지는 상당한 시간이 필요했을 것이다. 식민지 지배 아래에서 국어 운동은 곧 민족 운동이며 절대적인 선善이었다는 인식의 한계성에 대한 새로운 검토가 필요하다.

초기, 표준어를 중심으로 한 계몽적인 국어 운동은 일제의 식민지 근대화 논의와 일치했다. 곧 식민 시대의 국어 운동가들은 일제식 근대화의 방식으로 국어의 표준화 정책을 아무 비판 없이 수용할 수밖에 없었다는 한계가 전제되어 있다.

문화적인 측면에서 볼 때 근대화 시기는 다양한 통합적 이데올로기가 창출된 시기라 할 수 있다. 전근대의 문물과 제도, 인간관계와 사회 제도 등으로부터 새로운 식민지적 문물과 제도, 사회 제도와 인간관계가 새롭게 조형되던 시기이다. 그런데 식민 지배자인 일본의 근대화와 식민지 조선의 근대화가 이질적인 것 같아 보이지만 매우 유사한 목표를 지향하는 과정을 걷고 있다. 당시 상층부의 지식인 다수가 일제의 식민지화 정책에 가담할 수밖에 없었다.

식민지배 방식으로의 국가주의·민족주의와 식민 저항으로의 국가주의·민족주의는 다의적 개념으로 식민 지배자와 피식민 엘리트 층의 의식이 자연스럽게 합치되었으며, 이러한 기반이 근대를 장식하는 중요한 계몽적 수사학이 될 수 있었다. 지방의 토호 지배 권력의 종말과 더불어 천황을 중심으로 한 새로운 국민 국가를 건설하고자 한 지배자 일본의 '지배' 목표와 기존의 사회 제도와 가치를 무너뜨리고 근대화로 나아가려는 피지배자 조선의 '저항'이라는 욕망이 일치하였다. 조선의 그 욕망의 표현은 민족주의라는 양상으로 일본의 식민지에 대항하는 조직적 힘으로 발휘될 수 있었다. 그 민족주의의 표상으로 가장 적절한 것이 '국어(한글)'였다. 그래서 자연스럽게 한문 소통의 구조에서 한글 소통 구조로의 일대 혁명적 변화가 가능했던 것이다. 식민지 초창기에는 '국어'의 자리에 일본어와 조선어가 개별화된 표상으로 부상했지만 곧바로 일제의 식민 지배 방식으로 내선일체의 국어, 선민화된 국어는 '조선어'가 아니라 '일본어'일 수밖에 없었다. 일제의 선민화의 이면에 타자화된 조선은 야만적이고 비위생적인 미개한 민족이라는 관념으로 표상화되었다. 그러한 관점에서 야만의 조선에서 선민인 일본 사람들의 국어인 일본어로 조선의 국어의 대상을 교체하는 식민지배 언어관을 확고하게 구축하였다. 이러한 식민주의 언어 포식을 반대하는 운동이 한편으로는 계몽의 수단으로, 또 다른 한편으로는 민족 해방운동이 될 수밖에 없었다. 따라서 한글 운동을 통해 근대화와 민족 자주를 실현하려고 했던 민족 지도자들은 자연히 반식민주의적 항일 인사로 분류될 수밖에 없었던 것이다.

근대화의 바람을 타고 일본의 표준어를 그대로 근대적 국민주의의 상징으로 복제한 조선의 표준어는 어떤 위치를 점하고 있는 것일까? 식민 시대의 표준어 정책은 활자 매체인 신문을 중심으로 한 저널리즘과 보통학교 교육, 기독교 성서의 번역·보급 사업과 결탁함으로써 새로운 계급의 내부와 외부를 준별하는 경계가 되었다. 이러한 운동의 중심에 유럽과 미국 유학파들이 자리하고 있는 점으로 미루어 보아도 국자國字 운동이 조선조 사회의 위계와 구조를 깨고 새로운 근대화로 이행하는 데 도움을 준 것은 명백하다.

당시 소통 체계였던 한문에서 한글로의 이전이라는 문화 변용은 일제 식민지화, 즉 국가의 멸망이라는 역사적 사실과 함께 무게가 실린 역사적 변화임을 알아야 한다. 어찌 이런 일이 일어날 수 있었는가?

일제가 1931년 만주를 침략하고 이어서 1937년 중일전쟁에서 승리하자 일본은 조선에 대한 책략을 일대 전환하게 되었다. 한반도를 침략하여 주권을 소멸시킨 다음 경제 수탈과 함께 민족 언어와 문자를 비롯한 민족 문화와 역사를 말살시키려는 황국 식민화皇國植民化 정책이 1936년 8월 5일 제7대 조선 총독인 미나미 지로(南次郎)가 취임하면서 본격화되었다. 1937년 3월 일본어 사용 강화에 대한 통첩이 내려지고, 황국신민의 서사 제정 시행(1937년 10월), 일본어 강습소 전국 설치(1938년 1월), 창씨개명 실시(1940년 2월), 신문 등 게재 제한령(1941년 1월), 초등학교규정 공포(1941년 3월), 조선어학회 기관지『한글』폐간(1942년 5월) 등 조선어 말살 정책이 강화되었다. 1942년 제8대 조선 총독으로 고이소 구니아키(小磯國昭)가 임명되자 조선어학회 사건(1942년 10월), 진단학회 해산(1943년 9월), 조선교육령 제4차 개정(1943년 5월) 등의 정책을 통해 황국 식민화 정책이 더욱 강화되었다.

고은(2007)은 일제의 언어정책을 다음과 같이 회상하고 있다.

"일본 제국주의는 초기에 조선의 물질적 주체를 탈취하는 것으로 식민지 정책을 진행했다. 그래서 조선의 언어와 문자는 일단 자치의 대상으로 남겨두었다. 그런데 주체를 상실했을 때 그 주체를 대행하는 것이 서술 주체라는 사실과 그 서술 주체가 언젠가는 없어진 주체를 복원하는 힘의 문화적 동력인 사실도 확인되었을 것이다. 민족을 정의하는 데 먼저 그 민족의 언어가 있느냐 없느냐를 묻는다면, 식민 통치의 광기로는 조선어와 문자는 마땅히 제거해야 할 마지막 주체의 유산이었다. 이같은 조선어 말살 정책과 함께 강행된 것이 창씨개명이다. 모든 조선 사람의 조선 이름을 바꾸는 것이 식민지 조선을 일본화하는 핵심이었다. 이광수는 스스로 일본 이름으로 바꾼 뒤의 기쁨으로 글을 썼다. '초등학교 1학년인 내 이름은 다카바야시 도라스케(高林虎助)였다.'

언어가 인간의 주체 기호화라는 사실은 식민지에서의 모국어가 어떻게 모독당하는가를 말해 주는 것과 아울러 언어 자체가 인간 존재의 고향이라는 사유를 함께 요구하고 있다."

일제는 1931년을 전후하여 조선어와 한글의 사용과 교육을 저지시키고 대신 일본어 보급과 교육을 강화함으로써 1937년 중일 전쟁 이후 조선어와 한글 말살 정책과 함께 일본어 상용 정책을 강력하게 추진하였다. 1938년 3월 3일 제3차 '조선 교육령'에 조선어 과목을 초중등학교에서 수의과목隨意科目으로 전락시키는 동시에 수업 시수도 대폭 줄였다. 그리고 1941년에는 '초등학교 규정'(1941년 3월 31일)을 공포하여 형식적으로 남아 있던 조선어 과목이 완전히 사라지게 함으로써 교육 제도상에 조선어말살 정책을 완결하게 되었다.

일제가 식민 초창기 근대화의 표본으로 조선에 그들의 이념을 이식하려고 했을 때에 조선 지식인들이 그들의 구곽을 깨고 근대화로 이행하려는 목표와 일치함으로써 '한문'에서 '한글'로의 문자 체계의 혁명적 변화를 이끌어내었지만, 그 한글 운동가들이 추구한 민족주의적 탈식민주의의 성향을 깨달은 일제는 문화 정책의 방향을 수정하게 된 것이다. 동아일보, 조선일보, 조선중앙일보 3대 기관지를 틈만 나면 폐간시키려고 노력하여 동아와 조선중앙을 1936년부터 무기한 정간시켰는데, 1937년 6월 2일 동아만 복간되었다. 이와 함께 1940년 1월에는 총독부 기관지 성격인 매일신보에 동아와 조선을 매수 통합시키려고 했지만 성공하지 못했다. 그러다가 1940년 8월 11일 경리부정 사건을 빌미로 하여 동아와 조선은 자진 정간 형식으로 폐간되었다. 1941년에는 『문장』, 『인문평론』 등 각종 잡지들도 폐간되자 공식적으로 조선어로 된 신문이나 잡지는 한 가지도 남지 않게 되었다.

조선어말살 정책의 일환으로 '조선어학회'를 탄압 해체하였으며 동 기관지였던 『한글』을 1942년 3월에 폐간시켰다. 1942년 9월 조선어학자 정태진을 구속하고 같은 해 10월 1일 『조선말큰사전』 편찬위원인 이극로, 정인승, 이윤재 등 11명을 체포 구금하였다. 1942년 10월 21일 이만규, 이병기 등 7명을 추가 체포하였고, 12월 23일에는 3차로 윤병호, 전인섭, 안재홍 등 8명을, 1943년 3월에는 김도연, 서민호 등 2명을 체포 구금하였다. 조선어학회 회원을 체포 구금하여 가혹한 고문을 가하는 동시에 『조선말큰사전』 원고 3만 2천장과 20만장의 어휘 카드를 압수하였다. 일제가 조선어학회 회원들을 구속 수감하는 죄목은 '치안유지법 위반'이었는데 당시 판결문의 내용은 다음과 같다.

"본건 조선어학회는―소화 6년(1931년) 이래로 피고인 이극로를 중심으로 하여 문화 운동 가운데 그 기초적 운동인 어문 운동을 취하여 그 이념으로써 지도 이념을 삼아 표면으로 문화 운동의 가면 아래 조선 독립을 위한 실력 양성 단체로서, 본건이 검거되기까지 10여 년의 장기에 걸쳐 조선 민족에 대해 조선 어문 운동을 전개하여 온 것으로서, 시종일관 진지하고 변함없는 그 운동은 조선 어문에 쏠리는 조선 인심의 동향에 잘 맞아서 그 마음속에 깊이 파고들어, 조선 어문에 대한 새로운 관심을 일으켜서 다년간에 걸쳐 편협한 민족 관념을 배양했으며, 민족 문화의 향상, 민족 의식의 앙양 등 그 기도한 바 조선 독립을 위한 실력 신장의 수단을 다하지 않은 바가 없었다. 조선어학회는 이리하여 민족주의 진영에 단연 확고한 지위를 차지하며, 저 조선 사상계를 휩쓰는 공산주의 운동 앞에 엎드려 아무 하는 일 없이 또는 자연 소멸 또는 사교 단체로 떨어져 겨우 연명·보존하고 있는 민족주의 단체 사이에서 오직 민족주의의 아성을 사수하는 것으로서 중시되기에 이르렀다. 아래와 같은 사업이 어느 것이나 다 조선어신문의 열의 있는 지지 아래 조선인 사회에 비상한 반향을 일으켰으며, 그 가운데 조선어사전 편찬 사업 같은 것은 역사상의 민족적 대사업으로서 촉망받기에 이르렀다.”

일제는 조선어학회의 활동이 표면으로는 문화 운동을 가장하여 조선 독립을 위한 운동으로 전개되었다고 말하고, 조선어학회를 10여 년의 장기간에 걸친 조직적 독립 운동 단체로서 조선인들의 일관된 민심으로 편협한 민족 관념을 배양하는 데 기여한 불법 민족주의의 단체로 규정하고 있다. 특히 조선어 편찬 사업을 민족주의적 대사업으로 조선인의 관심을 끌어 모은 불온한 사업으로 규정하고 있다.

일제와 우리 선각자들의 꿈의 환영이 근대화라는 점에서 일치하였지만 항구적인 목적에 있어 식민과 독립으로 각각 달랐기 때문에 끝내 결별하지 않을 수 없었던 것이다. 마침내 민족 언어는 회복하게 되었지만 상흔처럼 남은 것이 있으니 서울을 중심으로 한 '표준어'의 준거였다.

표준어 제정 과정과 배경

우리나라는 갑오개혁 이후부터 1930년대에 이르기까지 여러 가지 급격한 문화적 변화를 경험하였다. 먼저 의사소통의 수단과 방식이 달라졌다. 20세기 초 대다수 조선인들을 지배하던 한문, 한자에 의한 문자 소통 방식이, 소위 '국어'라는 새로운 소통 방식으로 변화되었다. 일제의 근대화 과정과 일치된 문자 개혁과 표준화 작업은 성공적으로 이행되었는데, 특히 새로운 매체와 매체 언어에 의한 혁신적인 변화가 문자 개혁과 표준화 사업을 성공으로 이끌었다. 일본으로부터 유입되어 온 새로운 활자 매체와 소리의 제작 기술이 개량되면서 신문과 잡지의 대량 보급과 라디오 공중파의 보급이 가능해졌다. 이러한 매체 변화와 더불어 제도화된 교육을 통해 문자 의사소통 방식의 혁명적 변화가 이루어지게 되었다. 여기서 한 가지 짚고 가야 할 중요한 문제가 있다. 폭넓은 계층에서 한글이 자연스럽게 유통되면서 한문을 계승하던 집단은 급격한 몰락을 하지 않을 수 없었지만,

신교육 세대에게 새로운 문자 소통의 또다른 우상으로 떠오른 것이 바로 일본어였다는 사실이다. 한문이 차지하던 자리에 일본어와 일부 영어라는 소통 방식이 대체 수단으로 자리를 차지하게 되었다는 것이다.

한글 사용의 확산은 근대화라는 환영과 계몽이라는 방식으로 걷잡을 수 없이 빠른 속도로 진행되었다. 한글의 문자로서의 우수성이 여기서도 입증된다고 할 수 있다. 1896년 「독립신문」이 간행되고 1903년에는 최초로 영화가 상영되었으며, 1907년에 유길준의 『노동야학독본』이 간행되는 등, 1910년대부터 시작된 보통학교 교육이 확산되었다. 학교를 통한 글읽기와 글쓰기는 '한문' 또는 '한문 현토체'에서 '한글'로 새로운 변화를 겪으며 급속도로 민중으로 파급되었다. 1927년에는 경성방송국(JODK)의 방송이 시작되는 등 최단 시일 내에 근대화라는 이름으로 문화와 사회 소통 방식과 구조가 충격적으로 변화된 것이다.

표준어를 채택하는 과정은 정서법의 확정 시기와 밀접한 관계를 맺고 있다. 곧 갑오개혁 이후 1894년 11월 21일 고종 31년 칙령 제1호에서 '法律勅令總以國文爲本(법률칙령총이국문위본)……'이라고 하여 한글을 공용어로 처음으로 인정하였다. 1895년 5월 8일 이 칙령이 공포될 때 이 조항은 '법률칙은 다 국문으로써 본을 쓰고……'라 하여 국한문으로 번역되었다. 군국기무처에서 의정부 이하 각 관청의 편제와 직무를 근대 정부 조직으로 개편할 때 학부學部를 신설하여 국문(한글) 철자를 관장하게 하여 '국문'을 인정하게 되었으며, 이

칙령은 한글을 공식적인 나라 글자로 인정한 이른바 문자 혁명을 가져오는 계기가 되었다. 이러한 문화 변용은 대한 제국 몰락 이후 자력으로 이루어진 것이 아니라 일제의 철저한 식민화의 전략에 의한 것이었다. 일본을 통해 유입된 서구 근대화의 환영으로 촉발된 유교적 한문 전통 사회의 몰락과 동시에 계몽적 표상으로서 전통적 글쓰기의 변화를 가져 왔다.

우에다 가쓰토(上田万年, 1867~1937)는 '국어'와 '국가'를 유기적으로 연결시키려는 관점에서, 국어 정책을 추진하던 주체였던 총독부는 학부에 '국문연구소'를 설치하고 언론, 출판, 교육계에 '언문일치'와 표기법 제정을 추진하였다. 개화기에 들어 국한문 혼용체가 세력을 얻게 되고 1885년 신교육 제도가 실시되면서 우리말 교육이 정식으로 시행되었다. 신교육 제도의 도입으로 교과서 제작과 그에 따른 국어 교육이 필요해지자, 자연스럽게 국어를 대표하는 '표준어' 문제가 대두되게 되었다. 다시 말하자면 갑오개혁(1894년) 이후 개혁의 일환으로 '언문'이 '국문'으로 격상되었는데, 이는 일본의 사회 통합 방식인 '국어' 정책과 그 변화의 축을 같이하고 있었다. 1907년(융희 1년)에 국문연구소가 개설되어 1907년 9월 16일부터 1909년 3월 3일까지 위원들의 의정안 '국문연구의정안'을 마련하였으나 나라가 망하면서 채택되지 못하였다. 1912년 조선총독부의 '보통학교용 언문철자법'에서 "경성어를 표준어로 함"이라는 규정이 처음으로 발표되고, 뒤이어 제2, 제3의 '언문철자법'이 발표된 후, 1933년에 비로소 조선어학회의 '한글 맞춤법 통일안'이 최종으로 확정되었다. 이

안을 근거로 하여 "표준말은 대체로 현재 중류 사회에서 쓰는 서울말로 한다."라고 규정함으로써 표준어의 기반이 확정되었다. 이를 토대로 하여 서울의 중류층이 사용하는 표준적인 낱말을 선정하기 위해 1935년 1월 '조선어 표준어 사정위원회'를 구성하였다. 73명(서울 26명, 경기 11명, 각 도 대표 36명)의 위원을 위촉하여 표준말 낱말을 사정하였고, 김윤경, 방종현, 이극로, 문세영, 이희승, 이윤재, 정인승 등이 모여 세 차례 윤독회를 거쳐 1936년 10월 28일, 9,547개의 낱말을 사정하여 발표(표준어 6,231개, 비표준어 3,082개, 약어 134개, 한자어 100개)하였다. 그리고 조선어학회에서는 이를 『사정한 조선어 표준말 모음』(1936)으로 출간하였다.

'한글 맞춤법 통일안'이 제정되기 이전, 1907년에서 1909년 사이의 국문연구소의 활동이나 1920년 조선총독부가 주관한 『조선어사전』 간행 사업은 일제의 식민 통치를 위한 전략과 밀접한 관계를 맺고 있었다. 일본은 선민의식을 바탕으로 그들이 수행했던 국어(일본어) 정책을 그대로 조선에 이입시키려 했던 것이다. '동경 야마노테선(山水線) 안의 동경 말씨'를 일본의 표준어로 정한다는 수도 기반의 어문 정책이 그대로 우리나라에 도입된 것이다.

일본의 경우 메이지 유신 이후 야마노테선 안의 동경 말씨를 표준어로 규정하였으나, 동경시 규모의 급격한 팽창과 인구의 증가로 인해 1949년 이후에는 NHK 방송 언어가 주도하는 동경 공통어(일본인 다수가 사용하는 말) 정책으로 일대 전환하였다. 그러나 우리나라는 아직 전근대적인 표준어 사정 원칙을 그대로 고수하고 있다. 일본은 메이지 유신 직후부터 곧바로 표준어를 사정하기 위해 대대적인 언어 지표 조사를 여러 차례 진행하여 그 성과를 모아 약 32권의 일본어대사전을 편찬하였고, 이를 토대로 하여 교육용 공통어를 선정하여 일반에게 보급하고 있다.

정리하자면, 우리나라와 일본에서 20세기 벽두에서부터 '국어'의 개념이 강화되기 시작하는데 이웃 일본의 경우와 우리나라의 경우는 그 형편이 달랐다. 일본은 지방 분권이 와해되고 천황을 중심으로 한 민족의 통합이라는 과제를 안은 상황에서 내부 불만 세력인 지방의 무사들을 해외로 배출시킴으로써, 내부적인 갈등을 외부로 발산시키는 동시에 조선과 대만 등의 식민 국가를 발판으로 제국주의적 기반을 착실하게 닦게 되었다. 그러한 때에 '국가'나 '민족'의 개념은 천황을 중심으로 하는 민족적 통합의 구심점 역할을 하였기 때문에 일본의 '국어' 정책에 있어 표준어가 절대적으로 필요했던 것이다. 그리고 동경의 야마노테선 내부의 교양 있는 사람들의 말씨를 일본어의 표준으로 삼는 전략은 우리나라 선각자들에게 타자적인 모습으로 반영됨으로써 한문 문화권에서 과감하게 벗어나 우리 '국어'도 일본으로부터의 민족주의적 저항의 방식으로 또는 계몽주의적 방식으로 자연스럽게 국내에 정착하게 되었다.

표준어 제정 찬반론

1933년 당시에도 표준어 제정에 대한 시각의 차이가 없었던 것은 아니다.[29] 표준어를 '서울말'을 중심으로 정하자는 입장과 '공통어'를 중심으로 하자는 견해 차이가 있었다.

먼저 서울 중심의 표준어를 주장한 견해를 살펴보자. 정렬모는 "방언 가온대 가장 세력 있는 것이 표준어가 되는 것이니 어느 말이든지 대개 서울말이 표준어가 된다."라 하여 표준어의 근거를 서울로 하는 이유를 제시하였다. 조선어학회(1933)에서는 "표준말은 대체로 현재 중류 사회에서 쓰는 서울말로 한다."(한글 맞춤법 통일안 총론 2항), 조선어학회(1934)에서는 "어느 나라든지 표준말을 대개 그 나라 수부의 말로 정하는 것이 보통이다."라고 하였다. 또한 김병제는 "대개는 그 나라의 수부首府 곧 서울말이 표준말로 되고, 그 이외의 말은 모두 방언方言으로 치게 된다."라고 하여 표준어의 대상 지역을 정치, 경제의 중심 지역인 수도 '서울'을 기준으로 하기를 주장하였다.

공통어를 중심으로 해야 한다는 시각도 만만찮았다. 정렬모는 "본시 표준어라는 것은 근거를 수부에 두기는 하나 실상은 교양 있는 전국민의 공통어를 이르게 되는 것이올시다."라고 하였고, 이윤희는 "만사람에게 공통되는 즉 어느 계급에만 속해서는 못 쓴다는 그러한 것이라야 (중략) 지리적으로는 시골말과 서울말의 가운데에서 추릴

---

29) 표준어 찬반 논쟁은 김정대(2006) 교수의 논의를 참조하였다.

것."이라 하였다. 홍기문은 수도의 변경 가능성과 수도말이 아닌 표준어의 예를 들면서, 수도말의 사용 범위가 반드시 다른 지방말의 사용 범위보다 넓은 것도 아니고 또 수도말의 모든 점이 지방말보다 항상 우수한 것도 아님을 주장하였다. 또한 고재휴는 "그 지방의 말을 지방말이라 하야 수천년간 혀에 구든 그 어음과 어법을 일시에 탈거한다는 것은 지방말은 너무 천시하고 서울말을 무조건 숭앙하는 자이다. 될 수가 잇다면 경성말을 표준어로 하면서 지방말을 적의취사하야 남북선말을 살리는 동시에 경성말이던디 지방말이던디 무용의 사어 고어 방언은 수정 혹은 버리고 정당한 전 지방을 통하야 통일적인 말로 표준어로 삼고 보급시켜야 한다. (중략) 경성말도 한 방언이요 기타 지방말도 방언임으로 전 지방말을 엄정취사하야 가장 통일적 합리적인 표준어를 세워서 조선말을 통일시켜야 할 것이다." 라고 하였다.

오늘날 한국어는 여러 방언이 모여서 성립된다. 그러한 관점에서 본다면 고재휴의 "경성말도 한 방언이요 기타 지방말도 방언임으로 전 지방말을 엄정취사하야 가장 통일적 합리적인 표준어를 세워서 조선말을 통일시켜야 할 것이다."라는 논점과 일치하고 있다.

또한 홍기문의 관점도 눈여겨보아야 할 것이다. 곧 수도의 변경 가능성과 수도말이 아닌 표준어의 예를 들면서, "수도말의 사용 범위가 반드시 다른 지방말의 사용 범위보다 넓은 것도 아니고 또 수도말의 모든 점이 지방말보다 항상 우수한 것도 아니다."라는 기술은 오늘날의 방언학의 개념과 상통한다. 그리고 수도가 확장되는 경우나 이전을 하는 현실을 예견한 견해이다.

1934년에 발간된 『한글 맞춤법 통일안 해설』에 따르면 당시 '서울 말'의 성격을 "한 나라의 말 가운대 곳을 따라 조금씩 다른 것이 있나니, 그 가운대 한군대의 말을 표준말로 정하고 그 밖의 말들은 모두 방언方言이 된다. 어느 나라든지 표준말을 대개 그 나라 수부의 말로 정하는 것이 보통이다. 이는 수부는 한 나라의 중앙으로 정치 경제 문화의 중심이며, 또 물자와 인중이 집산하는 대이므로, 그 곳의 언어는 모든 방언의 혼성이요 중화이기 때문이다."라고 규정하고 있다. 따라서 우리나라의 표준어는 '서울 토박이말'이 아니라 '서울에서 쓰이는 전국적인 말'로도 해석이 가능하다.

수도의 규모가 커지거나 인구가 급격히 늘어난 상황은 우리나라나 일본의 사정이 꼭 같다. 1933년 이후 수십 년 동안 표준어 규범에 따라 학교 교육을 시행한 결과 서울 방언이 남한 전역의 공통어로 굳게 자리를 잡았다. 동경의 경우와 마찬가지로 서울의 도시 규모도 엄청나게 커졌고 또 살고 있는 사람들도 누가 토박이인지 구분이 안 될 정도로 늘어났다. 전체 서울 시민 가운데 교양 있는 순수 토박이는 극소수에 지나지 않는 것이다.

1933년 조선어학회에서 발표한 '한글 맞춤법' 총칙 제1항에서는 "한글 마춤법은 표준어를 그 소리대로 적되, 어법에 맞도록 함을 원칙으로 한다."라고 규정하였다. 그리고 표준어를 규정한 '표준어 규정'의 총론 2항에서는 "표준말은 대체로 현재 중류 사회에서 쓰는 서울말로 한다."로 규정하였다. 그 이후 1936년 조선어학회에서는 표준말을 사정하였으며, 다시 1988년 문교부에서는 한글 맞춤법을 개정하였다. 이 개정 한글 맞춤법 총칙 제1항에서는 "한글 맞춤법은 표준어를 소리대로 적되, 어법에 맞도록 함을 원칙으로 한다."라고 규정하고 '표준어 규정' 총칙 제1항에는 "표준어는 교양 있는 사람들이 두루 쓰는 현대 서울말로 정함을 원칙으로 한다."라고 수정하였다.

1933년 표준어 규정

: 표준말은 대체로 현재 중류 사회에서 쓰는 서울말로 한다.

1988년 표준어 규정

: 표준어는 교양 있는 사람들이 두루 쓰는 현대 서울말로 정함을 원칙으로 한다.

1933년 안과 1988년 안의 표준어 규정 총칙을 몇 가지 맥락으로 구분하여 그 차이점에 대해 살펴볼 필요가 있다. 첫째, 대상이 '표준말'이냐 '표준어'이냐의 차이, 둘째, 기준 시점이 '현재'인가와 '현대'인가의 차이, 셋째, 대상의 사회적 계층이 '중류 사회'인가와 '교양 있는 사람들'인가의 차이가 있으며, 넷째, 대상 지역으로 '서울말'은 두 안이 일치한다.

먼저 '표준말'은 마치 입말만을 대상으로 한정하는 것으로 생각되기 때문에 입말과 글말을 두루 포괄한다는 측면에서 '표준어'로 개정한 것 같다. 그러나 이 '표준어(standard language)'라는 용어는 '비표준어'를 상정하고 있기 때문에 '표준어 규정' 총칙 제1항의 규정에서 제외되는 일상어는 모두 비표준어로 규정된다는 문제점을 안고 있다. 이 문제에 대해 더욱 깊은 논의는 일단 뒤로 미루어 둔다.

기준 시점의 문제에서 낱말의 어휘적 의미의 혼란을 피하기 위해 '현재⇒현대'로 수정한 것은 타당하지만, 과연 '현대'란 어느 시점에서 어느 시점까지를 말하는지 분명하지 않다.

대상인 사회적 계층 문제에서는 '중류 사회'와 '교양 있는 사람들이 두루 쓰는'이라는 표현의 차이를 보이고 있는데, 여기에는 두 가지 문제점이 있다. 먼저 '중류 사회'를 '교양 있는 사람들'로 수정하였으나 전자의 중류 사회란 어느 사회 계층을 뜻하는지 불분명하며, 역시 '교양 있는 사람들'이라는 계층적 정의 또한 그 범주의 불분명함은 물론이거니와 이 계층에서 제외되는 서울 사람들을 포함하여 나머지 지역 사람들은 '교양이 없는 사람들'로 비하될 수밖에 없다. 특히 이와 같은 문제를 검토하여 위헌적 요소가 있다고 판단한 '탯말두레'에서 위헌 소송을 제기한 바도 있다. 또한 최근 다양한 지역과 계층의 사람들의 언어가 존중되어야 한다는 관점에서 언어 인권론을 주장한 사례도 있다. 이뿐만 아니라 1988년 개정안의 '교양 있는 사람들이 두루 쓰는'에서 '두루 쓰는'이라는 대목은 바로 일본의 공통어적 개념을 부분적으로 도입한 것으로 판단된다. 두루 쓴다면 어느 범위까지 두루 쓰이는지 분명하지 않다. 이러한 규정을 준수하기 위해서는 충분한 국어 사용 실태 조사를 토대로 하여 사용 빈도를 측정한 과학적 방식으로 해야 하지만 이러한 과정을 제대로 거친 적이 한 번도 없다.

대상 지역으로 '서울말'을 지정한 것은 두 안이 일치한다. '서울말'
이 표준어라면 나머지 지역의 말은 전부 '비표준어'여서 버려야 할 대
상으로 인식하고, 또 실제로 『표준국어대사전』에서는 "두루막 명 '두
루마기'의 잘못.", "두루매기 명 '두루마기'의 잘못." 등과 같이 뜻풀이
를 하고 있다. 물론 이와 같은 음운론적 변이형을 올림말로 올려서도
안 되겠지만 이들을 '서울말'이 아니어서 비천하고 권위가 없는 말로
인식하게 된 것이다. 서울말이 아니어도 훌륭한 낱말들은 셀 수 없이
많은데 사회·문화적 차이 때문에 서울 지역에 없는 말은 전부 내다
버려야 할 말인가. 인구 20만 시절의 서울 지역의 말과 인구 1천만을
헤아리는 오늘날의 서울 지역의 말과는 엄청난 차이가 있다. 오늘날
'서울말'이란 허구적인 존재일 뿐이다. 이러한 현실적 한계를 간파한
일본은 일찍이 '동경어'라는 기준에서 두루 통용되는 '공통어'라는
기준으로 규범어 기준의 지역적 제한을 없앤 것이다. 규범적인 언어
는 반드시 필요하다. 그러나 위와 같은 논리도 과학성도 없는 규정에
기대어서 표준어를 규정함으로써 잃어 버린 것이 너무나 많다.

광복과 더불어 우리말은 정치적 이데올로기의 지배로 서울과 평양
을 중심으로 다시 두 개의 '국가어'로 분할되는 상황이 되었다. 북쪽
에서는 1966년 김일성의 다음과 같은 교시를 근거로 하여 문화어를
제정하였다. "우리는 우리 혁명의 참모부가 있고 정치, 경제, 문화,
군사의 모든 방면에 걸치는 우리 혁명의 전반적 전략과 전술이 세워
지는 혁명의 수도이며 요람지인 평양을 중심지로 하고 평양말을 기

준으로 하여 언어의 민족적 특성을 보존하고 발전시켜 나가도록 하여야 하겠습니다."(1966년 5월 14일) 이처럼 북쪽이 표준어의 기준을 바꿈으로써 남과 북이 언어의 규범차이를 보이게 되었다. 북에서는 1966년 '문화어발음법'을 제정하여 『조선말규범집』에 실었고, 남에서는 1988년 '표준어발음법'을 제정하였다. 남쪽이 북쪽에 대응하여 훨씬 뒤에 표준어 발음법을 제정하게 된 것인데 두음 법칙, 음운 첨가와 같은 부분에서 남북 간의 차이를 보이게 된다.

남쪽에서는 외국어나 한자어를 순화한 순화어를 사용하도록 권장하고 있으나 북쪽에서는 다듬은 말을 국가에서 통일하도록 지도하고 있다. 남쪽에서는 1948년 문교부 편수국에서 주관하여 '우리말 도로 찾기'를 간행하여 일제 잔재를 청산하는 운동을 벌였다. 여기에서 시작하여 1976년에는 문교부에서 '국어 순화 운동 협의회'를 구성하여 대대적인 국어 순화 운동을 전개하였다. 예를 들면 운동 관련 용어 중에 '포볼'을 '볼넷', '코너킥'을 '모서리 차기', '사이드 라인'을 '옆줄' 등으로 순화하는 운동을 전개했지만 큰 성과를 보지 못하고 오히려 희화의 대상이 되었다. 북쪽에서는 1964년 이래 말다듬기를 시작하여 1987년 '다듬은 말' 2만 5천 개를 선정하여 발표하였으며, 여러 차례 어휘 정리 사업을 민족 주체성을 고양한다는 관점에서 전개해 왔다.

남쪽에서는 서울을 중심으로 한 표준어 정책을, 북쪽에서는 평양을 중심으로 한 문화어 정책을 펼침으로써, 한 민족 언어가 두 가지 다른 규범으로 분리되었다. 민족어의 규범은 전라도, 경상도, 함경도, 황해도 등 우리나라 모든 지역의 사람들이 사용하는 일상어를 모두 포괄하는 개념이어야 한다. "어느 지역 일상어가 더 낫고 어느 지역 일상어가 더 못하다."라는 상대적 가치 평가는 결코 있을 수 없다. 전라도면 전라도 말, 경상도면 경상도 말 자체가 하나의 가치를 지닌 말의 체계이므로 개별 일상어가 가진 가치를 인정하고 이를 갈고 보존하려는 노력도 기울여야 할 때이다. 그럼에도 불구하고 인위적인 언어인 표준어나 문화어의 규정에 묶여서 서울말이나 평양말이 아닌 지역 방언은 없애 버려야 할 대상으로 폄하하고 있다.

전체적인 개념으로 사용되는 민족어란 흔히 표준어만을 뜻하는 개념으로 이해하고 있기 때문에 '한국어 문법'이라면 흔히 표준어에 적용되는 국어 문법을 뜻하는 것으로 이해해 왔다. '한국어'라는 개념이 이처럼 제한적으로 사용되어서는 안 될 것이다. 더군다나 우리나라는 남과 북으로 갈라져서 각각의 규범이 존재하는 상황이니만큼 이를 통합하고 소통하기 위해서도 한반도에 거주하는 동포는 물론이고 재외 동포들이 사용하는 일상 언어를 포괄하는 개념으로 이해해야 한다. 남쪽의 표준어를 중심으로 한 여러 방언과 북쪽의 문화어를 비롯한 여러 방언과 전 세계에 흩어져 사는 재외 동포들의 여러 방언도 사회 역사 체제에 의해 생성된 우리 민족어의 하위 방언이라고 할 수 있다.

아시아의 소통과 문화 공동체의 가능성

우리나라는 세계적으로도 가장 짧은 시간 내에서 눈부신 경제적 발전과 민주화를 이루어낸 것으로 알려져 있다. 세계는 우리의 지난 민주화의 이력과 오늘날 한국의 발전상을 경이적인 눈으로 바라보고 있다. 뿐만 아니라 그 기적과도 같은 성장의 비책을 연구하고 배우려 한다. 부존자원도 풍족하지 않고 기술의 기반도 잘 갖추어지지 않은 상태에서 어떻게 그렇게 짧은 시간 내에 민주 제도의 정착과 경제적 부강을 동시에 이루어 낼 수 있었는가? 뛰어난 국가 지도자의 힘이었을까? 아니면 국민의 저력이었을까? 어느 것 하나도 틀린 것은 아니나, 완전한 정답도 아니다.

현재 우리나라는 지구 상 어느 나라도 따라잡기 힘들 정도의 정보화 기술력과 고급 콘텐츠 기반 그리고 뛰어난 문화 기획력을 통한 문화 연출을 선도할 수 있는 역동적인 힘을 가지고 있다. 이 거대한 정보 문화의 힘의 원천은 바로 한글이라는 위대한 문자의 힘은 아닐까?

한글을 창제하신 세종 대왕의 애민 정신이 민주화의 열기에 부응하여 맘껏 국민의 뜻을 펴게 된 것이 오늘의 민주주의의 저력이 아닐까 생각한다. 1980년대에서 1990년대로 이어져 온 대학의 민주화 운동을 주도한 핵심은 바로 한글이라는 정보 매체로 전달된 신문과 저널 그리고 대학교의 대자보였다. 실용적 편리성을 추구한 세종 대왕의 정보화 예견력은 바로 2000년대의 한글 정보화 시대를 겨냥한 것이었다.

2000년대 들어 우리의 정보화 기술과 그 내용인 콘텐츠 구축도 전 세계를 선도할 만큼 빠른 속도로 진행되었다. 이러한 일이 가능했던 것은 바로 세계의 문자 중 가장 합리적이고, 과학적이며, 디지털 기술로 조합하기에 가장 적합한 한글이라는 우리 문자가 있었기 때문이었다. 최근 휴대 전화의 기술이 전 세계에서 가장 앞선 나라, 휴대 전화의 자판을 활용하여 가장 빠른 속도로 개인 정보를 교류할 수 있는 나라로 우리나라가 꼽히고 있다. 휴대 전화의 한글 자판이 한글의 자음과 모음의 가획加劃 원리에 기초한 것임을 모르는 사람은 없다. 560년 전 세종이 창제한 한글이 조선 시대에는 한문 문화에 짓눌렸고, 일제강점기에는 일본어에 짓밟히면서 연명하다가 이제 바야흐로 한글이 제대로 대접받는 시대가 되었다.

우리는 인터넷 검색을 통해 전 세계인들과 만나며 온갖 정보와 지식을 쉽게 공유할 수 있는 지적 민주화를 누리는 대견한 나라이다. 정보화 덕택에 우리 국민들은 지적 수준의 편차가 거의 없는 세상을 살고 있다. 이처럼 인터넷을 통해 세계인들과 교류하고 지식 정보를 공유할 수 있는 저력은 바로 한글의 과학성에서 나온다.

오늘날의 이러한 문명적인 상황을 '디지털 노마디즘'이라고 한다. 인터넷을 통해 전 세계가 소통하고, 양질의 정보력이 자본주의 시장을 압도할 것이라는 질 들뢰즈의 예견이 현실로 나타난 것이다. 이러한 때 온라인을 통한 소통의 새로운 가치체계를 정립해야 한다. 지난날 말을 타고 전 세계를 지배했던 민족의 언어를 유목민형 언어라 정의했는데, 이젠 말馬이 아닌 인터넷 언어를 통해 서로 다른 민족과 국가 간에 소통하는 시대에 이른 것이다. 그런 측면에서 보면 우리나라는 마치 13세기 몽골과 같은 21세기의 디지털 유목 강국인 셈이다.

그 저력의 밑바탕에는 바로 우수한 한글의 과학성과 합리성이 있었다. 이제는 한글이 한국인만의 문자가 아니라 세계인의 문자로 활용될 수 있도록 세계에 알릴 차례이다. 국립국어원에서는 몽골과 중앙아시아·러시아 등 재외 동포들이 많이 살고 있는 지역에 연차적으로 100여 개의 '세종학당'을 설립할 계획을 진행하고 있다. 한글을 첨병으로 문화 교류를 활발하게 전개해 한국을 중심으로 한 21세기 동북아 지역 문화 공동체를 형성하고 새로운 우방 관계를 만들어 나가야 한다. 한국 문화 즐기기(이른바 '한류') 열풍이 한창인 지금이야말로 아시아의 내면적 소통을 위한 수단으로 우리말과 상대 국가의 말이 소통되도록 하려는 국가적인 노력을 시작해야 할 적절한 시기이다.

지난 20세기, 제국주의 국가들의 언어 식민화 정책과 자본주의 강대국의 언어 약탈 정책으로 인해 동아시아의 많은 민족의 언어가 소멸의 길을 걸어왔다. 언어의 소멸은 망국과 민족 해체로 이르는 길일 뿐만 아니라 함께 살아온 사람들의 문화와 정신의 소멸을 의미한다. 만주 벌판에 흩어져 살던 만주족이나 여진족들이 사용하던 만주어나 여진어, 몽골 대초원을 말 타고 달리던 칭기즈칸의 후예들이 사용하던 몽골 문자들은 이미 사라져 버린 지 오래이다.

특히, 아시아 지역에는 근대 서구 자본주의의 폭력과 제국주의의 억압으로 점철된 고통스러운 기억을 간직한 나라들이 많다. 강대국으로부터 겪은 식민지의 고통과 전쟁으로 받은 엄청난 상처들을 가슴 속에 고스란히 묻어 놓고 사는 사람들이 가장 많은 지역이 아시아 지역이다. 베트남, 캄보디아, 파키스탄 등의 나라뿐만 아니라 한반도와 동북아 지역의 많은 나라들이 식민 지배와 전쟁의 상처를 입은 채 버텨 왔다. 최근 필리핀의 경우 그들 민족어인 타갈로그어가 공용어인 영어의 위세에 눌려 중류 계층에서는 타갈로그 영어와 같은 혼종 언어가 나타나고 있으며 교육에 소외된 하위 계층의 사람들은 타갈로그어밖에 모르는 상황이 전개되었다. 더군다나 대부분의 아시아인들은 내면적 식민화의 그늘이 길게 드리워진 것도 알지 못하면서 서로가 따뜻한 연대의 손을 단 한 번도 잡아 보지 못한 채 살아왔다.

세계 최대 대륙인 아시아, 그 중심에 서 있는 세 나라, 곧 3마리의 용으로 비유되는 중국, 일본, 한국이 있다. 이 세 마리의 용 가운데 유일하게 다른 나라를 지배한 경험이 없는 나라는 한국뿐이다. 아시아의 여러 다른 나라와 마찬가지로 역사적으로 전쟁과 식민화 등 많은 상흔을 가지고 있지만, 한국의 글과 말은 소멸되지 않았을 뿐만 아니라 지속적인 발전을 거듭하여 오늘에 이르고 있다. 오히려 눈부신 경제 성장과 더불어 세계적인 정보 통신(IT) 산업을 이끌고 있는 선도 국가로 성장할 수 있었던 바탕에는 바로 세계적으로 우수한 문자인 '한글'이 있었기 때문이라고 해도 과언이 아니다. 글과 말은 이처럼 소중한 존재이다. 아시아의 문화 연대를 위해서는 아시아 내부에 서로 소통할 수 있는 통로를 만들어 나가야 한다. 지배적 언어로써 소통하는 것이 아니라 서로 인접해 있는 언어로 소통의 연결고리를 만드는 언어 횡단의 방식으로 아시아는 하나가 되어야 한다. 아시아인들의 새로운 내면적 소통을 위해서는 다양한 민족과 국가 상호 간에 언어와 문화를 이해하는 데 주력해야 한다.

우리의 말과 글을 아시아인들에게 적극적으로 가르치는 동시에 그들의 언어와 문화를 이해하려는 태도를 지녀야 한다. 이젠 아시아의 단결과 평화를 이끌어 갈 책임이 우리에게도 주어진 것이다. 더욱 성숙한 모습으로 아시아 여러 나라들을 따뜻하게 안으면서 서로 의사를 소통하기 위해 적극적으로 나서야 한다. 아시아인들을 우리 친구라고 생각한다면 이제부터라도 그들과 더불어 살아가는 새로운 아시아의 세계를 꿈꾸어야 한다. 국가주의나 민족주의의 경계를 넘어야 하는 일은 아시아의 새로운 연대와 공존으로 나아가기 위한 필수적인 전제 조건이다. 그리고 아시아 지역 국가 간에 소통이 이루어질 수 있는 문화적 공동체를 결성하는 일은 21세기 세계의 평화와 질서를 이끌어 가기 위한 매우 절실한 과제가 아닐 수 없다. 앞으로 아시아인들의 역사와 문화의 다양성을 동등하게 공유할 수 있는 '소통의 방식'으로서 우리 겨레의 말과 글이 튼튼하게 자리를 잡도록 우리는 함께 노력해야 한다.

우리가 새로운 아시아의 꿈과 이상을 키우는 데에 맏형 노릇을 하기란 그렇게 쉽지 않다. 최근 포스코POSCO 재단에서 '아시아 지역 학술 연구 지원 재단'을 설립하고, 또 새로운 아시아의 가치를 창출하려는 의도로 『아시아ASIA』라는 잡지 출간을 지원하고 있다니 고맙기 짝이 없다. 이러한 의지와 노력이 하나의 큰 물줄기가 되어 도도하게 흘러 새로운 역사를 기록해 주길 기대해 본다. 더불어 살아가는 평화로운 아시아를 우리 손으로 이끌어가는 더욱 풍성한 미래의 삶을 설계해 보자. 우리 이웃, 아시아인들과 함께 인류 공동체의 삶을 설계해야 한다.

한국어 학습 열풍

하시모토 만타로라는 언어학자는 유물사관적 관점에서 세계의 언어 유형을 구분하였다. 사용 지역이 매우 제한된 '농경민형'과 사용 지역이 광활한 '유목민형'이 그것이다. 중세 봉건 시대에는 라틴어가 유목민형 언어였다면 20세기 이후 자본주의 시대로 들어와서는 영어나 스페인어·일본어가 전 세계 어디를 가나 소통될 수 있는 유목민형 언어라 할 수 있다.

21세기로 넘어오면서 동북아의 고요한 아침의 나라였던 한반도의 우리 말과 글이 한류 열풍과 함께 급부상하여 세계 곳곳에서 한국어를 배우려는 열풍이 거세게 일고 있다. 고요한 동방의 등불인 나라, 한국의 말과 글이 전 세계로 확산되는 열풍을 곰곰이 되짚어 보면 재미있는 현상들을 발견할 수 있다.

지난 시절 농경민형 언어였던 한국어가 21세기에 들어서 유목민형 언어로 바뀐 이유를 어디에서 찾아낼 수 있을까? 우리 민족은 '태양'과 '달'을 숭상하는 민족 계열이었다. 이러한 민족 문화의 원류는 주자학이 들어온 이후에는 '이기' 철학의 기반을 낳게 되고 또 이러한 이원적 사유 방식에 익숙해 있던 우리 민족은 21세기에 들어와서는 0과 1로 표현되는 디지털 세계의 강국으로서 문화 공동체를 주도할 수 있는 위치가 되었다.

한국어가 국경을 뛰어넘는 한국어 문화권역(물리적 영토가 아닌 가상의 영토(virtual territory))의 꿈을 주도하는 나라의 언어라는 셈이다. 현재 언어별 사용 수 순위에서 한국어 사용자 수의 순위는 우리나라의 국가 경제력 순위와 비슷하다. 곧 우리나라는 세계 9위권의 언어 강국인 동시에 경제 강국이다.

통신과 물류의 이동 물량이 비교적 적었던 지난 세기는 '미시적 지역주의(micro-regionalism)' 사회였지만, 이제는 민족이나 국가라는 경계를 뛰어넘는 폭넓은 문화 교류가 전개될 거시적 지역주의 시대다. 이러한 때 한국어를 국가 발전의 동력으로 활용할 수 있는 전략 수립이 필요하다. 2018년쯤 중국의 국민 소득이 4천 달러에 이를 것으로 예측된다. 약 10년 후 우리나라를 둘러싼 국제 정세가 어떻게 바뀔 것인지 생각해야 한다. 동북아의 격동기가 도래할 것이다. 그러면 우리의 미래를 어떻게 설계해야 할 것인가?

전통적인 우방 이외에도 새롭게 교류하고 함께 연대할 우방을 만들어가야 한다. 최근 한류가 문화 우방을 만드는 매우 주요한 인자가 되었다. 그러나 일방적 문화 전달이 아니라 상호 문화 교류라는 측면에서 한국 문화의 씨앗을 뿌려야 할 것이다. 영화나 무대 공연, 예술 등의 대중에 대한 파급 효과는 매우 크다. 한류 열풍의 매체가 이러한 대중적 장르만이 아니라 한국 문화 전반이 그 대상이 되기 때문에 문화관광부에서는 100대 민족 문화 상징을 지정하여 이를 널리 알리려는 야심찬 계획을 꾸리고 있다.

그러나 한글(한국어)을 김치·한복·한지 등과 같은 문화유산과 병렬적인 대상으로만 이해해서는 안 된다. 분명 한글은 한국문화의 핵이며 한국문화 확산의 주요한 매체임을 읽어야 한다. 특히 중국 동북 3성과 중앙아시아와 몽골로 연결되는 동북아 지역을 새로운 미래의 파트너로 삼기 위해 한류 파급은 물론이려니와 한국어 알리기를 위한 각별한 노력을 아끼지 않아야 할 것이다.

1950년대 전후 시기에 국제연합한국재건단(UNKRA)에서 설립한 교육 기관을 통하여 오늘날의 우리나라로 성장하게 되었다면 이젠 우리가 아시아 저개발 지역에 '세종학당'을 설립하여 보답을 할 차례이다. 이 학교를 통해 한국어는 물론이려니와 한국문화의 열풍을 지속적으로 이어간다면 이에 따른 경제적인 유발 효과는 엄청날 것으로 기대한다.

정부와 함께 민간 기업에서도 새로운 내일을 열어 가기 위해 한국어 국외 진흥이라는 과제를 한시라도 늦출 수 없는 국가적 주요 과제로 인식하고 이에 대한 투자를 아끼지 않아야 한다. 변화하는 국제 정세에 대응하는 국가 경영 전략을 설계하지 않는 국가와 기업은 내일이 없다. 우리나라의 정보기술의 세계적 경쟁력을 강화하기 위해서는 광케이블 구축과 유비쿼터스 환경 구축을 위한 국가적 투자가 시급한 현실이다. 이와 함께 그동안 축적해 온 콘텐츠에 대해서도 새로운 정비를 해야만 한다. 다양한 문자 코퍼스, 영상 이미지 콘텐츠, 오디오 콘텐츠 등 매우 다양한 콘텐츠를 웹시맨틱스Web-Semantics 방식으로 재조직화하고 정보 검색이 빠른 시간 내에 이루어질 수 있도록 정부적 차원의 투자가 시급한 상황이다.

민족과 국경을 뛰어넘어 내일의 인류를 위해 해야 할 일들을 준비해야 할 시점에 서 있다. 이제 우리 대한민국은 21세기의 신유목민이다. 내일의 큰 희망이 우리를 부르고 있다는 것은 분명하다.

외국어로서의 한국어 교육 방안

2000년 이후 급격하게 늘고 있는 한국어 학습 수요에 대비하여 한국어 교육을 체계적으로 지원하는 일은 중요한 국가 전략 가운데 하나라 할 수 있다. 현재 우리나라는 전 세계 175개 국가와 외교 관계를 맺고 있으며, 이들 나라에서 제2외국어로 한국어를 채택하는 대학과 고등학교가 늘어나고 있다. 한국어가 PCT(국제 특허 협력 조약)의 '국제 공개어'로 채택될 정도로 세계 주요 언어로 인정받고 있으며, 급속한 경제 발전으로 국가 위상이 높아짐에 따라 한국어를 배우고자 하는 학습자의 대상층이 다변화하고 있다. 2000년 이전에는 주로 재외동포나 그 2, 3세들 혹은 한국 유학을 목표로 하는 외국인이 그 대상층이었지만 최근에는 한국 문화를 익히거나 취업을 위해 한국어를 학습하고자 하는 외국인들의 수요도 늘었다. 뿐만 아니라, 국제결혼도 증가함으로써 다문화 가정이 급속도로 늘어나는 추세에 있다. 따라서 제2언어로서 또는 외국어로서 한국어를 체계적으로 교육하기 위한 교육 목표와 교육 방법 및 평가 등 다양한 전략과 기획이 필요한 시점이다. 그러므로 한국어 교육 수요층의 다변화를 고려한 새로운 한국어 교육에 대한 논의를 이제부터라도 시작해야 할 것이다.

지금까지의 한국어 교육의 방향은 재외 동포를 위한 것이었다. 교육인적자원부에서 지원하고 있는 재외 한국학교는 14개국 26개교가 있고(2006년도 통계. 이하 동일함), 한국교육원은 14개국 35개원이 있다. 그 외에 현지 재외 동포들이 자체적으로 설립하여 운영하고 있는 한글학교는 2,072개교가 있는데, 이들 한글학교는 외교통상부 산하 재외동포재단의 지원을 받고 있다. 2006년 4월 기준으로 통계를 낸 재외동포재단의 한국어 교육기관의 현황을 살펴보면 한국학교 교원 수는 711명, 학생 수는 8,633명, 한국교육원의 직원 수는 46명, 동포 수는 6,353,498명이다.

재외 한국학교와 한국교육원의 설립 추이를 살펴보면 특이한 점을 발견할 수 있다. 재외 한국학교의 설립은 미군정 기간인 1946년에 시작하여 한국 전쟁 직후인 1954년도에도 1개교가 설립될 정도로 재외 동포 교육 문제는 그만큼 중요한 시대적 상황이었다. 연간 3개교 이상 설립된 해는 1976년, 1998년, 2001년으로 각각 3개교가 설립되었다. 한국교육원은 한국전쟁 중인 1953년에 처음으로 설립된 이후 지속적인 증가 추세를 보였다. 연간 5개교 이상 설립된 해는 1963년(5개교), 1995년(5개교), 1981년(6개교)이다. 그러나 오히려 외국인들의 한국어 학습 열기가 특히 고조된 2000년 이후에 재외 한국학교는 5개교, 한국교육원은 2개교만 설립되었다. 특히나 동남아시아에서 한류의 영향으로 한국의 언어·문화에 대한 관심이 높아지고, 현지 진출 한국 기업에 취직하기 위한 한국어 학습 요구가 폭발적으로 늘어나고 있는 추세[30]라는 점을 감안하면 이상할 정도이다.

게다가 〈도표 19〉에서처럼 국외 한국어 교육 기관으로 한국학교, 한국교육원, 한글학교의 분포는 재외 동포가 많이 사는 특정 지역인 미국이나 일본 지역에 집중해서 분포되어 있다. 따라서 최근 한국어 학습 수요가 급격하게 늘어나는 아시아 지역의 수요를 충당하는 데에는 많은 문제가 있음을 알 수 있다.

최근 '한류'의 영향과 '외국인 고용 허가제' 실시에 따라서 동북아시아 지역을 중심으로 아시아권 전역에서 한국어 학습 수요가 폭증하고 있다. 특히, 올해 3월부터 실시되는 한국의 방문 취업제(중국 동포 대상, H-2)가 이를 더 부추기고 있다. 주로 아시아 지역을 중심으로, 한국어와 한국 문화를 배우고자 하는 외국인들과 국내 유입 노동자, 현지 진출 한국 기업에 취업을 하려는 현지인 노동자들이 급증하고 있다. 이러한 상황에서 국외 한국어 교육 시설의 확충, 특히 아시아 지역에서의 시설 확충은 당연한 선결 과제라 할 수 있다.

---

30) 동남아에서 한국어학과를 설치한 대학이 2000년 이후 베트남에서는 5개에서 9개로, 태국에서는 7개에서 16개로 늘어났고, 사설 학원도 급증하고 있다. 일본에서도 역시 한류의 여파로 현재 330여 개의 대학에서 한국어 강좌를 개설하고 있고, 중국에서는 2005년 기준으로 전국 40여 개 대학에 한국어학과가 설치되어 있다.

	한국학교	한국교육원	한글학교
일본	4	14	73
아시아(중동, 일본 제외)	14	1	166
유럽, 구소련	1	10	634
북미	0	7	1,093
중남미	3	3	68
아프리카, 중동	4	0	38
계	14개국 26개교	14개국 35개원	106개국 2,072개교

도표 19 │ 한국어 교육 시설의 지역별 분포 현황(자료 출처: 재외동포재단 누리집)

　다행히 문화관광부에서 세종학당을 주로 아시아 지역에 현지의 교육 시설과 교원을 활용하는 비정규적인 사회교육원 형태로 설립하는 것은 매우 적절한 조치라고 평가된다. 그뿐만 아니라 문화와 한국어를 함께 소개하고 가르치는 교육 기조를 정립한 점도 기존의 한국어 교육 방식과 차별성을 갖는 점이라고 할 수 있다. 재외 한국문화원을 거점으로 활용한 세종학당 설립은 재외 동포 중심의 교육이 아니라 외국인을 대상으로 한 본격적인 한국어 세계화 전략이라고 볼 수 있다. 그리고 세종학당 설립 목표에서 밝히고 있듯이 문화상호주의적 관점에서 탈식민주의 방식으로 한국어의 세계화를 시도한다는 점은 주변 국가들의 자국어 국외 보급 전략에 많은 시사점을 던져 주고 있다.

　그러나 최근 폭발적으로 늘어나는 한국어 교육 수요자들에 대해 정책적으로 해결해야 할 과제가 한두 가지가 아니다.

　우선 외교통상부, 교육인적자원부, 문화관광부에서 각각 추진하는 한국어 세계화 사업에서 발견되는 중복 투자를 효율적으로 조정할 필요가 있다. 새로운 상황 변화에 능동적으로 대처할 수 있는 한국어 교육 전문 기관을 설립하여 관련 업무를 관장하도록 하거나 특정 부처에서 통괄하는 방안도 검토해 볼 필요가 있다. 우선 긴급하게 요구되는 교재 및 부교재의 개발과 보급, 한국어 교원의 교육과 연수 등 여러 가지 어려운 상황을 종합적으로 기획하고 실천할 수 있는 한국어 교육 전문 기관의 운영 방안이 제안되어야 할 것이다. 뿐만 아니라 정부 예산이 특정 부처나 기관에 격심한 쏠림 현상을 보이는 것도 문제이다. 한국어 교육을 위한 국가의 재정 지원의 기본적인 틀도 크게 바뀌어야 하며 이를 관장하는 정부 부처 업무도 반드시 재조정되어야 한다.

또한 전 세계 2,070여 개소에서 운영되고 있는 한글학교 교원의 전문성 확보를 위해 정부 차원에서 그 대책이 마련되어야 한다. 국외의 한국어 교원으로 현지 원주민 교사와 한국에서 파견된 교사 중 어느 쪽이 더 효과적인가 하는 점도 면밀하게 검토되어야 할 부분이다.

그리고 지금까지 교육의 대상이 누구인가 하는 문제를 간과해 온 결과, 교재 및 교과 과정이나 교육 방식에 있어 변별성이 없는 점도 문제이다. 이와 관련해서 교재의 표준화와 쉬운 한국어 교육을 위한 문법 모형 개발 등 선결되어야 할 과제들이 산재해 있다.

외교통상부와 교육인적자원부에서 시행해 온 각종 한국어 교육 사업은 일반 대중이 아니라 언어습득 상위 계층이라고 할 수 있는 유학생 중심의 인적 자원이거나 국외 거주 한국인을 대상으로 하였다. 지

금까지 행해 온 한국어 국외 교육이 주로 유학생이나 재외 동포를 대
상으로 한 것이라면, 이제는 문화 전파에 따른 대중적 교육이 중시되
어야 한다는 관점에서 교육 대상의 수요자 층이 변했다는 사실에 주
목해야 한다. 이러한 환경 변화에 따라서 교재나 교과 과정 등의 문
제를 비롯하여 전반적인 한국어 교육의 틀을 새롭게 검토해야 할 것
이다.

한국어 교육의 수요층이 엘리트층 중심에서 대중층으로 확대되었
다는 상황 변화에 아무런 준비 없이 있을 수는 없다. 일반 대중으로
확대된 교육 수요자 수준에 맞는 교육 체제를 구축해야 하고 이에 따
른 새로운 언어 정책을 수립해야 할 것이다. 국가 간의 경계를 뛰어
넘어 내면적 소통을 구현할 수 있는 학습 조건과 환경을 구성해야 할
것이다. 이에 따라 교재와 교과 과정, 교원 문제, 교육 평가 등 한국
어 교육을 위한 모든 절차와 방식을 이전의 유학생 중심, 재외 국민
중심의 교육 방식과 달리 구성하여야 한다는 사실을 깊이 인식해야
한다.

특히, 최근 들어 국제결혼 가정이 늘어남에 따라 생겨난 다문화 가
정의 문제는 한국어 교육에 있어 새로운 도전이 아닐 수 없다. 지난
2000년 이래 주로 중국과 몽골 그리고 동남아시아 지역에 거주하는
많은 여성들이 국제결혼으로 한국에 정착하고 있다. 현재 진행되고
있는 다문화 사회의 이주민 쏠림 현상은 자본의 힘에 의한 것이기 때
문에 더욱 심각한 문제를 안고 있다. 국제결혼의 증가로 이주 여성의
수가 늘어날 뿐만 아니라 그들의 2세들을 포함한 다문화 가족에 대

한 한국어 교육 문제가 주요 현안으로 떠오르고 있다. 현재 다문화 가족을 위한 한국어 교육 체계는 3가지 방식으로 진행되고 있다. 첫째, 현장 교육, 둘째, 온라인 e-학습 시스템 활용 교육, 셋째, 공중파를 활용한 교육 등이 있다. 그러나 현장 교육은 학습의 장을 구성하기 매우 어렵다. 이를 위해서는 자원 봉사단을 운영하여 방문 교육을 실시하는 방안이 검토될 수 있다. 온라인 e-학습 시스템을 활용하는 방안도 피교육자의 접근성의 문제, 콘텐츠 개발 문제 등의 문제가 완전하게 해결되기까지 많은 연구가 필요하다. 앞으로 다문화 가족에 대한 한국어 교육을 위해서 문화상호주의에 입각한 다문화가족 공동 학습 교재 개발(남편 ⇔ 아내 ⇔ 자녀), 현지 환경 적응형 교재(방언 단원 신설 등) 개발 등의 과제들이 남아 있다. 특히 한국어 교원의 양성과 재교육에 대한 장기적인 프로그램이 개발되어야 할 것이다.

한글 파괴 현상에 대한 우려

세종 대왕이 직접 창제하신 한글의 덕을 현재의 우리가 톡톡히 보고 있다. 현대 생활의 필수품이 된 휴대 전화의 자판을 보자. 휴대 전화에서 모음은 天(·), 地(ㅡ), 人(ㅣ) 석 자로 수십 가지 모음을 다 적을 수 있으며 자음은 동일한 자판을 한 번씩 누를 때마다 ㄱ(예삿소리)→ㅋ(거센소리)→ㄲ(된소리)의 순으로 바뀌게 된다. 이처럼 한글은 세계에서 가장 우수하고 과학적인 음소 문자이다. 짧은 시간 내에 정보화의 콘텐츠를 일본이나 중국보다 훨씬 빠른 속도로 축적할 수 있었던 이유는 바로 한글의 우수한 조합 능력 때문이었다. 우리나라의 휴대 전화 보급률과 우수한 기술의 축적은 우연하게 이루어진 것이 아니다. 한글의 우수성과 효율성 덕분에 우리나라 휴대 전화가 다른 나라보다 더 빨리 발전할 수 있었다.

그뿐만 아니라 패션디자이너인 이상봉 씨가 2006년 프랑스 파리에서 임옥상 씨의 손글로 쓴 의상을 무대에 올려 전 세계인으로부터 찬사를 받기도 했다. 윤동주의 「별을 헤는 밤」이라는 시를 소리꾼 장사익이 손글로 쓴 글씨를 LG에서 만든 샤인이라는 휴대 전화기 뒷면에 디자인으로 새겨 넣어 많은 인기를 끌고 있다. 이처럼 '한글'이 단순한 의사소통의 문자로만 가능하는 것이 아니라 디자인과 같은 문화 산업 부문과 연계될 수 있는 가능성이 충분하게 입증되었다. 한글이 부富를 창출하는 원천이며, 국가 발전의 동력이 되고 있다.

그런데 요사이 우리 말과 글이 얼마나 망가져 가고 있는지 한 번쯤 돌이켜 볼 필요가 있다. 글쓰기 매체 변화에 따라 인터넷이나 휴대 전화 문자 메시지를 통해 보여지는 우리글의 파괴의 수준은 심각한 상황이다. 자모의 단축, 약어 사용, 문장의 줄임 등의 현상은 물론이고 아예 규범 자체를 깡그리 무시하는 상황이다. 길거리 입간판의 실태는 통제 상태를 벗어난 지 오래되었으며, 관공서의 공문이나, 인터넷 포털 사이트에 올라오는 글은 물론이거니와 익명으로 올려지는 댓글은 이미 자랑스러운 우리 국어의 범주에서 한참 멀어져 있는 것 같아 안타깝다.

이와 함께 말하기 역시 마찬가지이다. 공공방송에서 특히 연예인들이 집단으로 출연하는 대담 프로그램의 말하기 수준은 인터넷에서 나타나는 글쓰기의 문제 이상으로 우리말의 규범적 질서를 파괴하고 있다. 그뿐만 아니라 이상한 신조어나 유행어를 만들어 퍼뜨리는 등 우리의 말글살이는 가히 참혹한 상황이라고 할 수 있다. 인터넷이나 공영 방송 등에서 우리말과 글을 파괴하는 몰지각한 사람들의 언어 의식은 우려할 만하다.

특히 최근 영어 조기 교육, 영재 교육이라는 이름으로 유아들에게까지 영어를 가르치고 있다. 자라나서도 영어 편지 한 장 쓰지도 않아도 될 유아들에게까지 과연 조기 영어 교육이 필요한 것일까? 전국 곳곳에 영어마을을 설립하는 것을 지방 자치단체장의 치적처럼 추진하고 있는 현실을 좀 더 냉정하게 되짚어 보아야 할 것이다. 외국어식 아파트 이름이 난무하는 사태에 대해 "그래야지 집값이 더 오릅니다."라고 한다던데, 과연 웃어넘길 일인가. 이러한 영어 교육에 대한 무비판적인 쏠림은 우리 국민들의 마음에 자리하고 있는 식민성을 상징하는 것이다.[31]

최근 역사적으로 갈등하고 대립했던 일본이나 중국의 젊은이들이 한국어를 배우겠다고 야단인데 우리는 도리어 영어 조기 교육을 한답시고 엄청난 국부를 해외로 유출하고 있다.

31) 윤지관, 『English, 내 마음의 식민지』, 당대, 2007.

남북의 언어 차이

얼마 전 김현식 씨가 쓴 『나는 21세기 이념의 유목민』이라는 책을 읽다가 남북의 언어차이를 보이는 어휘들을 뽑아보았다. '조선전쟁(한국전쟁)', '감정제대(의가사제대)', '젓대(피리)', '당과자(사탕과자류)', '젓사탕(캬라멜)', '옹근(완전한)', '밥곽(도시락)', '전주대(전봇대)', '정보일꾼(정보요원)', '상점(가게, 슈퍼)', '국수(냉면)', '긴 양말(스타킹)', '닭공장(양계장)', '밥공장(떡방앗간)', '가정부인(전업주부)', '결속하다(끝내다)', '일없다(상관없다)', '수표하다(사인하다)', '무리등(샹들리에)', '직승기(헬리콥터)', '위생대(생리대)', '단고기국(개장국)', '과일단물(음료수)'과 같은 어휘 차이뿐만이 아니다. '청첩장', '축의금', '방명록', '고희', '하객', '피로연', '스티커' 등 남북 문화와 이념의 차이 때문에 엄청난 언어 차이가 있다. 특히 남한에서는 넘쳐나는 한자어와 마구잡이로 유입되는 외국어 때문에 고유한 국어의 모습은 차츰 사라지고 있는 듯한 느낌이다.

가끔 한자를 빌어 토를 달던 이두나 향찰의 시대로 되돌아가는 것이 아닌가 하는 생각이 들 때가 있다. "國家發展 戰略을 樹立하기 爲해 戰略 테스크포스팀을 構成할 것." 정부 공직자가 작성한 공문서의 일부이다. 우리말은 '을', '하기', '해', '을', '것'과 같은 토씨 이외에는 전부 한자어이거나 외국어이다. 남과 북에서 한쪽에서는 민족주체 사상에 입각하여 고유어를 발전시키려는 노력을 하고 있지만 한쪽에서는 국적 불명의 외국어가 홍수를 이루어도 관망만 하고 있는 실정이다.

김 씨는 "갈라진 양쪽의 언어가 하나로 되어 양측 사람들 사이에 의사소통이 원활히 되어야 진정한 민족통일이 이루어진다. 남한말을 못 알아먹어 어려움을 겪을 때마다 나는 심한 모멸감과 소외감을 느꼈다. 이런 기분은 사람의 감정을 나쁘게 만들어 버린다. 그래서 무슨 통일이 되겠는가. 동독과 서독의 통일에서 보듯이 철조망이 무너지는 물리적인 통일보다는 서로 다른 체제로 나뉘어 살았던 사람들이 하나로 합쳐지는 정서적인 통일이 훨씬 어렵기 마련이다. (중략) 나는 남북한 간에 말이 다르다는 것. 한 민족인데도 서로 말을 못알아 먹는다는 게 가슴 아팠다. 민족이란 말이 갈라지면 영영 갈라지고 만다."라고 말한다. 탈북 지식인의 남북 언어 혼란에 대한 이야기를 곰곰이 새겨들어야 할 것이다.

최근 중국을 비롯하여 러시아 등 여러 나라에서 한국어를 배우려고 하는 젊은이들의 수가 급속도로 늘고 있다. 그런데 북쪽에서 출판된 문법책을 배운 이와 남쪽에서 출판된 문법책을 배운 이들이 심한 혼란을 겪고 있다. 물론 그들의 문법 교사가 누구인가에 따라서도 마찬가지의 현상이 벌어지고 있다. 사전을 찾아보는 데 자모 순서가 남과 북이 다르다. 따라서 사전을 찾는 일부터 혼란스럽기 짝이 없다. 자모 순서는 훈민정음에서부터 우리 전통의 갈래를 찾으면 얼마든지 남과 북이 통일을 합의할 수 있는 일임에도 불구하고 남북 학자들은 목을 걸고 서로 엇길로 가고 있다. 학파 운운하면서 여기에서 이단으로 가면 마치 반조국, 반민족적 역적으로 삼을 듯한 태세다.

한국어를 배우는 외국 학생들에게 큰 혼란을 주는 것이 두음법칙이다. 남북의 사람들은 기본적인 사항 몇 가지만 이해하면 쉽게 적응할 수 있지만, 외국어로 한국어를 배우는 사람에게는 매우 난해한 일이 아닐 수 없다. 몇 해 전 북의 '龍泉' 지역에서 폭발사고가 났을 때, '용천' 또는 '룡천'으로 읽어야 하는지 또 그 표기는 어떻게 해야 하는지 혼란에 빠진 적이 있었다. 외국인에게는 '임수경'과 '림수경'이 마치 다른 사람으로 이해될 수밖에 없다. 여기서 더 나아가 로마자로 표기하면 남쪽 표기와 북쪽 표기 방식이 달라져 결국 한 사람이 다른 네 사람으로 둔갑하게 된다. 남쪽에서 '柳'씨 문중에서 성씨 표기에 두음법칙을 적용하지 않도록 청원을 낸 결과 인권 차원에서 승소 판결을 얻어냈다. 그러나 아버지는 '류'로 표기하는 것이 허락되었으나 아들은 '류' 표기가 허락되지 않아 아버지는 '류'씨고 아들은 '유'씨가 되어 마치 서로 남남이 되었던 적이 있다. 그러나 2007년 8월 1일부터 호적에 올라간 '유', '이'씨氏를 '류', '리'씨氏로 바꿀 수 있게 대법원의 개정 호적예규가 시행되었다. 성씨의 결정은 개인의 인격권 중 하나라는 판단에서이다. 개인의 인격권과 관계 있는 고유명사에 대한 두음법칙의 예외를 인정한 것은 다행스런 결정이었다. 남북한 학자들 간에 벌어지는 '두음법칙'의 논쟁은 학술적인 논의는 별개로 하더라도 통일을 위한 실용적인 노력은 반드시 필요하다.

또 한 가지는 남북한의 띄어쓰기의 차이이다. 여기서는 간단하게 그 대응 방안만 제시하고자 한다. 파생어나 합성어의 경우, 그 경계를 일반인들이 잘 이해하지 못하기 때문에 띄어 써야 하는지 붙여 써야 하는지 혼란에 빠진다. 대체로 북쪽에서는 의미 단위로 붙여 쓰는 쪽을 선택하고 있다. 남북 간에 띄어쓰기 목록을 작성하고 띄어쓰기를 잘못한 오류 말뭉치를 구축하여 자동적으로 오류를 수정하는 프로그램을 개발하여 활용하는 방안을 모색할 필요가 있다. '고속버스'는 붙여 쓰지만 '회사 버스'는 띄어 써야 한다. '회사버스'를 붙여 쓴 경우 자동으로 '회사 버스'로 전환하는 프로그램을 남북 공동으로 개발한다면 이 문제는 큰 논쟁 없이 해결할 수 있다.

남북의 외래어 표기는 물론이고 사용 범위에 대한 차이는 실로 심각한 차이를 보이고 있다. 남북 언어 차이를 유발하는 주범이 '외국어 및 외래어 표기법'이라고 할 수 있다.

'흐루시초프'는 러시아 발음으로는 '흐루쇼쁘'로 '스탈린'은 '스딸린'으로 '톨스토이'도 '똘스또이'로 원음주의로 발음해야 하는 것이 원칙이다. 그러나 된소리 표기를 하지 않는 예외 규정이나, 원음의 발음과는 거리가 먼 표기 때문에 '임수경'과 '림수경', '스탈린'과 '스딸린'이라는 다른 두 사람이 존재하는 결과가 되며, '파리'와 '빠리'는 서로 다른 두 지명처럼 보이게 된다. 지금 50대인 사람들은 '시저(Gaius Julius Caesar)'라고 말하고 썼지만 이제는 원음주의 원칙에 의해 '카이사르'라고 말하고 써야 한다. 어문 규정이 세월에 따른 변화를 수용하는 것은 당연하지 않은가?

한민족의 의사소통은 공통어를 기반으로

앞서 제기된 문제들을 포괄할 수 있는 새로운 대안으로서 표준어는 어떤 개념으로 제정될 수 있을까? 표준어에 대한 지역적인 규정으로 '서울'을 내세운 것은 '반지역적'이고 '수도 중심적인' 권위적 사고의 소산이라 할 수 있다. 또한 계층적으로 '교양인'이란 도대체 누구를 두고 한 말인가? 따라서 '표준어'의 기준에서 한 차원 나아가 '한민족간에 두루 소통되는 공통성이 가장 많은 현대어'라는 '공통어'의 개념으로 확대할 필요가 있다.

여기서 '공통어'란 무엇인가부터 생각하기로 하자. '공통어'란 '한 나라의 어디서나 공통으로 두루 의사를 교환할 수 있는 언어'로 정의할 수 있다. 곧 한민족 언어(겨레말)의 규범이 되고 또 잘 다듬어진 말인 표준어의 기반이 되는 공통어는 바로 '민족 언어 내에서 방언 간의 공통성'을 토대로 해야 할 것이다. 지역 사회 성원 간의 공통성이 많은 방언, 보통사람들이 소통하는데 불편이 없는 말은 공통어의 기반이 될 수 있다. 지금까지 표준어 규정은 서울을 제외한 지역의 방언을 배타적인 관점에서 다루어 왔지만, 공통어 규정은 서울말과 지역 방언이 상호 공존하는 방식으로 처리할 수 있다. 겨레말은 여러 방언을 토대로 하므로 그 방언의 공통성을 모아 표준어의 기반으로 삼아야 한다. 곧 '한민족의 방언 가운데 보통사람들이 두루 사용하는 공통성이 가장 많은 현대어'를 표준어의 기준 바탕으로 삼아야 한다. 공통어와 방언은 서로 대응되는 개념이라면 '공통 표준어'는 '공통

어를 기반으로 다듬은 인공적인 언어'라고 말할 수 있다. 곧 민족어
는 이러한 공통 표준어를 기반으로 제정되어야 할 것이다.

행정수도 이전 계획이 추진된다면 현행 표준어 선정의 지역적 기
준도 '서울(수도)'지역에서 '충청(행정수도)' 지역으로 옮겨야 할 것
인가? 표준어의 기반을 이루는 수도 지역의 말, 즉 '서울말'이라는
제약을 개정하지 않을 수 없다. 일본에서도 이러한 권위적 지배의 시
대를 벗어나면서 수도 중심의 '표준어' 정책에서 탈피하여 민중들이
많이 사용하고 있는 방언을 가려 모아서 사용하는 공통어 정책을 채
택하고 있다. 영미권에서도 소통발화(RP : Received Pronounce)를 어
문 정책으로 활용하고 있는 사례를 고려해야 할 것이다.

한민족의 의사소통은 공통어를 기반으로 할 때 비로소 우리 민족
의 언어 자산은 풍족해질 수 있으며, 이념과 체제의 한계도 언어로
극복할 수 있게 될 것이다. 이러한 측면에서 지역의 사회 전통과 정
신적 향취가 남아 있는 방언을 공통어로 되살려 우리 언어 자산을 풍
족하게 운영해야 할 것이다.

각종 어문 규범과 국어사전은 우리 국어가 시공간 또는 사회 계층
에 따라 급격하게 변화하는 것을 방지하기 위한 일종의 장치들이다.
단일한 언어임에도 불구하고 남쪽과 북쪽으로 갈라진 운명 때문에
서로 다른 어문 규정을 적용하고 있어 남북 언어의 이질화 문제를 낳
고 있다. 그뿐만 아니라 중국에 거주하는 동포와 중국인들이 한국어
를 배우느냐 조선어를 배우느냐에 따라 두음 법칙의 차이, 띄어쓰기
의 차이, 사잇소리 규칙의 차이 등으로 인해 많은 혼란을 겪고 있다.

문제는 이러한 불편함이 문제가 아니라 남북의 화해와 통일을 주장
하는 많은 사람들이 진정으로 남북 어문 규정 하나도 속 시원하게 통
일을 보지 못하는 것이 참으로 안타까운 일이 아닐 수 없다. 물론 최
근 '겨레말큰사전 편찬위원회'에서 남북 어문 규범 통일을 위해 학술
회의를 통한 노력을 하고 있다니 참으로 다행스러운 일이다.

남북 언어의 통일을 위하여

지난 20세기에는 자본이 중심 지역으로 집중됨에 따라 중심에서
소외된 공간의 변방화 현상이 급속도로 진행되었다. 정보나 물류 이
동의 속도가 가속화됨으로써 변방의 자본, 정보, 인재 그리고 문화에
이르기까지 중심부로부터의 수탈이 강화되었다. 수도와 지방, 지역
거점 도시와 시골이라는 공간적 대칭성과 계층의 불균형은 자본과
인재의 집중화를 초래하였으며, 생산 구조 뿐만 아니라 삶의 존재 방
식에까지 차등성이 심화되었다. 정치 권력과 경제력, 그리고 문화 자
원이 모두 수도 서울 또는 지방 거점 도시에 집중된 결과 자본을 장
악하기 위한 배타적 지역 패권주의가 나타났으며, 지역간 불균형은
날이 갈수록 확대되어 심각한 지경에 이르렀다. 그 결과 지역 갈등은
점차 증폭 심화되었을 뿐만 아니라 '서울-과잉'의 비효율과 '지방-결
핍'의 비능률이 겹쳐 국가 전체 발전을 위한 효율성은 크게 떨어지고
있다. 이와 함께 문화도 중앙, 중심을 향한 획일화 현상이 자리 잡음

으로써 다양성과 개별성을 생명으로 하는 지역 문화는 함몰되고 있다. 그러한 가장 현저한 현상의 가운데 하나가 지역 방언이 급격히 사라져가는 현상이다.

중심 지역이 주변 지역을 착취하는 빨대 효과 현상은 지방과 지방, 그리고 국가와 국가 간의 관계에서도 마찬가지이다. 지난 세기 세계 사적으로도 패권적 자본 중심 국가의 인류 문화의 지배 양식은 다른 국가의 자본뿐만 아니라 문화에 대한 의미 체계와 문화 코드마저 파괴하는 절대적인 영향력을 행사해 왔다.

지금에 와서 그동안 소외되었던 세계적 변방 또는 국가 내부에서의 변방에 새로운 의미를 부여하는 일은 결코 새롭거나 낯선 일이 아니다. 역사학에서도 미시사에 대한 관심으로 역사적 대상의 폭이 넓어지고 있으며, 철학계에서도 인간 삶의 변방화와 일상성에 대한 성찰을 게을리하지 않는 추세이다. 이성적 과학주의와 합리적 사고가 키워 온 자본 중심 또는 다수 지향주의로 달려온 인간 삶의 위기에 대처하기 위한 대안은 소외되었던 소수자 혹은 변방 사람들의 삶에 대한 성찰을 강조하는 일이며 그들의 가치를 새롭게 인식하는 일이다.

특히 우리나라는 지구상에 단 하나 남은 민족 분단 국가로서 정치·경제 통합과 사회·문화 통합을 통한 남북 통일을 이루어야 할 숙명적 과제를 안고 있다. 통일 조국을 위해 필수불가결한 조건은 중앙 집중적 권한의 과감한 지방 분산, 즉 지방 분권화라고 할 수 있는데, 그 중 우리가 해야 할 일 가운데 한 가지가 지역 언어를 존중하는 적절한 언어 정책을 실천하는 일이라 하겠다. 서울–평양을 중심으로 한 언어 정책이 아니라 서울과 평양을 포함하고 나아가서는 평안, 함경, 경기, 충청, 전라, 강원, 경상, 제주를 모두 아우를 수 있는 '공통어 언어 정책'이야말로 지역 간의 갈등과 분열을 초월하여 문화적 통일성을 확보하는 절대적인 교두보가 될 수 있으며, 지역의 문화적 정체성을 일깨우는 가장 핵심적이고 본질적인 일이라 할 수 있다. 수도 중심의 언어, 곧 표준어가 지난 시대의 권위적 중앙 중심의 상징으로 버티고 있는 한 지방 문화의 다원적 발전은 결코 기대할 수 없을 것이며, 더 나아가 통일 조국의 언어 통합도 하나의 꿈에 지나지 않을 것이다.

최근 문화 다원주의에 입각하여 방언의 공식적인 사용을 정당화한 사례는 여러 방면에 걸쳐 확산되고 있다. 특히 대중 매체가 주도적이라 할 수 있는데, 방송에서뿐만 아니라 영화, 드라마, 소설, 연극 등 다양한 분야에서 방언을 사용하려는 욕구가 분출되고 있다. 이러한 경향은 방송 언어에서 특히 두드러지게 관찰된다. 곧 드라마나 오락 프로그램에서 방언을 사용하는 인물이 등장하는 경우가 많다는 점이다. 방언이 이렇게 부상하는 현상은 단순한 흥미 유발이나 호기심의 발로에서가 아니라 표준어 중심의 지배적인 언어관에서 일탈하려는 민중들의 심리가 반영된 결과이다.

1933년 이후 수십 년 동안 표준어 규범에 의한 학교 교육의 결과 서울 지역 방언이 남한 전역의 공통어 또는 보통어로 이미 굳게 자리를 잡고 있다. 때문에 아직 서울말이 아닌 지역 방언은 없애 버려야 할 대상으로 폄하되고 있다. 정부의 어문 정책의 기본 틀을 서울 지역의 언어로 한정시킴으로써 지역어 곧 방언은 급속도로 소멸되고 있는 실정이다.

이러한 상황에서 다행스럽게도 최근 정부에서 발표한 '문화 비전 21'에서는 방언을 국가 문화 자산으로 인정하고 지역 다원주의의 관점에서 지역 민중들의 공동체 삶 속에 살아 있는 방언을 국가 사업으로 전면 조사하는 일을 서두르고 있다. 정부에서도 방언을 우리말 문화유산으로 인정하는 새로운 언어문화의 형성을 위해 '규범적 무질서'에서 '질서 있는 다원주의'로 언어 정책의 전환을 예고하고 있다. 더 이상 '방언'이 표준어에 비해 거칠고 나쁜 말씨가 아니라 '위풍당당한 지역어'로 그리고 선조들이 남긴 언어문화 유산으로 그 가치를 새롭게 자리매김하게 될 것이다.

'방언'을 흔히 '사투리'라고 말하기도 하지만 '시골말', '촌놈말', '무찐말', '어찐말'이라고 하여 '표준어'에 대응되는 권위가 없는 촌스러운 말씨라는 의미로 이해하는 경우가 많이 있었다. '방언'와 관련되는 용어는 대체로 표준어를 전제로 하여 다소 부정적인 의미로 사용되어 왔다. 하지만 최근에 학술적 용어로 '방언方言', '지역어地域語'로 부르기도 하고, 지역 문화의 중요성이 강조되면서 방언 자체의 고유한 가치를 부여한다는 의미로 '탯말'이라고 하기도 하며, 그 구어성, 일상성을 강조하여 '일상어'라고 하기도 한다. 현재의 방언을 통해 우리는 과거와 만날 수 있으며, 또 과거를 되돌아볼 수 있다. 또한 방언은 우리 선조들의 일상 삶의 현장을 재구할 수 있는 계기도 마련해 준다. 잊혀져 가는 방언은 무형 문화재로서의 소중한 가치를 지니고 있는 것이다.

'시간에 의한 공간의 소멸' 또는 '시간에 의한 공간의 대체'에 의해
공간이 동시화하는 상황, 곧 '시간에 의한 공간의 섬멸'이라는 상황
에서 공간적 의미와 경제적 가치가 더욱 중요시되고 있다. 이러한 측
면에서 지역의 사회 전통과 정신적 향취가 남아 있는 방언을 배척해
야 할 부정적인 대상으로 치부할 것이 아니라 공통 표준어로 되살려
우리 언어 자산을 풍족하게 운영해야 할 것이다. 이상적인 표준어는
서울말 중심이 아니라 '공통어' 중심으로 형성되어야 하는데, 그러기
위해서는 전국의 일상어와 방언에 대한 면밀한 조사와 연구가 선행
되어야 한다.

중심부의 언어와 변두리 언어가 서로 배타적 관계가 아니라 상호
교호적인 관계로 발전될 때 한 민족, 한 언어가 더욱 풍요롭게 영위
될 수 있을 것이며, 이들을 포괄하는 언어 정책의 역량이 갖추어질
때 진정한 민족 언어 통일의 소망이 실현될 것이다.

지방에서 자란 사람들은 초중등학교를 다니던 시절 학교에서 사용
하는 말과 집에서 사용하는 말이 달랐다. 경북 안동 출신의 수필가
김서령(2006)은 방언에 대한 그리움을 다음과 같이 회상하고 있다.

"경북 안동 지역 사람들은 집에서는 '큰으매(할머니의 호칭)'라고 부르고
학교에선 교과서의 표준말대로 '할머니'라고 글을 썼다. 어린 시절부터
가슴속에는 이중의 자아가 생겨날 수밖에 없었다. 그게 중층의 겹이고
두께라면 좋았을 텐데 하나가 하나를 억누르니 문제다. 학교 교육을 통
해 표준말에 익숙해지면서 방언들을 차츰 기억 속에서 지워버릴 수밖에

없다. 단 한 음절에 수백 마디 의미를 함축하던 다채로운 감탄사들과 정이 뚝뚝 듣는 향기로운 종결 어미들과 섬세하고 정교해 후두둑 날개쳐 올라갈 듯한 생생한 형용사들을 이젠 다 잊어 버렸다. 표준말이 아니란 죄로 팽개쳤던 보물들, 금쪽같은 그 말들은 지금 어디로 사라졌나.

세상이 어디나 똑같아졌다. 남원도 통영도 부산도 광주도 서울 거리와 다를 바가 전혀 없다. 똑같은 햄버거집, 통닭집, 똑같은 모양의 아파트, 똑같은 커피가게와 외상이 허용되지 않는 상가들만 즐비하니 도무지 공간을 이동한 실감이 나질 않는다. 전에는 지방마다 위풍당당하게 귀를 울리던 방언이 있었건만 그걸 듣기가 점점 어려워진다. 텔레비전의 보급과 교통발달의 영향인지, 표준말 교육의 개가인지. 아무튼 픽도 재미없는 일이다. 마치 새마을 운동으로 초가집이 슬레이트집으로 확 바뀌어버린, 잊어버린 우리 시골의 풍경이 그리워지듯, 표준어화의 획일화가 가져다 주는 편리함보다 잊어버린 시골말이 너무도 많아 시골말이 더욱 그리워진다."

교양은 뭐고 서울 사람이란 또 누구란 말인가. 물론 말의 효율성을 높여 주는 언어 규범이 필요 없다는 뜻은 아니다. 특정 지역 말을 규범어로 정해 놓고 다른 지역 말은 방언으로, 이급 언어로 소외시켜버리는 배타성이 문제라는 것이다. 우리도 '상호 의사소통이 가능한, 공통성이 가장 많은 현대어'로 표준적 언어의 폭을 확대해야 한다. 그래야 평양말을 문화어로 규정한 북한의 말씨도 함께 아우를 수 있어 통일 이후에 예상되는 언어적 갈등을 미리 막을 근거도 생긴다.

언어 횡단으로서의 겨레말큰사전[32]

지난 20세기는 제국주의 국가들이 식민지 정책의 일환으로서 추진해 온 언어식민화 정책과 자본대국의 언어 약탈 정책으로 동아시아 상당수의 국가와 민족, 부족들의 언어는 절멸의 길을 걷지 않을 수 없었다. 지난 세기에 언어 유형상 소위 유목민형[33]이었던 영어나 일어 또는 스페인어와 포르투갈어 등은 대체로 식민자본주의적 관점에서 보면 약탈 언어라고 정의할 수 있다. 전 세계에서 특히 아시아 지역은 서구적 근대의 폭력과 자본 억압의 고통스러운 기억을 가장 진하게 간직한 나라들이 많을뿐더러 실제로 그들의 국어나 민족어가 절멸의 위기에 처한 나라가 다수이다.[34]

지난 세기 그렇게 어려운 상황 아래에서도 우리 겨레의 글과 말은 결코 소멸되지 않고 지속적인 발전을 거듭하여 오늘에 이르고 있다. 이제 남과 북의 경계를 훨씬 뛰어넘어 아시아의 새로운 내면적 소통을 위해서는 다양한 민족과 국가 간의 언어와 문화를 이해하는 일이 필요하다. 그러한 노력은 국가나 민족의 경계를 넘어 새로운 연대와 공존으로 나아가기 위한 전제 조건인 동시에 디지털 언어 노마디즘의 비판을 극복하기 위해서도 필수 불가결한 전제가 된다.[35] 겨레말

----

32) 본 내용은 *ASIA* 2007년 가을호 Vol.2, No.3, pp.148-164에 "Gyeoremalkeunsajeon: An Alternative to inter-Korean Communication"이라는 제목으로 영문으로 발표되었다.
33) 하시모토 만타로, 하영삼 옮김, 『언어지리유형론』, 1990.
34) 김주원, 「알타이 언어 현지 조사의 의의와 방법」, 2006.
35) 질 들뢰즈, 김재인 옮김, 『천개의 고원-자본주의와 분열증』, 2001.

의 큰 디딤돌 위에서 한걸음 더 나아가서 서로 다른 아시아 지역 언어들의 수수 전달을 통해 새로운 아시아 지역 국가 간의 문화 공동체를 결성하는 일은 아시아의 평화와 질서를 이끌어가기 위해서도 매우 절실한 과제가 아닐 수 없다.

아시아의 다양성이 동등하게 교류될 수 있는 '소통의 중심'으로서 우리 겨레의 말과 글이 튼튼하게 자리를 잡기 위해서 남과 북의 말과 글을 민족의 문화유산으로 수집하여 사전의 큰 틀 속에 묶어내는 일은 너무나도 중요한 일이 아닐 수 없다. 남기심(2003)은 "국어는 우리 민족 공동의 오랜 역사적 문화유산이요, 무형문화재라는 인식의 전환이 절실하게 요구된다. 옛 우리말, 오늘의 지역 방언을 잃는다는 것은 옛 사람들의 생활의 지혜를 잃는 것이요, 문화적 다양성을 외면하는 것이다. 풍요로운 언어가 삶의 내용을 풍성하게 해 준다고 믿는 것은 잘못이 아닐 것이다."[36]라고 하며 국어를 민족 문화유산으로 인식해야 한다는 관점을 분명히 하고 있다. 북한의 사회과학원 언어학 연구소장인 문영호(2003)도 "북과 남이 고유어를 적극 살려 북남 언어의 통일적 발전을 이룩하는 데 기여하려면 광복 직후부터 계속 진행하여 오고 있는 어휘 정리 사업을 끈기 있게 밀고 나가는 한편 사전 편찬과 출판 보도, 교육 사업에서 고유어를 살려 쓰는 데 특별한 주목을 돌려야 합니다. 이와 함께 방언에 묻혀 있는 좋은 고유어를 적극 찾아 문화어로 널리 써야 합니다. 우리는 우리 민족끼리의 이념

---

36) 남기심, 「문화유산으로서의 국어」, 2003.

을 안고 민족의 단합과 통일을 이룩하기 위한 온 겨레의 염원에 맞게 지금 손쉽게 할 수 있는 문제부터 하나하나 찾아 언어의 통일을 이룩하기 위한 사업에 한사람같이 떨쳐나 국어학자로서의 민족적 본분을 다해 나가야 할 것입니다.”[37]라고 하여 『겨레말큰사전』 편찬 기반의 당위성을 밝힌 바 있다. 남의 국립국어원과 북의 사회과학원 언어학연구소가 오랫동안 국제학술회의를 통해 성숙시켜 온 학술적 논의의 큰 틀 위에서 이 사업이 시작되었기 때문에 서로의 믿음과 신뢰는 더없이 견고할 수밖에 없다.

남과 북(북과 남)의 어문 정책은 서로의 처지를 인정하면서 존중하는 방향으로 꾸준히 발전해 왔다. 2004년부터 6·15 민족 공동 선언의 구현을 토대로 진행되어 온 『겨레말큰사전』 편찬 사업의 성과는 앞으로 우리 민족 통일을 위한 기반이 될 것으로 기대된다. 단순히 남과 북의 언어문화 유산을 수집하여 정리하는 차원이 아니라 민족 정신을 통합하고 통일의 대업의 초석을 까는 동시에 21세기 아시아 국가 간의 자유와 평화를 위한 내면적 소통을 이끌어 가는 주체로서의 역할을 다한다는 야심찬 목표가 전제되어 있다. 이 시점에서 『겨레말큰사전』 사업은 그만큼 중요한 일이 아닐 수 없다.

『겨레말큰사전』 편찬 사업 추진이 민족 공존을 위한 효자 노릇을 할 것이라 굳게 믿는다. 그러나 우리에게는 좀 더 생각하고 고뇌해야 할 과제들이 아직 산적해 있다는 점도 짚고 가야 할 것이다. 일본의

---

37) 문영호, 「북남언어의 통일적발전과 민족고유어」, 2003.

메이지(明治)유신 이후에 식민지 정책을 강화하기 위해 '국어' 정책의 기반 위에 만들어진 '표준어'(우에다 가쓰토시, 1895) 정책이 어떻게, 어떤 과정을 거쳐 조선어 정책에 아무 비판도 없이 정착되었는지 돌이켜 보아야 한다. "일본 수부首府의 언어인 '동경말', 그 중에 '교육 받은 동경 사람이 쓰는 말'을 기초로 한다는 일본의 표준어 정책이, 곧바로 1933년 '동경' 대신에 '서울'로 '교육 받은' 대신에 '중류 계층'으로 조선어 정책에 그대로 반영되었다.

이러한 사상思想이 '표준어를 정착시키고 방언을 박멸'한다는 관점으로 이어지면서 변두리 언어는 소멸의 위기로 내몰릴 수밖에 없었던 것이다. 수도首都를 중심으로 하는 언어가 가지는 감화력의 힘으로 방언을 소멸시키는 일이나, 식민 지배자의 강제적인 민족어 약탈로 인해 겨레말을 소멸시키는 일은 동일한 원리이다. 그리고 우리 현실인 남과 북의 분단 언어 정책이 연속됨으로써 우리 겨레말은 '분열'이라는 큰 위기에 처해지게 된 것이다. 실로 개별 언어는 여러 방언들이 모여 구성되므로 민족어는 방언들로 구성되어 있다고 전제하면, 지난 일제의 식민지 약탈 언어 정책에 대한 깊은 성찰과 반성이 필요하다는 점을 강조하지 않을 수 없다.

이러한 논의를 기조로 하여 본다면 『겨레말큰사전』은 바로 일제 강점기의 언어 정책을 개선하고 분열 언어 정책을 개선하는 새로운 대안으로 높게 평가하지 않을 수 없다. 다양한 민족 언어의 현장을 조사하여 그것을 서울과 평양으로 대표되는 언어와 동등하게 민족의 언어 유산으로 『겨레말큰사전』에 싣는 일은 향후 우리 겨레의 문화

창달에 새로운 선구자의 역할을 하는 셈이다. 『겨레말큰사전』은 남과 북의 '언어적 횡단'(translingual practice)[38]을 이끌어 갈 대안으로서, 그리고 언어 매개의 형식에 대한 새로운 사유의 가능성을 열어 줌으로써 앞으로 발간되면 우리 문화사에서 매우 중요한 위치를 점하게 될 것이다.

이러한 기본적인 의의를 전제하고 『겨레말큰사전』 편찬의 구체적인 의의를 몇 가지로 정리해 볼 수 있다.

『겨레말큰사전』 편찬의 첫 번째 의의는 소멸 위기에 처해 있는 각종 생활 어휘와 방언, 민족 문화의 유산인 문학 작품에 나타난 각종 어휘들을 광범위하게 수집하여 사전에 싣게 됨으로써 겨레말의 틀과 폭을 한층 넓히는 데 있다. 사전이 그 민족의 문화와 정신 유산의 성과를 통합적으로 드러내는 결정체라면 『겨레말큰사전』 편찬사업화에서는 그동안 다소 소홀히 다루어 왔던 삶의 현장의 어휘나 문학 작품에 실린 어휘를 새롭게 발굴하여 그 의미를 부여하는 일을 하고 있다. 그러므로 『겨레말큰사전』 사업은 우리 민족의 문화 역량을 더욱 확대하고 고양하는 작업이다.

『겨레말큰사전』 편찬의 두 번째 의의는 그동안 서로 달랐던 남북 언어 규범을 재조정하기 위해 노력하는 데 있다. 특히 두음 법칙, 사잇소리, 띄어쓰기 문제를 비롯한 자모음의 어순 차이 등의 문제 해결을 위해 매우 진지한 논의가 진행되고 있다. 『겨레말큰사전』 사업을

---

38) 리디아 리우, 민정기 옮김, 『언어횡단적 실천』, 2005.

시작하기 전에 가졌던 우려와 걱정들을 훌쩍 뛰어넘어 그동안 상당한 진척을 이루어 냈다는 점은 매우 큰 성과라 아니 할 수 없다. 앞으로 그동안의 힘든 일보다 더욱 험난한 일이 앞을 가로막을지 모르지만 반드시 큰 성과를 이루어 낼 것으로 기대한다. 향후 남북의 합의 과정에 맞추어 남의 국립국어원에서도 통일규범안을 진지하게 검토하여 실제 적용할 수 있는 여건과 기반을 다져 나갈 것이다. 또한 북에서도 그러한 노력을 함께 해 줄 것을 진지하게 요청하는 바이다.

마지막으로 남북 언어학 전공자들의 신뢰와 믿음을 바탕으로 하여 오늘에 이르기까지 남과 북을 오르내리며 행했던 학술회의를 통해 민족어 통일의 큰 기초를 다졌다는 언어 외적인 성과도 빼놓을 수 없는『겨레말큰사전』편찬 사업의 의의다.

이상에서 지적한 바와 같이 어렵사리 이루어 낸 성과들을 바탕으로 더욱 견고한 업적을 쌓아나갈 것으로 기대하며 또 그렇게 되리라 확신한다.

남은 과제

『겨레말큰사전』의 완성도를 높이기 위한 과정에서 세부적인 문제들이 많이 발생할 것으로 예상된다. 세세한 문제는 여기서 논의하지 않더라도 위원회 자체에서 충분한 논의 과정을 거칠 것이기 때문에 논외로 하고 전체적인 틀에서 몇 가지 제언을 하고자 한다.

첫째, 최근 우리글과 우리말을 배우고자 하는 외국 거주 학습자들의 수효가 엄청나게 증가하고 있다. 얼마 전까지만 해도 외국인 유학생이나 재외 동포들에 대한 교육의 수요뿐이었는데 비해, 최근 아시아 지역의 많은 학습자들의 수요가 늘어나고 있어 이 문제의 해법에 대한 진지한 논의가 필요하다. 그러한 측면에서 남북의 통일된 규범과 문법의 틀(권재일, 2006)을 새롭게 조정하여 지정할 필요가 있다. 그 준비 단계로 국립국어원에서는 2007년도부터 내외국 학습자를 지원하기 위한 다중 언어 웹사전(중국어, 러시아, 몽골, 태국, 베트남 등 아시아권의 다국 문자·언어 사전) 구축을 본격화할 예정이다. 그러기 위해서 병렬 말뭉치 구축을 위한 남북 공동의 노력 또한 절실하게 필요하다.

둘째, 사전 편찬의 기술적인 측면에서 종이 사전이든 전자 사전이든 웹사전이든 간에 관련 어휘(하위어, 반의어, 유의어, 계열어 등)의 체계나 뜻풀이의 균형에 대한 기술력을 높여야 할 것으로 판단된다. '시소러스'나 '온톨로지'와 같은 웹기반 사전 편찬 기술에 대한 연구와 적용 또한 매우 긴요한 일이다.

셋째, 문명 변화와 발전에 따라 남북의 언어 현실에서 전문 용어가 급속도로 늘어나고 있다. 규범의 차이는 쌍방의 합의를 거쳐 용이하게 통일할 수 있으나 전문 용어의 장벽은 우리 겨레말을 급격히 이질화할 가능성이 매우 크다. 그동안 전문 용어의 통일을 위한 기반 구축을 위해 노력해 왔으나 전문 분야별 주장이 있어 이를 통일하는 일은 결코 만만치 않은 과제이다. 그러므로 남북에서 산발적으로 진행되고 있는 전문 용어 통일 사업을 단일화하고 또 그 주제를 좁혀서 남북의 책임 있는 기관을 통해 장기적으로 논의하기를 기대한다. 지난 제7차『겨레말큰사전』남북 회의를 통해 제기된 외래어 통일 방안 논의를 근거로 하여 전문 용어 가운데 특히 사용 빈도가 높고 각급 학교 교과서에 실리는 학술 용어에 한정해서 남북이 장기적으로 이를 통일시켜 나가는 방안을 생각해야 할 것이다.

『겨레말큰사전』의 1차 완성이 향후 지속적으로 학술 용어까지 확대하기 위한 준비 과정으로 생각하고『겨레말큰사전』사업과 별도로 학술 용어 통일을 위한 논의 구조를 이번 회의를 통해 결성하기를 제안한다.

이제는 남북이 함께 새로운 미래로 새로운 문화적 지평을 향해 달려가야 한다. 역사적으로 가장 혹독하게 피지배의 굴레를 경험한 지역이 아시아이며, 언어가 가장 복잡하고 다른 지역 또한 아시아이다. 이 아시아가 새롭게 소통할 준비를 해야 한다. 아시아 여러 나라가 이제 서로 다름을 두려워할 것이 아니라 서로 다름을 인정하고 받아들여 새로운 내면적 소통이 이루어지는 21세기의 평화를 이끌어가야 한다. 그 한가운데 우리 겨레가 서 있다. 우리가 힘을 합쳐 아시아의 역사를 새롭게 펼쳐 가야 할 것이다.

『겨레말큰사전』과 더불어 남북 어문학 교류 사업이 더욱 확대되기를 바라며 글을 마무리한다.

참고문헌

| 사전 |

국립국어원, 『표준국어대사전』, 두산동아, 1999.

금성출판사, 『금성국어대사전』, 금성사, 1995.

김윤식·최동호, 『소설어사전』, 고려대학교출판부, 1998.

김이협, 『평북방언사전』, 한국정신문화연구원, 1981.

김재홍, 『시어사전』, 고려대학교출판부, 1997.

김태균, 『함북방언사전』, 경기대학교 출판부, 1986.

박남일, 『우리말풀이사전』, 서해문집, 2004.

사회과학원 언어학연구소, 『조선말 대사전』, 사회과학원, 1992.

연세대학교 언어정보개발연구원, 『연세한국어사전』, 두산동아, 1998.

이기갑, 『전남방언사전』, 태학사, 1998.

이상규, 『경북방언사전』, 태학사, 2000.

페롱, 『불한사전』, 교회사연구회, 1869.

한글학회, 『우리말큰사전』, 어문각, 1991.

| 논문 |

고동호, 「제주 방언의 구개음화와 이중모음의 변화」, 『언어학』13집, 1991.

고형진, 「방언의 시적 수용과 미학적 기능」, 『동방학지』125호, 연세대 국학연구원, 2004.

곽충구, 「이용악 시의 시어에 나타난 방언과 문법의식」, 『문학과 언어의 만남』, 태학사,
1999.

______, 「중부방언의 성격과 그 특징」, 『국어 방언연구의 현황과 전망』, 한국정신문화연
구원, 1995.

권영민, 「삼백예순날 하냥 섭섭해 우옵내다 -김영랑의 「모란이 피기까지는」」, 『새국어생
활』제9권 제2호, 1999.

______, 「이육사의 절정(絶頂)과 강철로 된 무지개의 의미」, 『새국어생활』제9권 제1호,
1999.

권인한, 「음운자료로서의 만해시의 언어」, 『문학과 언어와의 만남』, 신구문화사, 1996.

김보경, 「표준어의 망상, 사투리의 망상」, 『당대비평』26호, 생각의 나무, 2004.

김영배, 「백석시의 방언에 대하여」, 『한실이상보박사회갑기념논집』, 1987.

김영철, 「현대시에 나타난 지방어의 시적 기능 연구」, 『우리말글』25집, 우리말글학회, 2002.

김용직, 「한용운의 시에 기친 R. 타고르의 영향」, 『한용운연구』(신동욱 편), 한국문화 연
　　　구총서 5, 새문사, 1982.

＿＿＿, 「방언과 한국문학」, 『새국어생활』제6권 제1호, 국립국어연구원, 1996.

김정대, 「'통일 표준어' 선정 작업을 위한 제언」, 『단산학지』9, 전단학회, 2005.

＿＿＿, 「경상남도 방언의 멋과 맛」, 『새국어생활』제16권 제1호, 2006.

＿＿＿, 「공통어 정책 : 표준어 정책의 새로운 모색」, 『2006 언어정책 토론회 자료집』, 국
　　　립국어원, 2006.

김주원, 「알타이 언어 현지 조사의 의의와 방법」, 국립국어원 언어정책 토론회, 2006.

김진해, 「중심 지향의 문화 넘어서기」, 언어 자원의 다원화를 위한 학술세미나, 제주대학
　　　교, 2007.

김하수, 「'한글 맞춤법 통일안' 의 사회언어학적인 의미 해석」, 『주시경학보』12, 탑출판
　　　사, 1993.

김형수, 「변두리가 중심을 구원할 것이다-한국 문학이 아시아 연대를 꿈꾸는 이유」,
　　　『ASIA』Vol.1, No.3, 2006.

김흥수, 「시의 언어학적 분석 시론」, 『어학』11, 전북대, 1984.

＿＿＿, 「소설의 방언에 대하여」, 『국어문학』25, 전북대, 1985.

남기심, 「문화유산으로서의 국어」, 한민족어의 통일적 발전과 방언 조사 연구에 관한 학
　　　술 모임, 2003.

문영호, 「북남언어의 통일적발전과 민족고유어」, 한민족어의 통일적 발전과 방언 조사
　　　연구에 관한 학술 모임, 2003.

박호영, 「이용악 연구」, 『인문학보』6, 강릉대, 1988.

＿＿＿, 「현대시 해석 오류에 관한 문학교육적 고찰」, 『국어교육』99집, 한국어교육학회,
　　　1999.

손병희, 「이육사의 생애」, 『안동어문학』2-3집, 안동어문학회, 1998.

손중석, 「새로운 표준어 정책 방향」, 언어 자원의 다원화를 위한 학술세미나, 제주대학
　　　교, 2007.

손진은, 「박목월시의 향토성과 세계성」, 『우리말글』28, 우리말글학회, 2003.

안병희, 「우리나라의 방언과 국문학」, 『국어와 민족문화』, 집문당, 1984.

안상순, 「표준어 어떻게 할 것인가」, 『새국어생활』14권1호, 국립국어원, 2004.

옥철영, 「어휘망과 국어사전의 체계적 구성」, 『한국어 어휘망 구축과 사전 편찬 학술회
　　　의』, 국립국어원, 2007.

위평량, 「토지의 방언적 성격」, 『한국언어문학』49집, 한국언어문학회, 2002.

윤애선, 「한국어 어휘의망 구축 현황 과제」, 『한국어 어휘망 구축과 사전 편찬 학술회
　　　의』, 국립국어원, 2007.

윤평현, 「혼불의 낱말특성 고찰」, 『혼불의 언어세계』, 전북대출판부, 2004.

이기갑, 「전라남도 방언 이야기」, 『새국어생활』제15권 3호, 2005.

이기문, 「소월시의 언어에 대하여」, 『백영 정병욱선생 환갑기념논총』, 신구문화사, 1983.

이상규, 「경북·충북 접경지역의 어휘분화」, 『들메서재극박사환갑기념논문집』, 계명대
　　　학교출판부, 1991.

______, 「경상북도 방언 이야기」, 『새국어생활』제15권 제4호, 2005.

______, 「계열어의 방언 분화 양상」, 『추상과 의미의 실재』, 박이정, 1988.

______, 「남한 방언 어휘의 지리적 분화양상」, 『어문총론』32, 경북어문학회, 2001.

______, 「다문화 시대의 한국어 세계화와 한글의 세계화」, 『문학사상』10월호, 2007.

______, 「멋대로 고쳐진 이상화의 시」, 『문학사상』9월호, 문학사상사, 1998.

______, 「방언지도 제작기를 활용한 방언 지도 제작」, 『방언학』2, 한국방언학회, 2005.

______, 「방언 자료의 처리와 언어지도」, 『방언학』 창간호, 한국방언학회, 2005.

이승재, 「융합형의 형태분석과 형태의 화석」, 『주시경학보』10집, 1992.

이승훈, 「김영란 대표시 20편 이렇게 읽는다」, 『문학사상』10월호, 1986.

이응호, 「갑오경장과 어문정책」, 『새국어생활』제4권 제4호 겨울, 1994.

이익섭, 「시어의 파격성과 조어 문제」, 『心象』Vol.3, No.7, 1975.

______, 「한국어 표준어의 제문제」, 『한국 어문의 제문제』, 일지사, 1983.

______, 「국어 표준어의 형성과 변천」, 『국어생활』13호, 국어연구소, 1988.

이태영, 「언어 특징」, 『채만식 문학연구』, 국어문학회 편, 한국문학사, 1997.

______, 「전라북도 방언 이야기」, 『새국어생활』제15권 제2호, 2005.

______, 「공통어 중심의 표준어 정책」, 언어 자원의 다원화를 위한 학술세미나 , 제주대
　　　학교, 2007.

전성태,「방언의 상상력」,『내일을 여는 작가』34호, 한울, 2004.

정진웅,「서울과 지방-그 중심지향의 문화를 넘어서」,『당대비평』26호, 생각의 나무, 2004.

정효구,「「빼앗긴 들에도 봄은 오는가」의 구조시학적 분석」,『관악어문연구』제10집, 1985.

조동일,「어문생활사로 나아가는 열린 시야」, 2003년 11월 4일 국립국어원 주최 강연회 원고.

_____,「국립국어원에 바란다」, 제7회 국립국어원 언어정책토론회, 2006.

조태린,「계급언어, 지역언어로서의 표준어」,『당대비평』26호, 생각의 나무, 2004.

_____,「'국어'라는 용어에 대한 비판적 고찰」,『국어학』48, 2006.

주강현,「민속 문화의 종 다양성과 언어 정책」, 국립국어원 제4회 언어정책 토론회 발표문, 2006.

_____,「민속학에서 본 언어 종 다양성」, 언어 자원의 다원화를 위한 학술세미나, 제주대학교, 2007.

천시권,「두루마기고」,『국어교육연구』8, 경북대 사범대 국어교육연구회, 1976.

_____,「온도어휘의 상관체계」,『국어교육연구』12, 경북대 사범대 국어교육연구회, 1980.

최용기,「일제강점기의 국어 정책」, 한국어문학연구회, 2006.

최전승,「시와 방언」,『국어문학』35집, 전북대, 1999.

최현배,「중등 조선말본 길잡이」,『한글』2권 3호(통권 13호), 조선어학회, 1934.

Browdre, P. H.,"Jr, Eye Dialect as a Literary Device", *A Various Language, Perspectives on American Dialects*, Holt, Rinehart and Winston, INC, 1971.

Haugen, E, "Linguistics and Language Planning", In Bright, W(ed.), *Sociolinguistics*, The Hague, 1966.

Ives Sumner, "A Theory of Literary Dialect", *A Various Language, Perspectives on American Dialects*, Holt, Rinehart and Winston, INC, 1971.

Joseph, J. E.,"Dialect, language, and synecdoche", *Linguistics*, Vol. 20-7/8, 1982.

Sang-gyu, Lee, "Gyeoremalkensajeon: An Alternative to Inter-Korean Communication", *ASIA*, Vol.2, No.3, Asia Publishers, 2007.

__________, "The World's Preeminent Writing System: Hangeul", *Koreana*, Vol.21, No.3 Autumn 2007.

Traugott, E., Closs, "Pragmatic Strengthening and Grammaticalization", *Berkely Linguistic Society* 14, BLS, 1988.

| 단행본 |

고은, 『우주의 사투리』, 민음사, 2007.

국립국어원, 『어문 규범 영향 평가 결과 보고서』, 국립국어원·현대리서치연구소, 2005.

권병탁, 『한국경제사특수연구』, 영남대부설 산업경제연구소, 1972.

권재일, 『남북 언어의 문법 표준화』, 서울대학교 출판부, 2006.

김민수, 『국어 정책론』, 고려대학교 출판부, 1973.

김서령, 『김서령의 家』, 황소자리, 2006.

김수업, 『말꽃타령』, 지식산업사, 2006.

김억 편, 『소월시초』, 박문서관, 1939.

김영배, 『증보 평안방언연구』, 태학사, 1997.

김윤경·김영서 옮김, 『언어전쟁』, 한국문화사, 2001.

김재홍, 『한용운 문학연구』, 일지사, 1982.

김학동, 『한용운 연구』, 한국문학연구총서 5, 새문사, 1987.

김현식, 『나는 21세기 이념의 유목민』, 김영사, 2007.

다니엘 네틀·수잔 로메인, 김정화 옮김, 『사라져 가는 목소리들 (그 많던 언어들은 모두
　　　어디로 갔을까?)』, 이제이북스, 2003.

루이 쟝 칼베, 김병욱 옮김, 『언어와 식민주의』, 유로서적, 2004.

리디아리우, 민정기 옮김, 『언어횡단적 실천』, 소명출판사, 2006.

민현식, 『국어 정서법 연구』, 태학사, 1999.

백두현, 『국수는 밀가루로 만들고 국시는 밀가리로 맹근다』, 커뮤니게이션북스, 2006.

손준식·이옥순·김권정, 『식민주의와 언어』, 아름나무, 2007.

스기우라 고헤이 외, 『아시아의 책·문자·디자인』, 한국출판마케팅연구소, 2006.

안도현, 『안도현의 노트에 베끼고 싶은 시』, 이가서, 2006.

양명희, 『현진건의 20세기 전반기 단편소설 낱말 조사』, 국립국어연구원, 2002.

양병호 편, 『오매 단풍들것네』(원본 김영랑 전집), 한국문화사, 1997.

유네스코 한국위원회, 『지구의 언어, 문화, 생물 다양성 이해하기』, 유네스코 한국위원
　　　회, 2003.

유종호, 『다시 읽는 한국 시인』, 문학동네, 2002.

윤명회, 『경상도우리탯말』, 소금나무, 2007.

윤영천, 『이용악시전집』, 창작과 비평사, 1988.

　　　　, 『한국의 유민시』, 실천문학, 1988.

윤지관, 『English, 내 마음의 식민주의』, 당대, 2007.

응구기 와 씨옹오, 백혜경 옮김, 『마음의 탈식민지화』, 수밀원, 2004.

이기문, 『개화기의 국문연구』, 일조각, 1970.
이남호, 『김소월시집』, 범우사, 1985.
이동순 편, 『백석시전집』, 창작과비평사, 1987.
이상규, 『경북방언 문법연구』, 박이정, 1999.
______, 『위반의 주술, 시와 방언』, 경북대학교출판부, 2005.
______, 『언어지도의 미래』, 한국문화사, 2006.
이상섭, 『님의 침묵의 낱말과 그 활용구조』(용례색인), 탐구당, 1984.
이숭원, 『한국현대 시인론』, 개문사, 1993.
이연숙, 『국어라는 사상』, 소명출판사, 2006.
이연숙·고영진·조태린, 『언어 제국주의란 무엇인가』, 돌베개, 2005.
임지룡, 『인지 의미론』, 탑출판사, 1997.
전정구, 『언어의 꿈을 찾아서』, 평민사, 2000.
정백수, 『한국 근대의 식민지 체험과 이중언어 문학』, 아세아문화사, 2002.
정선태, 『일본의 근대, 근대 국민국가와 '국어' 의 발견』, 소명출판사, 2003.
정시호, 『21세기 언어 전쟁』, 경북대학교출판부, 2000.
정연식, 『일상으로 본 조선 시대 이야기 1-2』, 청년사, 2001.
정한모·김용직, 『한국현대시의 요람』, 박영사, 1975.
조동일, 『하나이면서 여럿인 동아시아문학』, 지식산업사, 1999.
조성기, 『한국의 민가』, 한울아카데미, 2006.
주강현, 『돌살, 신이 내린 황금그물』, 들녘, 2006.
질 들뢰즈, 김재인 옮김, 『천개의 고원-자본주의와 분열증』, 새물결, 2001.
최남선, 『朝鮮常識問答』, 동명사, 1963.
최동호, 『한용운 시전집』, 문학사상사, 1989.
최동호 외, 『백석 시 읽기의 즐거움』, 서정시학, 2006.
최영준, 『한국의 짚가리』, 한길사, 2000.
최전승, 『19세기 후기 전라방언의 음운현상과 그 역사성』, 한신문화사, 1986.
최학근, 『증보 한국방언사전』, 명문당, 1990.
에드워드 홀, 최효선 옮김, 『침묵의 언어』, 한길사, 1999.
프란츠 M. 부케티츠, 두행숙 옮김, 『멸종 사라진 것들-종과 민족 그리고 언어』, 들녘,
     2005.
하시모토 만타로, 하영삼 옮김, 『언어지리유형론』, 제일출판사, 1990.
한국알타이어학회 편, 『절멸 위기의 알타이언어 현지 조사』, 태학사, 2006.
한국정신문화연구원 편, 『한국방언자료집 VII-경상북도편』, 한국정신문화연구원, 1989.

한새암 외, 『전라도 우리 탯말』, 소금나무, 2006.

허만하, 『청마풍경』, 솔, 2001.

허 웅, 『언어학-그 대상과 방법』, 샘문화사, 1984.

허형만, 『영랑 김윤식 연구』, 국학자료원, 1996.

홍만종, 『산림경제』, 프린트판, 1718.

황대권, 『야생초 편지』, 도솔, 2002.

황호덕, 『근대 네이션과 그 표상들』, 소명출판사, 2005.

小倉進平, 『朝鮮語方言の硏究』, 동경 : 암파서점, 1944.

河野六郎, 『朝鮮語方言學試考』, 서울 : 동도서점, 1945.

Bex, T. & Watts, R. J.(eds.), *Standard English: The Widening Debate*, London: Routledge, 1999.

Geeraerts, Dirk, *Diachronic Prototype Semantics*, Clarendon Press, Oxford, 1997.

Hobsbawm, E., *Nations and Nationalism Since 1780*, 1990. (홉스봄, 강명세 옮김, 『1780년 이후의 민족과 민족주의』, 창작과 비평사, 1994.)

Hughes, M., *Nationalism and Society: Germany 1800-1945*, 1988. (휴스, 강철구 옮김, 『독일 민족주의 1800-1945』, 명경, 1995.)

Joseph, J. E., *Eloquence and Power: The Rise of Language Standards and Standard Languages*, London: Frances Printer, 1987.

Liberman, P., *On the Origin of Language*, New York: Macmillan, 1975.

Milroy, J. & Milroy, L., *Authority in Language: Investigating Language Prescription and Standardisation*, London: Routledge & Kegan Paul, 1985.

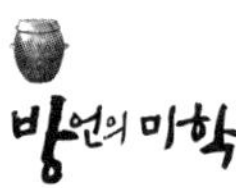

방언의 미학

우리말 풍경 돌아보기

펴낸날	초판 1쇄 2007년 11월 8일
	초판 2쇄 2009년 10월 30일

지은이	이상규
펴낸이	심만수
펴낸곳	(주)살림출판사
출판등록	1989년 11월 1일 제9-210호

경기도 파주시 교하읍 문발리 파주출판도시 522-1
전화 031)955-1350 팩스 031)955-1355
기획·편집 031)955-1373
http://www.sallimbooks.com
book@sallimbooks.com

ISBN 978-89-522-0724-1 03710

* 값은 뒤표지에 있습니다.
* 잘못 만들어진 책은 구입하신 서점에서 바꾸어 드립니다.